CHRISTIAN SCHÜTTE

DIE SCHULDEN BOMBE

CHRISTIAN SCHÜTTE

DIE SCHULDEN BOMBE

Warum der Welt eine Währungskrise droht und welche Auswege noch bleiben

FBV

Bibliografische Information der Deutschen Nationalbibliothek
Die Deutsche Nationalbibliothek verzeichnet diese Publikation in der Deutschen Nationalbibliografie. Detaillierte bibliografische Daten sind im Internet über https://dnb.de abrufbar.

Für Fragen und Anregungen
info@m-vg.de

Wichtiger Hinweis
Ausschließlich zum Zweck der besseren Lesbarkeit wurde auf eine genderspezifische Schreibweise sowie eine Mehrfachbezeichnung verzichtet. Alle personenbezogenen Bezeichnungen sind somit geschlechtsneutral zu verstehen.

Originalausgabe
1. Auflage 2025

Türkenstraße 89
80799 München
Tel.: 089 651285-0

Redaktion: Ulrich Wille
Umschlaggestaltung: Pamela Machleidt
Satz: Satzwerk Huber, Germering
Druck: GGP Media GmbH, Pößneck
Printed in the EU

ISBN Print 978-3-95972-836-2
ISBN E-Book (EPUB, Mobi) 978-3-98609-615-1

Wir produzieren nachhaltig
www.m-vg.de

Weitere Informationen zum Verlag finden Sie unter

www.finanzbuchverlag.de

Beachten Sie auch unsere weiteren Verlage unter www.m-vg.de

INHALT

Vorwort: Wendezeiten 7

Teil 1
Zahlen, Fallen, Fluchten.
Was man über die Staatsschulden wissen muss 17

Eine Welt am Limit 18

Crash-Talk 25

Das politische Risiko 30

Gute Schulden – schlechte Schulden? 33

Dashboard der Billionen – Wie Schulden gemessen und bewertet werden 38

Wie der Sprengsatz tickt: Die Dynamik von Staatsschulden . . 47

Der große Joker: Inflation 54

Alles halb so wild? 57

Teil 2
Schuldenrevolution.
Wie die Welt lernte, in die Vollen zu gehen 61

Politik unter Schock: Die Weltfinanz- und die Euro-Krise (2008–2012) 62

Flaute ohne Ende: Ringen mit der schwachen Nachfrage (2013–2018) 81

Pandemie der Schulden: Nichts ist unmöglich (2019–2024) . . . 91

Teil 3
Katalog der Schuldenbomben 105
Der Name des Sprengstoffs: Schuldendienst 106
Fall 1: London und der Truss-Moment 122
Fall 2: Der japanische Patient 130
Fall 3: Euro-Land – abgebrannt? 138
Fall 4: The Big One – Amerika 149

Teil 4
Leben mit der Schuldenbombe – Auswege und Irrwege 167
Eine Flucht nach vorn? 168
Populäre Illusionen 192
Schuldenabbau. The Good, the Bad and the Ugly 200

Teil 5
Positionen für Anleger 213
Von jetzt an anders 214
Nur kurz oder indexiert: Anleihen 217
Follow the money: Aktien 219
Einbetoniert: Immobilien 222
Rostfrei: Gold 223
Jenseits der Staaten: Bitcoin 225
Kryptopia? 227

Zehn Thesen zum Schluss 229

Über den Autor 233

Anmerkungen 234

VORWORT

WENDEZEITEN

»Whatever it takes.«

Friedrich Merz, Kanzlerkandidat der CDU/CSU, 4. März 2025

Dass es ein teures Fest wird, wittern die Finanzmärkte Anfang Februar 1990. Ströme von Übersiedlern ziehen Tag für Tag Richtung Bundesrepublik, der DDR droht der wirtschaftliche Kollaps. Der Bundeskanzler Helmut Kohl ist bereit, Ost-Berlin finanziell zu helfen. Aber er stellt Bedingungen: Übergang zu Marktwirtschaft und die deutsche Einheit. Kohls CDU ist nervös, denn sie muss fürchten, dass sie die anstehenden ersten freien Wahlen in der DDR verlieren wird. Ein Transparent, das auf der Leipziger Montagsdemo am 12. Februar auftaucht, setzt die neue Parole: »Kommt die DM bleiben wir – kommt sie nicht geh'n wir zu ihr!« Tags darauf, beim Bonn-Besuch des DDR-Regierungschefs Hans Modrow wird die Wirtschafts- und Währungsunion angekündigt. Bei den Wahlen im März triumphiert die CDU.

Die Verzinsung der Bundesanleihen steigt in diesen Tagen so rasant wie nie zuvor und auch nie mehr danach in der Geschichte der Bonner Republik. Schon seit Monaten kriechen die Zinsen nach oben, denn die westdeutsche Wirtschaft brummt, Kapital ist also knapp und begehrt. Nach der Maueröffnung im November 1989 hat sich der Aufwärtstrend verstärkt. Anfang Februar 1990 liegt die Verzinsung der zehnjährigen Anleihe bei knapp 7,7 Prozent.

Dann verdichten sich die Gerüchte: Die Währungsunion kommt! Der Kapitalbedarf wird riesig sein, der Staat wird hohe Schulden machen müssen. Weil ausländische Anleger sich zurückziehen, stürzen die Anleihekurse ab. Fallende Preise für die Zinskupons bedeuten spiegelbildlich höhere Renditen. So schießt am Montag, dem 19. Februar, die Rendite der zehnjährigen Bundesanleihe auf fast 8,9 Prozent. Dieser Tagesanstieg um rund 0,3 Prozentpunkte ist der größte, der bis dahin in der bundesdeutschen Finanzgeschichte verzeichnet ist. Wenige Wochen später wird der Zinsgipfel von etwas über 9 Prozent erreicht. Die Schockwelle am Bondmarkt geht um den Globus: Die historische Wende in Deutschland, die das Ende des Kalten Kriegs markiert, werde »die Zinssätze weltweit in die Höhe treiben«, erklärt der Direktor des Washingtoner Institute for International Economics, Fred Bergsten, der *New York Times*.

Eine neue Zäsur, fast genau 35 Jahre später, hat für einen erneuten historischen Zinssprung gesorgt: Anfang März 2025 stoppt US-Präsident Donald Trump Amerikas Hilfe für die Ukraine, die sich verzweifelt gegen eine russische Invasion wehrt. Indirekt stellt Trump sogar seine Beistandspflicht gegenüber NATO-Partnern infrage. Die Spitzen von Union und SPD, die gerade ihre nächste Koalition aushandeln, kontern am 4. März mit einem massiven Rüstungs- und Investitionsprogramm – zu finanzieren über neue Schulden von mehr als einer Billion Euro. »Ich will es sehr deutlich sagen. Angesichts der Bedrohungen unserer Freiheit und des Friedens auf unserem Kontinent muss jetzt auch für unsere Verteidigung gelten: Whatever it takes«, verkündet Friedrich Merz, der CDU-Kanzler in spe. Die Rendite der zehnjährigen Bundesanleihe springt von 2,4 auf über 2,9 Prozent, es ist der rasanteste Anstieg seit den Turbulenzen zu Beginn der deutschen Einheit.

Die Verfassungsregeln der sogenannten Schuldenbremse, die das Verschuldungsprogramm verboten hätten, ändern die Parteien im Eilverfahren. Dieser 4. März sei »der Tag, ab dem die Schuldenbremse Geschichte ist«, twittert Lars Feld, der frühere Vorsitzende der Wirtschaftssachverständigen und Ex-Chefberater des FDP-Finanzministers Christian Lindner: »Deutschland verliert seine Funktion als sicherer Hafen für Anleihegläubiger.«

Seither sind auch die Deutschen auf den Schuldenkurs ihrer wichtigsten Wirtschaftspartner eingeschwenkt. Weltweit waren die Staatsschulden nach der großen Finanzkrise 2008/09 fast ungebremst gewachsen. Lediglich Deutschland hatte – unter dem selbst auferlegten Zwang seiner Schuldenbremse – über viele Jahre konsolidiert. Im März 2025 hat es diese Sonderrolle abrupt aufgegeben.

Die Berliner Sprengung der Schuldenbremse war nicht nur die spontane Reaktion auf eine plötzlich veränderte Weltlage. Die strikten Regeln der deutschen Finanzpolitik standen schon lange unter ständigem Beschuss. Deutschlands Infrastruktur verwahrloste erkennbar. Lobbygruppen, Makroökonomen, Parteistrategen und internationale Institutionen forderten immer lauter, dass der »fiskalische Spielraum« zur Überwindung der wirtschaftlichen Stagnation in Deutschland und Europa genutzt werden müsse. Angesichts der niedrigen Zinsen erschien das Risiko vernachlässigbar. Warum nicht endlich die Kreditkarte zücken?

Die These dieses Buches ist, dass die Gefahren der Merz'schen Wende und der rekordhohen internationalen Staatsverschuldung in der Öffentlichkeit weit unterschätzt werden. Keine Frage: Gute Investitionen können auf Kredit finanziert werden. Der Blick auf die Schulden ist bei vielen aber noch immer geprägt von den Erfahrungen nach der Weltfinanzkrise und während der Pandemie: Damals, in den 2010er- und den frühen 2020er-Jahren, wurden gewaltige Rettungspakete und immer neue »Wummse« und »Doppelwummse« nahezu geräuschlos und ohne spürbare Folgelasten für Politik und Bürger finanziert. Die Qualität der Ausgaben spielte kaum eine Rolle. Eine beispiellos expansive Geldpolitik machte die Kreditaufnahme leicht.

Private Haushalte und Unternehmen hatten sich nach dem großen Finanzcrash überall in einen Sparmodus zurückgezogen, Inflation war deshalb kein Thema. Willige Käufer der sicheren Staatsanleihen gab es mehr als genug. Zeitweise erwarben sogar die Notenbanken einen Großteil der Papiere, um die Wirtschaft anzukurbeln. Die Zinssätze gingen gegen null, die Last des Schuldendienstes wurde federleicht, und für dies und das war immer Geld da. Alle Mahner, die vor Inflation und Crash gewarnt hatten, standen schließlich blamiert da.

Diese historisch einzigartige Ära ist mit der Pandemie aber zu Ende gegangen. Kapital ist seither wieder knapp. Die Weltwirtschaft leidet nicht mehr an einem chronischen Nachfragemangel, den die Politik mit mutigem »Deficit Spending« ausgleichen kann. Beim großen Umbau aller Strukturen, der die neue Ökonomie prägt, hakt es vor allem auf der Angebotsseite. Es fehlt an Rohstoffen, Anlagen und qualifizierten Arbeitskräften. Wo diese realen Ressourcen nicht ausreichen, um die enorm steigenden Ausgabenwünsche zu erfüllen, kehrt am Ende die Inflation zurück. Ein Vorgefühl gab der wuchtige Teuerungsstoß, der in der Pandemie ab 2021 um die Welt ging.

Für die Notenbanken ändert sich das Umfeld drastisch. Isabel Schnabel, die deutsche Wirtschaftsprofessorin im Direktorium der EZB, hat im März 2025 eine Gezeitenwende an den internationalen Kapitalmärkten ausgemacht: Auf die globale »Sparschwemme« der vergangenen Jahrzehnte folge nun eine globale »Anleiheschwemme«. Der Finanzierungsbedarf zieht mächtig an.

Damit ist auch die Zeit, in der sich die Staaten nahezu gratis und in beliebiger Höhe verschulden konnten, endgültig vorüber. Vom »Ende des magischen Schuldendenkens« spricht der ehemalige IWF-Chefvolkswirt Kenneth Rogoff: »Die Idee, dass jedes wirtschaftliche Problem durch Staatsschulden gelöst werden kann, ist unhaltbar geworden.«[1]

Für alle Staaten steigen die Risiken der Verschuldung erheblich. Das Merz'sche Schuldenpaket ist nicht mehr vergleichbar mit den

»Bazookas« gegen ausfallende Nachfrage in der Finanzkrise oder wegen der Corona-Folgen. Es ähnelt eher dem fiskalischen Kraftakt für die deutsche Einheit: Niemand bestreitet, dass historische Aufgaben finanziert werden müssen; die dafür benötigten Mittel lassen sich aber nur zulasten anderer Projekte mobilisieren. Mit höheren Abgaben, Zinsen und Preisen ist deshalb zu rechnen.

Die Kosten der Wiedervereinigung in den 1990er-Jahren werden im Rückblick auf jährlich 3 bis 5 Prozent des westdeutschen BIP geschätzt. Der Schub der Kreditfinanzierung trieb die deutsche Staatsschuldenquote in dieser Zeit von unter 40 auf zuvor nie gesehene 60 Prozent des BIP. Die eskalierenden Zinslasten schnürten den Spielraum der Politik schmerzhaft ein. Bereits der Start in den Euro kurz vor der Jahrtausendwende war von Verschuldungsproblemen überschattet: Auch der vermeintliche Musterschüler Deutschland, der die Stabilitätsregeln für die Währungsunion erdacht hatte, konnte sie kaum noch einhalten.

Die langfristigen Wachstumsaussichten waren damals immerhin gut. Heute bremst eine ganze Reihe von Faktoren die Dynamik – angefangen bei der demografischen Überalterung, die viele Arbeitsmärkte schon trifft. Hinzu kommt, dass die internationale Schuldenwelt so fragil ist wie seit Generationen nicht. Deutschland selbst kann sich die neue Kredit-Billion noch leisten, nach den Jahren der einsamen Konsolidierungspolitik ist seine Top-Bonität erst einmal ungefährdet. An den Kapitalmärkten tritt es allerdings nun in Konkurrenz zu seinen fiskalisch angeschlagenen Nachbarn. Die Staatsverschuldung der großen Industriestaaten hat teilweise Größenordnungen erreicht, die auf Dauer kaum noch tragfähig sind.

Frankreich, neben Deutschland die wichtigste Volkswirtschaft der Euro-Zone, ist finanzpolitisch ins Wanken geraten und wird an den Märkten mit großem Misstrauen beobachtet. Großbritannien fiel für einen Moment im Herbst 2022 sogar schon mal vom Seil. Die langjährigen Rekordschuldner Italien und Japan sind ohnehin chronisch gefährdet.

Die USA haben nicht nur eine Staatsverschuldung aufgetürmt, die auf längere Sicht untragbar ist. Sie bewegen sich unter dem Präsidenten Donald Trump auch noch mutwillig in ein Minenfeld. Der von Trump ausgerufene Zollkrieg gegen alle und jeden warf nicht nur den Welthandel und die internationale Arbeitsteilung durcheinander. Er hat auch die Rolle des Dollar und der US-Staatsanleihen als »sicherer Hafen« der Weltwirtschaft infrage gestellt. Trump hat die Machtprobe mit China begonnen, aber zugleich die USA finanziell geschwächt.

Die Volksrepublik steht fiskalisch bisher noch vergleichsweise robust da. Sie kämpft aber gegen einen gewaltigen Immobiliencrash und die Folgen der Konfrontation mit den USA. Chinas Staatsschuldenquote steigt deshalb so rasant wie die keiner anderen großen Volkswirtschaft. Rechnet man auf beiden Seiten die Kredite des Staates und des Privatsektors zusammen, dann ist China heute bereits höher verschuldet als die USA.

Was früher nach Angsthasen-Ökonomik klang, ist heute reale Gefahr: Staatsschulden, die sich nicht durch Erträge selbst finanzieren, säen langfristig bittere Konflikte zwischen den Schuldnern und den Gläubigern, zwischen Regierungen, ihren Wählern und ihren Notenbanken. Spitzen sich diese Konflikte einmal abrupt zu, dann werden sie die Finanzmärkte und die Währungen erschüttern. Die politisch einfachste und damit auch sehr wahrscheinliche Lösung ist die Flucht in eine inflationäre Geldschöpfung. Die Europäische Währungsunion, in der Deutschland bisher den Stabilitätsanker bildet, steuert so auf neue Zerreißproben zu. International wackelt die Rolle des US-Dollar als unangefochtene Weltwährung. Die wachsenden Zweifel am Status des Dollar als allzeit sicherer Zufluchtsort beschäftigten im Frühjahr 2025 bereits die führenden Köpfe der amerikanischen Finanzwirtschaft und der US-Notenbank.[2]

»Die Staatsschulden von heute sind die Steuern von morgen«, lautet die alte Mahnung konservativer Haushaltspolitiker. Der Satz bleibt richtig, aber er verfehlt mittlerweile den Punkt. Eine noch viel wichtigere Erkenntnis lautet: »Die Schulden von heute können die Finanzkrise von morgen sein.«

Es ist wichtig, dass diese Erkenntnis nichts mit Moral, links und rechts oder auch Kulturkampf zu tun hat. Sie ergibt sich aus der fiskalischen Lage. Der Streit um die Schulden gerät zwar gerade in Deutschland immer wieder zur Gesinnungsfrage. Das rein wirtschaftliche Für und Wider ist aber meist gar nicht strittig: Unter bestimmten Voraussetzungen können Staatsschulden produktiv sein. Zu prüfen ist, ob diese Voraussetzungen erfüllt sind. Wenn der Kredit günstig ist und das Einkommenswachstum hoch, dann sind Schuldenlasten leicht tragbar. Verschlechtern sich diese Bedingungen, wird es für einen hoch verschuldeten Staat schon rechnerisch prekär.

Kontrovers bleibt die politische Ökonomie. Wenn der Staat sich über Kredite finanziert, schafft er Gewinner und Verlierer. Einige profitieren von den frischen Mitteln, andere werden am Kapitalmarkt verdrängt oder müssen mit künftigen Lasten rechnen. Zugleich stellt sich die Frage, wie Regierungen und Notenbanker auf politische Anreize reagieren. Handeln die Schuldenmacher und -manager als verantwortungsvolle Technokraten und Treuhänder? Oder entscheiden sie – zumindest teilweise – opportunistisch, zum eigenen Vorteil?

Der wirtschaftspolitische Streit um die Staatsverschuldung verläuft im Kern immer wieder entlang dieser Front: Die eine Seite beruft sich auf rationale, ökonomisch seriöse Gründe für die Kredite und fordert möglichst große Ermessensspielräume für die Entscheider. Die andere Seite verweist auf die historisch vielfach belegten Risiken des Missbrauchs der Schulden durch die Politik. Sie beharrt deshalb auf strikten Regeln und ordnungsökonomisch fundierten Anreizsystemen.

Ludger Schuknecht, der Chefökonom des Bundesfinanzministers Wolfgang Schäuble, hat den Unterschied zwischen den beiden Sichtweisen so formuliert: Die Idealisten glaubten, dass die Regierungen künftig klüger handeln würden als in der Vergangenheit –

»mit anderen Worten: Dieses Mal ist alles anders.« Skeptiker wie er selbst sähen die Rekordstände bei Schulden und Ausgaben als ein Symptom schlechter Anreize. Das Problem sei nicht, dass es am Geld fehle: »Die Priorität muss sein, durch bessere Institutionen die Qualität der Ausgaben zu steigern.«[3]

Das größte Problem bei der Erörterung der Finanzpolitik sei »die weitverbreitete und fast schon religiöse Überzeugung, dass Staatsverschuldung sehr schlecht ist«, schreibt der frühere IWF-Chefökonom Olivier Blanchard, der langfristig eher niedrige Zinsen und einen entsprechend höheren fiskalischen Spielraum erwartet.[4] Speziell den Deutschen halten Kritiker aus dem Ausland oft vor, dass ihr Denken schon durch die sprachliche Nähe zwischen finanziellen »Schulden« und moralischer »Schuld« vorbelastet und verzerrt sei. Dieses Buch versucht, ein solches »religiöses« Vorurteil zu vermeiden. Vor den Schulden wird hier nicht deshalb gewarnt, weil sie aus Prinzip »sehr schlecht« sind. Sondern weil die aktuellen Zahlen alarmieren.

Auf den folgenden Seiten sollen zunächst die wichtigsten Fakten und Grundbegriffe zur Staatsverschuldung erklärt werden. Wo genau steht die Welt? Wie funktionieren die Staatsschulden volkswirtschaftlich, warum sind sie so gefährlich und welche Auswege gibt es im Prinzip?

Teil zwei erzählt die Geschichte des großen Umdenkens nach der Weltfinanzkrise. Zu rekonstruieren ist, wie die Politik – auch in Deutschland – lernte, die Staatsverschuldung zu lieben. Selbstverständlich war diese Liebe keineswegs, insbesondere auf Seiten der Notenbanker. Über Jahrzehnte galten hohe Schulden in allen Parteien als gefährlich. Die deutsche Schuldenbremse war ein Ausdruck dieses Konsenses: Sie wurde von Union und SPD gemeinsam erarbeitet und bei der Verabschiedung 2009 als historische Reformtat gefeiert. Dass sie zuletzt genauso einmütig abgeräumt wurde, ist erklärungsbedürftig.

Die Ursachen und der Ablauf der Weltfinanz- und der anschließenden Euro-Krise können und sollen hier nicht umfassend dargestellt werden. Es lässt sich aber in geraffter Form nachzeichnen, wie sich die ökonomischen Paradigmen durch diese Krisen veränderten und wie die politischen Debatten schließlich grundlegend verschoben wurden. Maßnahmen, die einmal als »undenkbar« galten, wurden zu akzeptablen, akzeptierten oder sogar alternativlosen Optionen. Dieser Wandel ließe sich auch mit einem Konzept beschreiben, das auf den früh verstorbenen US-Politologen Joe Overton zurückgeht: Handelnde Politiker können immer nur in jenem Set von Handlungsmöglichkeiten entscheiden, das in der Öffentlichkeit als zumindest akzeptabel gilt. Dieses »Overton-Fenster« ist veränderbar – und es wird sich auch in der Zukunft bewegen.

In Teil drei wird genauer gezeigt, wie riskant die hohen Schulden heute sind: Die Kreditspielräume sind fast überall ausgereizt, einen größeren Schock könnten die Industriestaaten nicht mehr verkraften. Wenn eine Verknappung des Kapitals künftig zu höheren Zinsen führt, dann geraten ihre Finanzen stark unter Druck. Die Krisenszenarien für die vier führenden Volkswirtschaften werden konkret beschrieben und eingeordnet: Vom Menetekel des britischen Mini-Crashs 2022 über Japans Gratwanderung nach dem »All-in« bis zu der neuen europäischen Währungskrise, die sich vor allem in Frankreich zusammenbraut. Der »Worst Case« wäre die Eskalation der amerikanischen Staatsschuldenkrise, die sogar zu einem Umbruch der Weltwährungsordnung führen kann.

In Teil vier geht es dann um die Möglichkeiten, die Schuldenbombe zu entschärfen. Der Königsweg ist offenkundig, wird in der Politik allerdings meist mit anderen Zielen vermengt oder hintangestellt: ein stärkeres reales Wirtschaftswachstum. Die neue Bundesregierung und ihre europäischen Partner treten mit ihrer historischen Wende die Flucht nach vorn an: Mit hohen neuen Schulden, wahrscheinlich früher oder später auch auf der Gemeinschaftsebene der EU, soll ein politisch unabhängigeres und wirtschaftlich dynamischeres Europa aufgebaut werden. Ob das gelingt, hängt entscheidend davon ab, welche Wachstumseffekte diese Strategie in Gang setzen wird. Noch ist das völlig offen – die ersten Erfahrungen machen allerdings skeptisch.

Einige populäre Argumente erwecken den Eindruck, die Schuldenfrage werde ideologisch bloß überdramatisiert. So verheißt die »Modern Monetary Theory (MMT)«, dass die Staaten sich fast unbegrenzt durch Geldschöpfung finanzieren können. Schulden für den Klimaschutz oder die Rüstung gelten als schlicht alternativlos. Auch die These vom »Ende des Kapitalismus« bleibt beliebt. Es soll gezeigt werden, dass die Gefahren einer schweren Finanzkrise (und der folgenden schweren Gesellschaftskrise) bei diesen Argumenten nur ausgeblendet und verdrängt werden.

Mit welchen Kniffen und äußersten Mitteln eine Schuldenbombe entschärft werden wird, wenn das reale Wachstum nicht reicht, wird zum Schluss ebenfalls erklärt. Es zeigt sich, dass selbst der beeindruckende Abbau der Staatsschulden in den langen Boomjahren der Nachkriegszeit nicht ganz ohne solche Kniffe stattfand. Vieles spricht dafür, dass die Notenbanken in der Zukunft gezwungen sein werden, eine höhere Inflation, sprich: eine schnellere Entwertung ihres Geldes, zuzulassen.

Zum Abschluss wird gezeigt, was die Schuldenbombe für die Strategien von Sparern und Geldanlegern bedeutet. Dieser Teil ist kein detaillierter Investment-Ratgeber, sondern soll eine erste Orientierungshilfe liefern: Was können Investoren tun, um sich gegen die wachsenden Risiken zu wappnen? Welche Chancen eröffnen sich neu? Welche Verschiebungen sind bei Anleihen und Aktien zu erwarten? Wie attraktiv sind »Betongold«, das klassische Gold und das neue »digitale Gold« aus Bitcoins?

Die Turbulenzen an den Finanzmärkten haben seit dem Amtsantritt Donald Trumps erheblich zugenommen, alte Regeln und Gewissheiten gelten nicht mehr. Sicher ist aber, dass die Politik ein zunehmend bestimmender Faktor an den Kapitalmärkten sein wird. Nicht nur wegen Trump.

TEIL 1

ZAHLEN, FALLEN, FLUCHTEN. WAS MAN ÜBER DIE STAATSSCHULDEN WISSEN MUSS

»Die Lage ist schlimmer, als Sie denken.«

Gita Gopinath, Vizechefin des Internationalen Währungsfonds, 18. September 2024

Eine Welt am Limit

Die Verpflichtungen sind erdrückend: Der Berg der Schulden, den die westliche Staatenwelt angehäuft hat, ist zusammengerechnet heute auf dem höchsten Stand seit den späten 1940er-Jahren, der Phase des Neuanfangs nach dem Zweiten Weltkrieg, für den sich alle Länder damals massiv verschuldet hatten. 2025 erreichten die Verbindlichkeiten der Industrieländer gut 110 Prozent ihres Bruttoinlandsprodukts (BIP), berichtet der Internationale Währungsfonds (IWF), der als Frühwarn- und Rettungsorganisation der Staaten dafür zuständig ist, die weltwirtschaftlichen Trends und die Wirtschaftspolitik seiner Mitgliedsländer zu analysieren und in finanziellen Krisen Hilfe zu leisten.

Die künftige Dynamik dieser Schulden werde vermutlich sogar noch unterschätzt, analysieren die IWF-Ökonomen. Denn die bisherigen Prognosen litten typischerweise an einem »Optimismus-Bias«: Gerade dann, wenn zunächst ein Schuldenrückgang vorhergesagt wurde, lagen die Analysen besonders weit daneben. Zugleich gehe ein nachweisbarer Trend in allen politischen Lagern bereits seit Jahren in Richtung immer mehr Staat und höhere Staatsausgaben. Die Liste der Aufgaben, die zusätzliche Mittel erfordern, ist lang: Renten und Gesundheit; Bildung, Kinderbetreuung und Integration von Zuwanderern; Modernisierung und Ausbau der vernachlässigten Infrastruktur. Dazu hohe Investitionen in die Klimaneutralität, für die großflächig und schnell sogar intakte Anlagen ausgetauscht werden sollen. Der potenziell teuerste Posten sind die Militärausgaben, die rasant steigen werden, falls die weltpolitischen Konflikte sich weiter zuspitzen.

Die Lage sei »schlimmer, als Sie denken«, hat die Vizechefin und ökonomische Vordenkerin des IWF, Gita Gopinath, gewarnt. Auch und gerade für die Industrieländer seien die gefährlichen Folgen der steigenden Staatsverschuldung nicht mehr länger wegzureden. Eine »strategische Wende in der Finanzpolitik« sei notwendig.[5]

Diese Mahnung gilt besonders den USA. Der mit Abstand größte Staatsschuldner der Welt ist nach Ansicht fast aller Volkswirte und Investoren auf einem finanzpolitischen Crashkurs. Im Mai 2025 entzog auch Moody's als die letzte der drei großen Ratingagenturen den Vereinigten Staaten ihr Triple-Rating. Drastische Warnungen häuften sich schon lange vor der erneuten Wahl von Donald Trump zum Präsidenten. Es sei allgemeiner Konsens, dass die US-Staatsfinanzen auf ihrem gegenwärtigen Kurs nicht tragfähig seien, warnt der Chef der Notenbank Fed, Jerome (»Jay«) Powell, immer wieder. Jamie Dimon, Chef der weltgrößten privaten Bank JPMorgan und Doyen der Wall Street, hat vor einer »Rebellion« der Finanzmärkte gewarnt, weil die Haushaltsfinanzierung auf ein »Kliff« zusteuere.

Dass die US-Wirtschaft nach der Pandemie wieder eindrucksvoll auf Touren kam, war auch den massiven fiskalpolitischen Anschubhilfen zu verdanken. Washingtons Budgetdefizite blieben aber auch danach so übergroß, als müsse ständig gegen eine schwere Rezession gekämpft werden. Amerikas jährliche Brutto-Zinsausgaben stiegen 2024 erstmals über die Billionengrenze. Selbst netto, also nach Verrechnung mit staatlichen Zinseinnahmen, war der Schuldendienst erstmals größer als das riesige Militärbudget des Pentagon. Der Zinssatz für zehnjährige US-Anleihen hat sich seit der Vor-Corona-Zeit mehr als verdoppelt. Im Jahresdurchschnitt 2024 erreichte er den höchsten Stand seit 16 Jahren.

Der Kapitalmarkt ignorierte schließlich sogar die Signale der US-Notenbank: Obwohl die Fed im September 2024 auf einen Lockerungskurs einschwenkte und ihren Leitzins bis zum Jahresende um einen Prozentpunkt senkte, ging die Rendite der zehnjährigen Bonds im gleichen Zeitraum um einen Prozentpunkt in die Höhe – eine historisch höchst außergewöhnliche Bewegung.

Amerikas Fiskalkrise betrifft alle, denn die USA sind der dominierende Finanzplatz der Welt. Der von ihnen geschöpfte Dollar ist die Währung, in der alle anderen ihre internationalen Geschäfte machen und Reserven halten. Verirrungen des Schuldners USA können deshalb im Extremfall zu einer Kernschmelze des Weltfinanzsystems führen. Welche ökonomischen Erdbeben von den USA ausgehen können, hat die Welt in der Vergangenheit schon mehrfach erlebt. Etwa Anfang der 1970er-Jahre, als die an Dollar und Gold verankerte Währungsordnung der Nachkriegszeit, das Bretton-Woods-System, zerbrach. China und andere Herausforderer der USA arbeiten längst daran, die Dominanz des Dollar-Systems zu brechen.

In vermintem Gelände bewegen sich aber auch die übrigen G7-Staaten. In Großbritannien musste 2022 eine frisch gewählte britische Premierministerin, Liz Truss, schon nach 49 Tagen wieder abtreten, weil ihre nicht gegenfinanzierten Steuersenkungspläne den Finanzmarkt ins Chaos gestürzt hatten. Die Londoner Schuldenpanik beruhigte sich nach ihrem Rücktritt schnell wieder. Doch die Abstrafung der allzu forschen Regierungschefin gilt seither als Menetekel: Die Angst vor dem nächsten »Truss-Moment« treibt Regierungen und Finanzanalysten weltweit um.

Japan hat schon seit vielen Jahren die mit Abstand höchste Schuldenquote der Welt und kann seinen Schuldenberg von mittlerweile rund 240 Prozent des BIP überhaupt nur finanzieren, weil die Notenbank immer wieder Geld schöpft und Staatspapiere kauft. Seit die Inflation im Land anzieht und auch die Wähler zunehmend besorgt, steckt die Bank of Japan allerdings in einem Dilemma: Verknappt sie das Geld zu energisch, droht eine Finanzkrise. Macht sie weiter wie bisher, droht der Verfall des Yen.

Die Staaten der EU haben sich zwar zur Stabilisierung und zum Abbau ihrer Schuldenstände verpflichtet. Doch die Realität sieht völlig anders aus, fiskalischer Sprengstoff türmt sich mittlerweile selbst im Zentrum der Europäischen Währungsunion. In Frankreich, das mit Deutschland den wirtschaftlichen und politischen Kern der EU bildet, sind die Schulden außer Kontrolle geraten. Wieder und wieder mussten die Regierungen von Präsident Emmanuel Macron einräumen, dass ihre Defizite noch viel größer ausfallen werden als erwartet. Einen wahren »Ausgabenrausch« während der Corona-

Krise hat der frühere französische Finanzminister Bruno Le Maire beklagt.

Das Land ist politisch tief gespalten und gelähmt, nach den überraschend ausgerufenen Wahlen im Sommer 2024 fand sich im Parlament keine handlungsfähige Mehrheit mehr. Eine erste Minderheitsregierung des Konservativen Michel Barnier, die das Defizit senken sollte, wurde schon nach weniger als 100 Tagen gestürzt. Da die Kurskorrektur kaum machbar erscheint, haben alle Ratingagenturen die Bonität Frankreichs herabgestuft. Die Zersplitterung der Politik erschwere jede substanzielle Konsolidierung, erklärte etwa die Agentur Moody's nach dem Aus für Barnier. Die Chancen für einen nachhaltigen Defizitabbau seien »sehr gering«.

Laut IWF-Prognose wird die französische Schuldenquote bis 2030 auf rund 125 Prozent des BIP ansteigen, also auf mehr als das Doppelte des im Maastricht-Vertrag vereinbarten 60-Prozent-Limits. Frankreich könnte am Ende Italien in der Rolle des europäischen Krisenkandidaten Nummer eins ablösen. Die Märkte preisen das schubweise ein: Der Zinssatz französischer Staatsanleihen lag früher stets nur eine Winzigkeit über dem der deutschen Titel. Im Krisenherbst 2024 sprang er auf das Niveau Spaniens, ja sogar noch leicht darüber. Anfang 2025 betrug der Aufschlag (Spread) gegenüber Deutschland rund 0,8 Prozentpunkte. Einen Crash der französischen Papiere könnten die EU-Partner weder zulassen noch mit ihren kollektiven Fiskalinstrumenten aufhalten: Frankreich ist, ebenso wie Italien, »too big to fail«, aber auch »too big to bail«: zu groß für die Pleite und zu groß für einen Freikauf. Die Europäische Zentralbank (EZB) wäre gezwungen, massiv einzugreifen und die Staatspapiere zu stützen.

Selbst Ökonomen, die alles andere als Schuldenfalken sind, haben deshalb Alarm geschlagen. Olivier Blanchard etwa, der französische Ex-Chefökonom des IWF, warb in den vergangenen Jahren wie kein anderer für eine entspanntere Sicht auf die Staatsverschuldung. Die Krise in seinem Heimatland besorgte aber auch ihn: »Eine Explosion der Schulden, der Verlust der Kontrolle, ist sehr gefährlich«, schrieb Blanchard nach dem Sturz der Regierung Barnier. Er habe so etwas in vielen Krisenländern gesehen, als er beim IWF war: »Das ist die Gefahr, die Frankreich droht.«

Deutschland hat in dieser Welt der Defizite lange wie der verrückte Musterschüler gewirkt: Geradezu absonderlich solide und in eigenen Sphären unterwegs. Die deutsche Staatsschuldenquote überschritt 2024 das Maastricht-Limit nur noch um knapp 4 Prozentpunkte, sie ist eine der niedrigsten im Vergleich der großen Industrieländer. Neben Kanada ist Deutschland auch der einzige verbliebene G7-Staat mit einer unbestrittenen Triple-A-Bonität. Die Alarmrufe in Washington oder Paris sind auf die hiesigen Verhältnisse nicht ansatzweise übertragbar.

Krisenimmun ist Deutschland aber deshalb längst nicht: Schon weil die deutsche Wirtschaft stark exportorientiert ist, spürt sie internationale Schocks sofort. Auf den zweiten Blick sind auch die deutschen Finanzkennzahlen keineswegs glänzend. Die demografische Alterung schlägt hier besonders stark zu Buche, immense Zusatzlasten stecken in den impliziten Zahlungsverpflichtungen des Staates, etwa für Renten, Pensionen und das Gesundheitssystem. Je nach Berechnungsmethode ergeben sich daraus verdeckte zusätzliche Schuldenquoten von weit über 100 Prozent oder aber sogenannte Tragfähigkeitslücken im Haushalt, die einen massiven Anpassungsbedarf für die künftige Finanzpolitik anzeigen.

Immer zu beachten ist, dass Deutschland als der anerkannte Stabilitätsanker der europäischen Währungsunion de facto längst mithaftet für die Schulden der anderen Euro-Länder und der EU-Institutionen. Für den »Wiederaufbau« nach der Pandemie verabredeten die EU-Staaten 2020 erstmals sogar offizielle Gemeinschaftsschulden. Das neue Instrument Next Generation EU (NGEU) im Volumen von 750 Milliarden Euro sollte zwar zunächst eine einmalige Ausnahme bleiben. Viele Ökonomen und Europapolitiker haben aber signalisiert, dass sie es gerne dauerhaft weiterführen wollen. Ganz gleich, wie man zu weiteren Euro-Bonds steht: Der wichtigste Garant dieser gemeinsamen europäischen Anleihen wäre Deutschland. Jede neue Krise der EU oder des Euro träfe die deutschen Staatsfinanzen unmittelbar.

Der Schuldenberg des Westens wäre nicht so beunruhigend, wenn die Einkommen kräftig wachsen und sich neue Haushaltsspielräume auftun würden. Frühere Schuldenprobleme ließen sich zum Teil auf diese Weise entschärfen. Nach dem Zweiten Weltkrieg und auch nach dem Ende des Kalten Krieges konnten die Staaten jeweils von der historischen Friedensdividende profitieren. Die große De-Mobilisierung ließ die Wirtschaft zwar zunächst in einer Übergangsphase knirschen. Bald danach setzten aber mächtige neue Wachstumskräfte ein: Militärapparate und Rüstungsindustrie wurden schnell und drastisch verkleinert, neue zivile Produktion und Forschung sprangen an. Die Grenzen wurden wieder geöffnet für den Austausch von Waren, Kapital und Ideen. So nahm einst das Wirtschaftswunder der Nachkriegsära Fahrt auf. Vier Jahrzehnte später folgte auf den Fall des Eisernen Vorhangs der große Globalisierungsboom.

Heute ist die Situation gerade umgekehrt, denn die bisherige »Friedensdividende« fällt weg. Die neuen Programme zur Aufrüstung des Militärs, zum Aufbau robusterer Lieferketten und zur grünen Transformation erhöhen zwar in einer Übergangsphase die Nachfrage. Langfristig werden sie aber die Produktivität eher bremsen. Einflussreiche Vordenker der Klimabewegung lehnen weiteres Wirtschaftswachstum ohnehin entschieden ab und fordern eine planwirtschaftliche »De-Growth«-Ökonomie.

Der ökonomische Fortschritt lahmt besonders in Europa. Die Wirtschaftsleistung pro Kopf liegt in den USA heute um rund ein Drittel über dem Wert in der EU, denn den Produktivitätsschub, den die US-Digitalwirtschaft gebracht hat, haben die Europäer verpasst. Mehr denn je sei die EU heute auf hohe Produktivität angewiesen, doch tatsächlich sei die Produktivität »schwach, sehr schwach«, hat

Ex-EZB-Chef Mario Draghi gewarnt, als er 2024 in Brüssel seinen Report über die »Zukunft der europäischen Wettbewerbsfähigkeit«[6] vorstellte. Wenn sich das nicht ändere, werde man seine großen Ambitionen zurückschrauben müssen und auch das europäische Sozialmodell nicht mehr finanzieren können, so Draghi. Ohne einen energischen wirtschaftspolitischen Neuanfang bleibe der EU nur die »langsame Agonie des Niedergangs«.

Die Wachstumsaussichten für Deutschland sind besonders schlecht: Nach dem Ende der Pandemie übernahmen die Deutschen die rote Laterne im Wachstumsvergleich der großen Industrieländer; das Wort vom »kranken Mann Europas« *(The Economist)* kehrte zurück. Laut den Schätzungen des Sachverständigenrats liegt das Wachstum des deutschen Produktionspotenzials in den kommenden Jahren bei nicht einmal mehr 0,5 Prozent jährlich, Tendenz weiter fallend.[7] Diese Größe, die den Trend des volkswirtschaftlichen Leistungsvermögens jenseits des Aufs und Abs der Konjunktur beschreibt, erreichte in den ersten beiden Dekaden der 2000er-Jahre immerhin noch durchschnittlich 1,4 Prozent. In den 1970ern, als die Bundesrepublik erstmals begann, in großem Stil Schulden zu machen, betrug das Potenzialwachstum rund 2,5 Prozent.

Die Summen, mit denen die westlichen Länder heute in der Kreide stehen, werden langfristig wie eine zusätzliche Bremse für das Wachstum wirken: Große Staatsdefizite halten die Zinsen hoch, dadurch erschweren und verdrängen sie die Investitionen in der Privatwirtschaft. Diese Verteuerung des Kapitals zieht sich quer durch alle Regionen und Sektoren, sie trifft die Start-up-Szene ebenso wie den Bau.

Die Schulden verstärken zudem die wirtschaftliche Unsicherheit, denn wer, wann und wie eines Tages für die enormen Verpflichtungen zur Kasse gebeten wird, ist unklar. Kommt es zu neuen Schocks oder auch nur zu einer schweren Rezession, dann haben viele Regierungen kaum noch Reserven. Nach den Mega-Krisen der vergangenen Jahre müsste eigentlich wieder in den Aufbau solcher Finanzpuffer investiert werden. Denn ein handlungsfähiger Staat sollte in der Not immer so kreditwürdig sein, dass er auch enorme finanzielle Lasten und Risiken rasch auf seine Schultern nehmen kann. Viele Staaten können das heute nicht mehr.

Die hohen Schuldenberge sind deshalb auch nicht mehr nur eine Belastung für die Generationen in ferner Zukunft (»die Steuern von morgen«). Sie beschränken bereits jetzt die politischen Handlungsspielräume. Und sie können schon hier und heute destabilisieren: die öffentlichen Haushalte, die Finanzmärkte, die Währungsordnung und damit letztlich auch den sozialen Frieden. Das große Risiko ist ein Teufelskreis aus erdrückenden Schulden, hochschießenden Zinsen und einer dadurch abgewürgten Wirtschaft – die wiederum mehr Schulden nötig macht. Nimmt eine solche Dynamik erst einmal Fahrt auf, dann bleiben einer Regierung nur noch die hässlichsten Rettungswerkzeuge: harte Austerität oder Sondersteuern; die Restrukturierung der Verpflichtungen (vulgo: Pleite); oder aber die gezielte Aushöhlung der Schulden durch eine Entwertung des Geldes.

Crash-Talk

Die Gefahren einer Schuldenspirale gehen nicht nur die junge Generation der künftigen Steuerzahler an. Sie treffen auch all diejenigen, die sich für staatliche Zahlungsverpflichtungen in einer fernen Zukunft überhaupt nicht interessieren. Etwa weil sie davon ausgehen, dass sie selbst dann ohnehin nicht (oder nicht mehr) zur Ader gelassen werden.

Über die Fragen der »Generationengerechtigkeit« lässt sich endlos politisch streiten, denn bei der Verteilung von Steuerlasten über die Zeit gibt es immer jüngere Gruppen, die verlieren – und ältere, die gewinnen. Der Sprengsatz dauerhaft nicht tragbarer Staatsschulden gefährdet aber hier und heute jeden. »Die Fragilität der Schulden kann ein ebenso großes Problem sein wie die darin steckende langfristige Steuerbelastung, manchmal sogar ein noch größeres«, warnen die beiden Ökonomen Carmen Reinhart und Kenneth Rogoff in *This Time is Different. Eight Centuries of Financial Folly*, ihrem modernen Standardwerk über die Geschichte der Finanzkrisen, das vor anderthalb Jahrzehnten, kurz nach dem Weltfinanzcrash, erschien.[8]

Einer der wichtigsten Investoren der Welt, der CEO des aus den Öleinnahmen gespeisten norwegischen Staatsfonds, hat sich bereits auf einen solchen Schock eingestellt. Die enorme und anhaltende staatliche Verschuldung sei eine der wichtigsten Entwicklungen im heutigen Kapitalismus, erklärte Nicolai Tangen bei der Pressekonferenz seines Fonds im Herbst 2024. Das könne zwar noch eine Weile so weitergehen, aber es werde plötzlich stoppen, wenn die Investoren keine weiteren Schulden mehr akzeptieren wollen, so der Chef des größten Staatsfonds der Welt: »Das ist für mich das ganz große Ding, das plötzlich passieren kann. Wir wissen nicht, wann es passiert oder was der Auslöser sein wird, aber an dem Tag, an dem es passiert, wird es ziemlich dramatisch sein.«[9]

Solche Warnungen vor einem kommenden »Crash« sind immer hoch spekulativ und zugespitzt. Ob, wann und wie eine deutliche Schieflage zu einem jähen Bruch führt, kann niemand vorhersagen. Die beteiligten staatlichen Institutionen können sich auf solche Gedankenspiele schon aus Prinzip nicht öffentlich einlassen. Ökonomen sprechen bei kippeligen Marktsituationen von »multiplen« – also mehreren möglichen – Gleichgewichten. Ein starker Glaube trägt jeden Schuldenberg: Solange die Finanzakteure auf die Stabilität der Staatsfinanzen vertrauen, sind die Staatsfinanzen auch tatsächlich stabil.

Bricht das Vertrauen aber an einer Stelle einmal weg, kann eine abrupte Korrektur einsetzen: Anleihekurse stürzen, Refinanzierungskosten explodieren. Die Druckwelle eines solchen Schocks trifft dann rasch auch das Finanzsystem und die reale Wirtschaft. Denn Kreditgeber, Investoren und Steuerzahler müssen plötzlich einpreisen, dass der angeschlagene Staat die Spielregeln zu ihren Lasten verändern wird.

Eine böse Überraschung am Finanzmarkt oder ein unvorhergesehener Schock in der Politik kann als Zündfunke reichen. Der britische Wirtschaftshistoriker Niall Ferguson zitiert in seiner Geschichte der Anleihemärkte deshalb Harold Macmillan, den konservativen britischen Premier der späten 1950er- und frühen 1960er-Jahre.[10] Gefragt nach der größten Gefahr, die einer Regierung drohe, soll Macmillan einmal die berühmte Antwort gegeben haben: »Events, dear boy, events – Ereignisse, mein Lieber, Ereignisse.«

Einen Eindruck von der Stimmung unter den Analysten vermittelt die Umfrage des Davoser Weltwirtschaftsforums (WEF) für seinen »Ausblick der Chefökonomen« im Herbst 2024: Die Sorge, dass es unter den hoch entwickelten Volkswirtschaften zu Staatspleiten kommen könnte, trieb zwar nur eine kleine Minderheit um; nicht einmal jeder zehnte Befragte rechnete mit einem solchen Szenario. Als gefährlicher Störfaktor standen die Schulden aber schon bei vielen auf dem Zettel. Jeweils deutlich mehr als die Hälfte der Befragten sahen in den hohen Staatsschulden eine Gefahr für die makroökonomische Stabilität sowie einen Bremsklotz für die politischen Bemühungen, das Wachstum wieder zu stärken. Fast 60 Prozent fürchteten zudem, dass die verschuldeten Industrieländer auf die nächste Rezession schlecht vorbereitet sind.

»Ist eine ernste globale Schuldenkrise möglich?«, wollte auch das Washingtoner Fachmagazin *The International Economy* im Sommer 2024 von einer Riege profilierter Weltwirtschaftler wissen. Seine Frage zielte nicht nur auf die staatliche, sondern auch auf die private Verschuldung der Unternehmen und Haushalte. Die 27 Befragten, zumeist führende Ökonomen aus internationalen Organisationen, Wissenschaft und Finanzwirtschaft, sollten die Wahrscheinlichkeit einer neuen großen Krise auf einer Skala von null bis zehn taxieren.

Die Mehrheit der Experten nannte einen Wert von drei oder weniger. Umfassende Entwarnung gab allerdings nur eine kleine Minderheit. Das Bankensystem sei robust, so argumentierte diese Fraktion. Auch von einem »Kreditwahn« könne keine Rede sein, wenn man die kräftige staatliche und die eher gedämpfte private Schuldenaufnahme gemeinsam betrachte.

Die Mehrheit der Befragten betrachtete die Staatsschulden als ein erhebliches und wachsendes Risiko. Stabilität sahen sie nur unter Vorbehalt: Die Verschuldung sei latent gefährlich, aber noch keine unmittelbare Gefahr, beschwichtigten einige; die Lage sei dramatisch, aber die Zentralbanken stünden bereit, jede Krise im Keim zu ersticken, sagten viele; eben weil der Verschuldungskurs nicht durchzuhalten sei, würden die Regierungen schon noch rechtzeitig zum Umsteuern gezwungen, hofften die Optimisten. »Es wird harte politische Entscheidungen geben müssen«, so Álvaro Pereira, der Chefvolkswirt des Industrieländer-Clubs OECD.

Viele Schwellenländer befänden sich längst in der schlimmsten Schuldenkrise seit den 1980er-Jahren, betonte Indermit Gill, der Chefvolkswirt der Weltbank, die vor allem Entwicklungsprojekte finanziert. An der Neuverhandlung und dem Erlass von Schulden zugunsten der Schwächsten führe kein Weg mehr vorbei. Gill zitierte den amerikanischen Juristen Lee Buchheit, der als Altmeister dieses Geschäfts seit den 1970er-Jahren mehr als zwei Dutzend Restrukturierungen für Staaten aushandelte und in der Euro-Krise auch Griechenland beriet. Aufgetürmte Staatsschulden, so ein berühmtes Buchheit-Bonmot, seien so ähnlich wie schmutzige Windeln oder Atommüll: Die Entsorgung mache enorme Kopfschmerzen – aber man könne sie nicht unbegrenzt aufschieben.

Die geräuschloseste Methode, eine Haushaltslücke abzudecken, bleibt die Geldschöpfung. Als der Geldverleiher der letzten Zuflucht, der »Lender of Last Resort«, kann eine Notenbank mit ihrer eigenen Währung im Prinzip auch Staatsanleihen in unbegrenzter Höhe aufkaufen. Das besonders in Deutschland hochgehaltene alte Tabu, das es den Notenbankern verbot, den Staat zu finanzieren, wurde in den Krisen der 2010er-Jahre erheblich aufgeweicht. Die

Grenzen zwischen Geldpolitik und Finanzpolitik sind seither fließend geworden.

Vor der Weltfinanzkrise waren die Notenbanken nicht nur formal, sondern auch faktisch unabhängig genug, um Finanzpolitiker jederzeit über höhere Zinsen einzubremsen. Den heiß laufenden Einheitsboom, der bald auch die Inflation befeuerte, stoppte die damalige Bundesbank mit scharfen Zinsanhebungen 1991/92. In der neuen Welt, in der viele Staaten sich am Rande eines Schuldenknalls bewegen, verlieren die Währungshüter aber diese unangefochtene Dominanz. Ihre Aufgabe bleibt es zwar, für stabile Preise zu sorgen. Aber sie müssen nun erhebliche Rücksichten nehmen: auf die Stabilität der Staatsfinanzen und die Stabilität der nervösen Finanzmärkte.

Donald Trump zeigte von Anfang an offen, dass er von der Unabhängigkeit der US-Fed wenig hält. Unter dem Druck der Verschuldungsprobleme könnten es ihm andere Regierungen gleichtun. Die Notenbanken müssen fürchten, irgendwann nicht nur ihre faktische, sondern sogar ihre rechtliche Unabhängigkeit zu verlieren. Die Politik könnte dann ungehindert durchregieren.

Die Sprengkraft der Staatsverschuldung kann mit billigem Geld von der Notenbank viele Jahre lang eingedämmt werden. Kostenlos ist das aber nicht. Zum einen wird es jeder Regierung dadurch leicht gemacht, exzessive Verschuldung fortzusetzen. In der Wirtschaft erlahmt durch die Billigstkredite die Produktivität: Selbst sogenannte »Zombie«-Unternehmen, also hoch verschuldete Verlustbringer, die nicht einmal mehr ihren Schuldendienst erwirtschaften, können sich am Markt halten.

Zugleich wird das Inflationspotenzial immer größer. »Die Unterdrückung einer Schuldenkrise durch die Zentralbanken verlagert das Problem vom Finanz- auf das Geldsystem«, warnt Thomas Mayer, der Gründer des »Research Institute« des Kölner Vermögensverwalters Flossbach von Storch und frühere Chefvolkswirt der Deutschen Bank. Die historische Erfahrung hat immer wieder gezeigt, dass eskalierende Fiskalkrisen, die mithilfe von Geldschöpfung gelöst werden, am Ende sogar die Währungsordnung erschüttern.

Die heutigen Währungen sind dafür besonders anfällig, weil sie nicht an Gold oder reale Güter gebunden sind, sondern allein auf der Autorität des Staates beruhen: Geld ist, was der Staat per »Fiat!« (»Es werde!«) dazu erklärt hat. Geht das Vertrauen in diese Autorität verloren, dann ist die Fiat-Währung nicht mehr wert als ein Spielgeld.

Das politische Risiko

Die politischen Gründe einer explosiven Staatsverschuldung liegen oft in den ungelösten Konflikten und tiefen Spaltungen einer Gesellschaft: Die Schulden werden gemacht, weil wichtige Gruppen zerstritten sind; und die Schulden geraten außer Kontrolle, weil diese Gruppen zerstritten bleiben. Durch die Zinskosten spitzt sich der bloß aufgeschobene Verteilungsstreit ständig weiter zu. Der Historiker Niall Ferguson hat deshalb argumentiert, dass die politisch brisanteste Schuldenkennzahl zu allen Zeiten der Anteil der Staatsausgaben ist, der vom Schuldendienst verschlungen wird. Denn genau hier wird für alle sichtbar, wie unerbittlich der Konflikt ist: »Jeder Cent für den Schuldendienst – also für die fortlaufenden Kosten vergangener Politik – ist ein Cent, der nicht für aktuelle Politik ausgegeben werden kann.«[11]

Ferguson illustriert seine These an einer Reihe von historischen Krisen, die durch einen steigenden Anteil der Zinszahlungen am Budget ausgelöst wurden. Der spektakulärste all dieser Fälle ist die Französische Revolution, die ab 1789 die Weltgeschichte veränderte. Sie ist aus der heutigen Sicht zwar nur ein »ferner Spiegel«: Jede direkte Parallele zu den Schuldenproblemen der Gegenwart verbietet sich von selbst. Das Beispiel zeigt aber eindrücklich, wie sich eine ungelöste Schuldenkrise bis zur Systemkrise aufschaukeln kann.

Ihre Wucht bezog die Französische Revolution aus den neuen Ideen der Aufklärung und aus aufgestauten sozialen Konflikten. Ausgelöst wurde sie durch eine klassische staatliche Finanzkrise, oder, in den Worten des Autors Ian Davidson: »die schrittweise Erkenntnis des Königs, dass er bankrott war«[12]. Der Bankrott bedrohte nicht nur den königlichen Schuldner selbst, sondern auch seine Gläubiger, die gut situierten »Rentiers«, und die Masse der Steuerzahler, die zur Kasse zu bitten war. Reich und Arm bangten um ihre Zukunft. Das Geld, so betont Davidson, »war vor der Revolution eine zentrale Frage, und es blieb, im Guten wie im Bösen, eine zentrale Frage während der Revolution«[13].

Die Finanznot hatte sich über Jahrzehnte aufgebaut. Frankreichs Königshaus beteiligte sich an zwei teuren Kriegen: dem Siebenjährigen Krieg (1756 bis 1763), der in der ganzen Welt geführt wurde, und dem Unabhängigkeitskampf der amerikanischen Revolutionäre gegen Frankreichs Rivalen Großbritannien (1775 bis 1783). Der wuchernde Hofstaat rund um Versailles verschwendete hemmungslos Unsummen. Eine spätfeudale Fiskalverwaltung konnte die Kassen nur mühsam steuern. Die Kreditgeber verlangten hohe Zinsen, weil die Herrscher immer wieder Schulden nicht bedient oder unliebsame Gläubiger verfolgt hatten.

Von 1751 bis 1788 wuchs so der Anteil der Zinszahlungen an den Staatsausgaben von gut einem Viertel auf fast 50 Prozent. In Relation zu den Steuereinnahmen stieg er von anfangs einem Viertel auf fast zwei Drittel. Auch die Einsparungen und Reformen, die ein populärer Finanzminister, Jacques Necker, ab 1777 durchsetzte, hielten die Schuldenspirale nicht auf. Necker war ein bürgerlicher Außenseiter am Hof, ein Ex-Bankier, der aus dem calvinistischen Genf stammte. Um Vertrauen zu gewinnen und die Kreditwürdigkeit zu stärken, veröffentlichte er erstmals überhaupt einen Bericht über die bis dahin geheimen Staatsfinanzen. Seine Schrift *Compte Rendu Au Roi* (1781) fand Zehntausende neugierige Leser – kostete ihn aber rasch seine Stellung.

Schlechte Ernten und ein katastrophal eisiger Winter 1788/89 stürzten das Land schließlich in eine akute Krise. Necker war bereits zurück ins Amt geholt worden. Um den Staatsbankrott abzuwenden, berief der überforderte König Ludwig XVI. zum ersten Mal seit 175 Jahren die Versammlung der Stände, die États généraux, ein. Sie sollte eigentlich nur Steuererhöhungen und Finanzreformen genehmigen – doch das geplante Forum elektrisierte die Massen.

Die Privilegien von Klerus und Adel wurden angegriffen, eine Bewegung aus dem ganzen Volk verlangte demokratische Macht für die Bürger, Bauern und einfachen Leute, den unterdrückten »dritten Stand«. Die Ständeversammlung setzte Kräfte frei, die das absolutistische »Ancien Régime« wegfegten. Im September 1792 rief der neue Nationalkonvent die Republik aus. Die königliche Familie wurde im darauffolgenden Jahr hingerichtet. Gewalt und Krieg erfassten schließlich ganz Europa. Der Finanzminister, der zwischen alle Fronten geraten war, floh bereits 1790 ins Exil am Genfer See.[14]

Um die Finanzmisere zu überwinden, konfiszierte die Volksvertretung 1789 das kirchliche Eigentum. Neue Staatsanleihen, sogenannte Assignaten, wurden damit besichert und als Zahlungsmittel in Umlauf gebracht. Das war anfangs erfolgreich, die Menge der Assignaten wurde aber bald so hemmungslos ausgeweitet, dass die Titel faktisch zu ungedecktem Papiergeld wurden. Ihr Wert kollabierte, rapide Inflation setzte ein und die Bevölkerung floh aus den neuen Papieren in die alten Münzen. Der Autor Ian Davidson nennt das Währungsexperiment »einen der gravierendsten Fehler« der Revolutionäre: »Es war womöglich der wichtigste Faktor, der zum Entgleisen der Revolution und zu ihrem Abstieg in die Terrorherrschaft der Jahre 1793/94 führte.«

Niall Ferguson rechnet vor, dass auch Frankreichs großer Gegenspieler Großbritannien in der damaligen Zeit einen ähnlich hohen Schuldendienst zu finanzieren hatte: 1788 machten Zinsen und Tilgung immerhin 56 Prozent der britischen Steuereinnahmen aus. Die

Steuerlasten, die den Kolonien in Nordamerika abverlangt wurden, führten dort zu Protesten wie der »Boston Tea Party« (1773), schließlich zu Revolution und Krieg und zur Abspaltung der unabhängigen USA. Die britischen Schulden waren aber transparenter, langfristiger und besser handelbar. Sie wurden kontrolliert von einem Parlament und gemanagt von der bewährten Bank of England. Weil dieser hoch entwickelte institutionelle Rahmen den Kreditgebern mehr Sicherheit gab als der absolutistische französische Fiskus, konnten die Briten sich zu viel günstigeren, teils nicht einmal halb so hohen Zinssätzen verschulden. Mit ähnlichem fiskalischen Aufwand war für sie eine deutlich größere Staatsschuldenquote finanzierbar als für Frankreich.

Der Vergleich zeigt, wie wichtig schon immer die Reputation und die Art der Regierungsführung eines Schuldnerstaates gewesen sind. Stabile Institutionen und Regeln, die das Risiko für die Gläubiger begrenzen, schaffen Vertrauen und senken die Kreditkosten. Teuer und gefährlich wird es, wenn Zahlen und Prozesse nicht mehr durchschaubar sind, die Entscheider gelähmt, korrupt oder ideologisiert wirken.

Gute Schulden – schlechte Schulden?

Die Ökonomen haben drei klassische Argumente dafür, Staatsschulden aufzunehmen: In einer plötzlichen Notlage wären die Steuerzahler ohne den Kredit überfordert; in einer Rezession kann der Fiskus damit gegensteuern; und wenn das Geld gut investiert wird, finanziert sich jede Verschuldung am Ende von selbst. Theoretisch sind alle drei Begründungen überzeugend. In der praktischen Politik sind sie allerdings fast immer überdreht worden. Denn es ist nie populär zu fragen, wie sich Ausgaben genau rechnen und woher die Mittel für den späteren Schuldendienst einmal kommen sollen.

Antizyklische Konjunkturpolitik begrenzt die Schäden eines Abschwungs: Anstatt der Krise »hinterherzusparen«, akzeptiert sie schrumpfende Steuereinnahmen und steigende Sozialausgaben; durch richtig getimte Konjunkturprogramme kann sie zusätzlich helfen. Mit den sprudelnden Überschüssen in einer späteren Boom- und Überhitzungsphase lassen sich diese Schulden dann – im Prinzip – wieder tilgen. Das richtige Timing gelingt allerdings nicht immer. Die politische Einigung, dass nun die Phase für die Rückzahlung begonnen hat, gelingt fast nie.

Plakativ wird heute oft zwischen »guten« und »schlechten« Schulden unterschieden. So mahnte etwa Mario Draghi im Sommer 2020 in seiner ersten Rede nach seinem Ausscheiden als EZB-Präsident, dass die hohe Verschuldung der Staaten nur dann tragfähig sei, wenn »gute Schulden« für »produktive Zwecke« verwendet würden statt »schlechte Schulden« für unproduktive Zwecke. Für einen verschuldeten Staat komme es nicht allein darauf an, seine Zinsen niedrig zu halten. Genauso wichtig sei »die Wahrnehmung der Qualität der eingegangenen Schulden«.

Das klassische deutsche Zitat zur Begründung kreditfinanzierter Investitionen stammt von dem Staatsrechtslehrer Lorenz von Stein (1815–1890), der ab 1855 in Wien lehrte und als einer der Vordenker der »sozialen Demokratie« gilt.[15] Ein Staat ohne Staatsschuld, so sein berühmtester Satz, »tut entweder zu wenig für die Zukunft oder er fordert zu viel von der Gegenwart«. Anders ausgedrückt: Finanziert ein Staat sein Investitionsbudget nur aus den laufenden Einnahmen, dann wird dieses Budget entweder zu klein sein oder die Steuerzahler werden ungerecht behandelt. Denn der Nutzen einer Brücke, einer Ausbildung, eines Forschungsprojekts fällt immer erst in der Zukunft an, manchmal sogar erst in sehr ferner Zukunft. Wenn die künftigen Bürger davon profitieren, ist es nur gerecht und verkraftbar, sie auch mit dem Schuldendienst zu belasten.

Nicht nur die öffentlichen Investitionen in Sach- oder Humankapital können eine Volkswirtschaft produktiver machen. Auch ein kluger Umbau von Institutionen und Regeln kann das Wachstum fördern. Sogar die kreditfinanzierte Anschubfinanzierung einer wachstumsfördernden Steuer-, Energiemarkt- oder Staatsreform kann sich auf lange Sicht bezahlt machen und das gesamtwirtschaftliche Einkommen und die Steuereinnahmen steigern. Der Wachstumsimpuls von breit wirkenden staatlichen Projekten kann erheblich größer sein als der Effekt der privatwirtschaftlichen Investitionen, die der tatkräftige Staat womöglich verdrängt.

Der logische Fallstrick an dem berühmten Von-Stein-Zitat ist allerdings, dass es die Schulden per se schon als den Ausweis einer guten Politik erscheinen lässt. Tatsächlich ist eine Staatsverschuldung weder zwingend notwendig noch bereits hinreichend, um ein produktives Kapital aufzubauen. Konsumverzicht und private Investitionen spielen ebenso eine wichtige Rolle. Die Rendite kann auch ausbleiben. Von Stein selbst hatte mit seinen persönlichen Unternehmungen am Ende wenig Glück: Eine Torfmoor-Gesellschaft und eine Glashütte, die zunächst sehr erfolgreich waren, mussten 1879 Konkurs anmelden. Er verlor sein gesamtes Privatvermögen.

Längst nicht jede Staatstätigkeit auf Pump ist ein Selbstfinanzierer. Manche Projekte scheitern. Andere sind sogar von vornherein nur darauf angelegt, eine Art »weiche«, allein politisch zu messende Rendite abzuwerfen. Ein reiner Konsumkredit, der das Einkommen und damit die Steuerbasis nicht verbessert, kann dann später nur durch Verzichtsanstrengungen bedient werden.

Die Risiken und Nebenwirkungen solcher Party-Schulden sind offenkundig: Die Politik wird durch die auflaufenden Zahlungspflichten in der Zukunft gleichsam »eingemauert«. Produktive Investitionen in die weitere Wirtschaftsentwicklung fallen weg, weil dem Schuldenstaat dazu die Mittel fehlen und weil zugleich die privaten Unternehmer durch den Zinsanstieg am Kapitalmarkt ausgebremst werden. Von »Konsolidierungsschäden« und den »Krebsschäden« früherer Verschuldung ist dann die Rede.

Deutschland hat eine solche Gratwanderung durchgemacht, als in den frühen 1990er-Jahren das historische Projekt »Aufbau Ost« zu einem wesentlichen Teil über Schulden finanziert wurde. In der

Ausnahmesituation der Wiedervereinigung waren plötzlich enorme Summen nötig, um die heruntergewirtschaftete DDR-Ökonomie zu erneuern und den Umbau sozialpolitisch abzupuffern. Die Finanzen schienen das anfangs sogar noch leicht herzugeben: 1989, im Jahr des Mauerfalls, schlossen die öffentlichen Haushalte der alten Bundesrepublik zum ersten Mal seit 16 Jahren wieder mit einem – wenn auch nur kleinen – Überschuss ab. Die DDR galt nach manchen Berechnungen als eine der 20 größten Volkswirtschaften der Welt.

Die Kosten des radikalen Strukturwandels sprengten dann aber alle Kassen. Obwohl ein großer Teil der Ausgaben auf die Sozialversicherungen verlagert wurde, gerieten die Defizite außer Kontrolle. Die Verschuldung wurde zum Dauerthema. Der Ex-Bundesbankchef Helmut Schlesinger veröffentlichte damals mit zwei Co-Autoren eine Warnung vor dem Weg in die Schuldenfalle.

Sein Resümee: In der überreichen Fachliteratur, die bis in die Anfänge der Ökonomik zurückreicht, finde man zwar stets mühelos Argumente für mehr Schulden und deren Unbedenklichkeit. Theorie und Praxis zeigten aber immer wieder die Grenzen dieses Instruments: Wie kaum ein anderes sei es »an eine Reihe restriktiver Anwendungsbedingungen geknüpft«. Ähnlich wie bei der staatlichen Geldschöpfung seien »das Missbrauchspotenzial und der Abnutzungsgrad« außergewöhnlich hoch. Die Risiken in der Schuldenpolitik seien eindeutig asymmetrisch: die Gefahren eines Zuviel erheblich höher als die eines Zuwenig. »Größte Vorsicht« sei also geboten.[16]

Was ökonomisch gerade den Clou der Verschuldung ausmacht, ist politisch ihr fataler Haken: Sie zieht künftige Einnahmen in die Gegenwart vor. Staatseinnahmen von morgen werden gleichsam verpfändet und hier und jetzt schon flüssig gemacht für etwas, das besonders dringlich ist. Kurzfristig erweitert das den Handlungsspielraum, denn die Einigung ist leicht zu finden. Gerade in Not- oder gar Kriegssituationen kann schneller und wuchtiger gehandelt werden.

Die Steuerzahler werden von den großen Aufgaben nicht überfordert, die Wirtschaft nicht durch drastische Abgabenerhöhungen gelähmt. Die Kreditgeber schießen dem Schuldner Staat die benötigten Mittel in der Regel auch gerne vor – solange sie darauf vertrauen können, dass Tilgung und Zinszahlungen gewährleistet sind. Je größer allerdings die Zweifel daran werden, desto höher werden die verlangten Risikoprämien. Und desto wackliger wird die Konstruktion.

Der Staat, der sich verschuldet, lässt mit Absicht offene Rechnungen auf dem Tisch liegen. Wer genau die bezahlen soll, bleibt in der Schwebe. Vom kurzfristig sinnvollen Vertagen bis zum andauernden Vermeiden oder gar Vertuschen dieses Verteilungskonflikts ist es nur ein kurzer Weg. Schon einer der frühen Kritiker der Staatsverschuldung, der schottische Philosoph und Ökonom David Hume, formulierte das in einem Essay (»Of Public Credit«, 1752) scharf: Für jeden Minister sei ein Instrument höchst verlockend, das es ihm erlaube, »während seiner Amtszeit einen großen Mann zu markieren, ohne das Volk mit Steuern zu überlasten oder sich unmittelbare Vorwürfe gegen seine Person einzuhandeln«. Die Verschuldung werde daher mit größter Sicherheit von jeder Regierung missbraucht. Einen Staatsmann dazu zu ermächtigen, sei so unvorsichtig, wie »einem verschwenderischen Sohn Kreditlinien bei jeder Bank von London zu geben«.

Für Politiker aller Couleur ist es attraktiv, die finanziellen Spielräume immer wieder zu überzeichnen und allen Wählergruppen (fast) alles zu versprechen. Nach dem Scheitern der Ampel-Koalition machte es der Wahlkämpfer Olaf Scholz sogar zu seiner zentralen Botschaft, dass die Priorisierung von Aufgaben unmoralisch und falsch sei. Scholz attackierte immer wieder das »Entweder-oder-Denken« und versprach, er werde »die Bürgerinnen und Bürger niemals vor die Wahl stellen: Entweder wir investieren in unsere Sicherheit oder in gute Arbeitsplätze und Wirtschaft und Infrastruktur, entweder wir geben Geld für die Bundeswehr, oder wir haben sichere Renten, entweder wir unterstützen die Ukraine, oder wir investieren in Deutschland.« Ein Entweder-oder führe in die Irre, denn: »Das schadet und zerreißt Deutschland.« Es sei aber auch »vollkommen unnötig«, denn: »Deutschland ist ein starkes Land. Unter allen großen wirtschaftsstarken Demokratien haben wir mit weitem Abstand die geringste Verschuldung.«

Eine politisch nachvollziehbare, aber ökonomisch absurde Argumentation: Die Kreditkarte wird vorgeführt, als sei sie eigentlich ein pralles Festgeldkonto.

Dashboard der Billionen – Wie Schulden gemessen und bewertet werden

Die Dimensionen von Staatsschulden übersteigen zu allen Zeiten die menschliche Vorstellungskraft. Als Mitte der 1990er-Jahre die Kredite für die deutsche Einheit alle ursprünglichen Pläne sprengten, lieh sich der Bund der Steuerzahler (BdSt) deshalb eine Idee des New Yorker Immobilientycoons Seymour Durst. Nach dem jahrelangen »Deficit Spending« unter der Präsidentschaft Ronald Reagans hatte Durst 1989 eine öffentliche »Schuldenuhr« aufgehängt, die nahe beim Times Square den laufenden Anstieg der US-Staatsschulden anzeigte. Als Durst im Mai 1995 starb, zeigte seine National Debt Clock knapp unter 5000 Milliarden Dollar an – eine Zahl mit 13 Stellen. Die neue Schuldenuhr, die im Dezember 1995 in Wiesbaden aufgestellt wurde, übersprang bereits kurz nach ihrer Installation die symbolträchtige Marke von 2000 Milliarden D-Mark (rund 1023 Milliarden Euro).

Seither sind diese Zahlen mit nur kurzen Zwischenpausen immer weiter gestiegen. Die deutsche Schuldenuhr, die heute am Eingang der Berliner Zentrale des Lobbyverbands BdSt hängt, tickt bei über 2500 Milliarden Euro. Der amerikanische Zähler, der 2007 auf 14 Stellen erweitert werden musste, erreichte Mitte 2025 mehr als 36 000 Milliarden – also 36 Billionen – Dollar. Gäbe es eine Welt-Schuldenuhr, dann hätte sie zuletzt ebenfalls um eine Stelle erweitert werden müssen: Laut IWF kletterte die weltweite Staatsverschuldung 2024 erstmals auf über 100 Billionen Dollar.

Die flimmernden Ticker, auf denen die Millionen nur so durchsausen, lenken die Aufmerksamkeit auf das Schuldenrisiko. Für sich genommen sind sie aber bloße Zahlenspielerei, auch skurrile Vergleiche helfen nicht viel weiter. Bereits gut zehn Jahre vor der Erfindung der »Debt Clock« rechnete Franz Josef Strauß, der scharfzüngige CSU-Chef und Unionskanzlerkandidat 1980, in einer amüsanten, heute auf YouTube abrufbaren Bundestagsrede vor, wie groß die deutschen Staatsschulden in der Form eines Tausendmarkschein-Stapels (3550 Meter – höher als die Zugspitze) oder einer Tausendmarkschein-Ladung (2800 Tonnen – gut drei Güterzüge) ausfallen würden. Nähme man nur Hunderter, so ließe sich ergänzen, wären Stapel und Ladung sogar zehnmal so groß. Doch in welcher Höhe wären die Schulden wirtschaftlich angemessen gewesen?

Mit den Billionenbeträgen von heute lassen sich noch viel drastischere Gedankenspiele anstellen: Der Kabarettist Vince Ebert hat gespottet, dass man »mit einem Sondervermögen von einer Billion 317 Jahre lang jede Sekunde einen 100-Euro-Schein in eine Konfettikanone stecken kann«. Eine Billion Sekunden wiederum entspricht mehr als 30 000 Jahren, also ungefähr dem Zeitraum seit dem Aussterben der letzten Neandertaler; 100 Billionen Sekunden sind mehr als drei Millionen Jahre, ungefähr der Zeitraum seit dem Erscheinen der allerersten Hominiden wie der äthiopischen »Lucy«, die in einer Warmzeit mit teilweise eisfreien Polregionen lebten. Unfassbare Größen – aber mehr auch nicht.

Rechnet man die Staatsschulden um in Pro-Kopf-Beträge (»vom Kleinkind bis zum Greis«), dann betrug die Last 2024 in Deutschland gut 31 000 Euro je Einwohnerin und Einwohner. In Italien waren es über 48 000, in Frankreich über 45 000 Euro, in den USA sogar über 105 000 Dollar. Selbst im vergleichsweise soliden Deutschland übersteigt der Wert damit bereits deutlich das mittlere Pro-Kopf-Jahreseinkommen in der Bevölkerung. Rechnet man die verfügbaren

Haushaltseinkommen um in den Betrag, der auf jede und jeden Einzelnen im Haushalt entfällt, dann hatte die Mehrheit der Menschen hierzulande 2023 ein »Nettoäquivalenzeinkommen« von weniger als 26 500 Euro pro Jahr.[17]

Die Bürger haften aber nicht einzeln und zu einem festen Fälligkeitstermin, sondern immer nur als großes Kollektiv mit einem sehr langen, theoretisch unendlichen Zeithorizont. Der relevante Maßstab zur Beurteilung der Schuldenhöhe ist deshalb die Wirtschaftskraft, die für die Gemeinschaft mobilisiert werden kann. Diese Kraft zeigt sich näherungsweise am Bruttoinlandsprodukt (BIP), aus dem ein Staat die Steuern und Abgaben für seinen Schuldendienst zieht. Es ist grob vergleichbar mit dem laufenden Einkommen des privaten Haushalts, der bei seiner Bank einen Kredit aufnimmt.

Das Verhältnis des Schuldenbergs zum aktuellen BIP ist die gängige Kennzahl für internationale Vergleiche. In der unten stehenden Tabelle sind die Werte für die größten Staatsschuldner der Welt zusammengefasst. Fast überall sind die Schuldenquoten seit Mitte der 2010er-Jahre, also seit der Überwindung der Weltfinanzkrise, um mehr als 15 Prozentpunkte gestiegen. Lediglich Deutschland hat seine Quote merklich gesenkt und ist damit auch entscheidend verantwortlich für den leichten Rückgang der Staatsschuldenquote in der Euro-Zone insgesamt.

Die großen Schuldner

Land	Anteil am Welt-BIP in %	Anteil an weltweiten Staats-schulden in %	Schulden-quote in % des BIP (brutto)	Schulden-quote in % des BIP (netto)	Schulden-anstieg seit 2007 in %-Punkten (brutto)
USA	26	35	121	97	56
Japan	4	10	237	134	64

Land	Anteil am Welt-BIP in %	Anteil an weltweiten Staats-schulden in %	Schulden-quote in % des BIP (brutto)	Schulden-quote in % des BIP (netto)	Schulden-anstieg seit 2007 in %-Punkten (brutto)
Eurozone	14	13	87	...	21
Deutschland	4	3	64	48	1
Frankreich	3	4	113	105	47
Italien	2	3	135	125	32
Spanien	2	2	116	92	80
UK	3	4	101	94	58
China	17	16	88	...	59
Indien	4	3	81	...	6
Brasilien	2	2	87	61	-2

Stand: 2024
Quelle: IWF, eigene Berechnung

Neben dem laufenden Einkommen sind aber auch noch weitere wirtschaftliche Umstände zu berücksichtigen: Langfristige Perspektiven und Höhe und Struktur des Vermögens wie auch der sonstigen Verbindlichkeiten. Schließlich und endlich auch: die Qualität der Regierungsführung und der gute (oder schlechte) Ruf.

Wachstumsaussichten

Junge Gesellschaften mit einer realistischen Aussicht auf kräftige Einkommenszuwächse können naturgemäß höhere Schulden tragen als ein Greisenkollektiv mit kaum steigerbarem Einkommen. Die Schuldenquote Indiens etwa entspricht mit gut 80 Prozent schon fast dem Durchschnitt der Euro-Zone. Die Wirtschaft des bevölkerungsreichsten Landes der Welt wächst aber seit einigen Jahren rasant, die Mehrheit der indischen Bevölkerung ist noch keine 30 Jahre alt. Das langfristige Wachstumspotenzial der Euro-Zone schätzt die EU-Kommission dagegen auf nur etwas über 1 Prozent jährlich. Fast jeder zweite Euro-Zonen-Bürger ist älter als 45.

Vermögenswerte

Den Bruttoschulden können substanzielle Vermögenswerte eines Staates gegenüberstehen: Kapitalien in Gestalt von Pensions- oder Staatsfonds, Unternehmensbeteiligungen oder Auslandsguthaben, die als Devisenreserven gehalten werden. Kanada etwa verdankt sein Triple-A-Rating den Reserven öffentlicher Pensionsfonds: Während seine Schuldenquote brutto weit über 100 liegt, beträgt sie netto keine 15 Prozent. Die Pensionsfonds haben allerdings ihrerseits auch Verpflichtungen: Sie sind die künftigen Rentenzahlungen schuldig. Besonders komplex ist das staatliche Finanzgeflecht im Fall des Schuldenweltmeisters Japan. Rechnet man alle Schulden und Vermögenswerte des Staatssektors zusammen, dann sinkt die japanische Schuldenquote laut IWF von brutto rund 250 auf netto nur noch rund 150 Prozent des BIP. Andere Berechnungen kommen sogar auf noch etwas niedrigere Werte. Auch diese Nettoquote ist allerdings die höchste aller großen Volkswirtschaften. Das Wachstumspotenzial der japanischen Wirtschaft liegt im Übrigen nur knapp über null, die Mehrheit der Bevölkerung wird in Kürze über 50 Jahre alt sein.

Schulden bei der Notenbank

Eine Schlüsselrolle in der Schuldenpolitik spielen heute die Notenbanken, die ein besonders mächtiger Teil des Staatssektors sind. In den vergangenen Jahren waren sie zeitweise die größten Käufer von Staatsanleihen. Die Gläubigerstruktur der Schulden hat sich dadurch grundlegend verschoben. Die großen Zentralbanken lassen ihre Bond-Bestände zwar seit einiger Zeit wieder abschmelzen. Eine vollständige Auflösung dieser Portfolios planen sie aber nicht. Im Mai 2025 lag in der Euro-Zone immerhin noch ein gutes Viertel aller Staatsschulden bei der EZB oder den verschiedenen nationalen Notenbanken. Die Fed hielt im Frühjahr 2025 noch rund ein Achtel der US-Staatsschulden. Japans Schulden liegen sogar zu rund der Hälfte bei der Bank of Japan.

Bei wem die Staaten verschuldet sind

Land	Schulden in Eigenwährung	Anteil Schulden bei eigener Zentralbank* in %	Anteil Schulden bei Ausländern in %
USA	ja	13	24
Japan	ja	46	14
Eurozone	*ja*	*25*	*23*
Deutschland	(nein)	30	48
Frankreich	(nein)	25	53
Italien	(nein)	27	31
Spanien	(nein)	25	45
UK	ja	25	25

*Euroländer: jeweils bezogen auf das sog. Eurosystem (EZB + nationale Zentralbanken)
Quelle: Zentralbanken und Regierungen
Stand: jeweils aktuellste Veröffentlichung zum 15.06.2025

Die Staaten sind in diesem Umfang gleichsam bei sich selbst verschuldet. Auch die Zinsen, die für diese Anleihen fällig werden, zahlen sie indirekt an sich selbst: Als Teil des Notenbankgewinns fließen sie in die Staatskasse zurück. Es wird deshalb auch argumentiert, dass Staatsanleihen, sobald sie in der Zentralbankbilanz stehen, »ökonomisch gesehen gar nicht mehr existieren«[18]. Ob diese Anleihen irgendwann formal gestrichen werden oder nicht, mache keinerlei Unterschied. Völlig kostenlos sind diese Schulden aber trotzdem nicht. Denn für den Ankauf der Papiere musste jeweils zusätzliches Zentralbankgeld geschöpft werden. Wenn der Geldwert stabil bleiben soll, kann das nicht in beliebigem Umfang geschehen. Der größte Teil des neu aus dem Nichts geschaffenen, elektronisch »gedruckten« Gelds steht zudem auf den Konten der Geschäftsbanken bei der Zentralbank. Auf diese sogenannten Reserven werden in der Regel wiederum Zinsen gezahlt.

Fremdwährungsschulden

Besonders riskant wird es, wenn ein Staat sich im Ausland oder gar in fremder Währung verschuldet. Denn die Gläubiger im Ausland kann eine Regierung nicht so leicht mit Steuern oder Regulierung schröpfen wie die Inländer. Fremde Währungen kann auch die Notenbank nicht selbst herstellen, die darauf lautenden Schulden lassen sich also nicht durch einfaches Gelddrucken bedienen. Typischerweise ist dies ein Problem der Schwellenländer, die sich internationales Kapital in »harten« Fremdwährungen leihen. Ihnen bleibt im Ernstfall nur die Einstellung oder Umstrukturierung des Schuldendienstes – die Staatspleite.

Die USA sind als weltgrößter Schuldner zwar ebenfalls bei Ausländern verschuldet, all ihre Schulden lauten aber auf ihren eigenen US-Dollar. Japan verschuldet sich fast nur im Inland und im eigenen Yen. Die Länder der Euro-Zone sind in einer besonders komplizierten Lage: Sie sind zwar in eigener Währung verschuldet, aber sie können ihr Geld nicht mehr im nationalen Alleingang schaffen. Denn sie alle haben ihre monetäre Souveränität an die EZB abgetreten.

Auf den Euro hat ein einzelner Mitgliedsstaat genauso wenig direkten Zugriff wie auf eine ausländische Währung. In der Euro-Krise der 2010er-Jahre gerieten die angezählten Staaten auch deshalb so unter Druck, weil sie geldpolitisch handlungsunfähig waren. Den europäischen Regierungen bleibt nur der indirekte Einfluss auf das

Geld: über die personelle Besetzung des EZB-Rats und über die intransparenten Kanäle der europäischen Machtpolitik.

Fristigkeit der Schulden

Zentral für das Management der Schulden ist die Laufzeit der Kredite. Wer sich kurzfristig verschuldet, zahlt meistens niedrigere Zinsen. Je kürzer die Laufzeit ist, desto häufiger muss der Kredit allerdings auch refinanziert werden. Bei jedem dieser »Roll-over« muss der Staat dann die Kreditgeber von Neuem überzeugen. Steigende oder fallende Zinsen schlagen umso schneller auf das Budget durch, je häufiger zu refinanzieren ist. Selbst wenn per saldo kaum Schulden dazukommen, kann der Bruttobedarf für die ständige Umwälzung der Altschulden erheblich sein. Im Fall der hoch verschuldeten USA ist der »Roll-over« bereits ein wichtiger Teil des Risikos: Das US-Finanzministerium verschuldete sich in den vergangenen Jahren vor allem sehr kurzfristig, über Schatzwechsel (T-Bills) mit Laufzeiten von maximal 52 Wochen. Dadurch wird jährlich etwa ein Drittel aller am Markt gehandelten US-Staatspapiere fällig. Allein der Refinanzierungsbedarf für 2025 wird auf rund 9000 Milliarden Dollar taxiert. Das entspricht knapp einem Drittel des amerikanischen BIP.

Reputation

Langfristig hängt die Zahlungsfähigkeit eines Staates davon ab, wie er seine Ausgaben kontrolliert, wie er seine Steuerkraft entwickelt und in welchem Maße er sie ausschöpfen kann und will. Das alles sind im Kern politische Fragen: Wie unterstützt eine Regierung das Wachstum? Ist sie langfristig fähig, die für den Schuldendienst benötigten Haushaltsüberschüsse zu erwirtschaften? Ist sie willens und in der Lage, sich dafür auch mit ihren Bürgern und Wählern anzulegen?

Die drei weltweit führenden Ratingagenturen – Moody's, Standard & Poor's (S&P) und Fitch – berücksichtigen deshalb immer auch die politischen Verhältnisse und den Zustand der Regierungsführung, wenn sie über den »credit« eines Landes – seine Kreditwürdigkeit – urteilen. Schon im Ursprung des Wortes steckt das qualitative Urteil: »Kredit« kommt von »credere«, dem lateinischen Verb für »vertrauen« oder »glauben«. Die berühmteste Formel dafür prägte der führende Banker Amerikas, J.P. Morgan, bei einem Auftritt im hohen Alter 1912 vor dem US-Kongress: »Das Wichtigste [bei Krediten] ist der Charakter ... vor Geld und vor allem anderen. Mit Geld kann man den nicht kaufen. ... Ein Mann, dem ich nicht vertraue, würde von mir kein Geld bekommen, auch wenn er sämtliche Anleihen der Christenheit hinterlegt. Ich denke, das ist die grundlegende Basis allen Geschäftslebens.«

Staaten haben keinen Charakter, aber ihr Ruf spielt an den Finanzmärkten eine Rolle. Griechenland etwa galt schon lange vor der Euro-Krise als der ewige Pleitier. Seit seinem Unabhängigkeitskampf in den 1820ern war das Land bereits fünfmal bankrott gewesen, mehr als die Hälfte der Zeit hatte es im Zustand der Zahlungsunfähigkeit verbracht. Argentinien, das einmal eines der reichsten Länder der Welt war, hat seit 1951 insgesamt sechs Staatspleiten hingelegt. Die Regierung des Radikalreformers Javier Milei versucht seit Ende 2023 die radikale Neuerfindung.

Mustergültig gelang ein solches Re-Branding einst der erst 1919 gegründeten Republik Finnland: Als weltweit einziger Staat hielt sie in der Wirtschaftskrise der 1930er-Jahre daran fest, ihre Schulden in den USA voll zu bedienen. Nach Ansicht von Erkki Liikanen, Finnlands Notenbankchef von 2004 bis 2018, waren diese Rückzahlungen »die vielleicht beste Werbekampagne, die Finnland je gemacht hat«. Über die besondere Disziplin der Finnen erschienen fast 3000 Artikel in der US-Presse, 1934 erklärte der damalige Notenbankchef Risto Ryti in einem weitverbreiteten Interview, dass der Schuldendienst eine selbstverständliche Pflicht sei: »Wir haben den Vertrag unterschrieben. Wir haben versprochen zu zahlen. Das ist das einzig ehrliche Verhalten.«

Bis heute ist Finnland international bekannt als »das Land, das seine Schulden immer bezahlt hat«. Seine Bonitäts-Ratings sind seit 2016 auf hohem Niveau fast stabil[19], obwohl Finnlands Staatsschuldenquote seit Jahren viel kräftiger steigt als die seiner skandinavischen EU-Nachbarn und sich seit der Weltfinanzkrise auf über 80 Prozent des BIP verdoppelt hat. Die Quoten der skandinavischen Nachbarn Schweden und Dänemark gehören dagegen zu den niedrigsten in Europa und betragen nur rund 30 Prozent.

Wie der Sprengsatz tickt: Die Dynamik von Staatsschulden

Ein allgemeingültiger Schuldengrenzwert, der die Solidität sauber von der Pleite scheidet, lässt sich weder aus der Geschichte noch aus der Wirtschaftstheorie ableiten. Im Prinzip haben auch Staaten nur ein begrenztes Budget: Langfristig müssen sämtliche Ausgaben durch Einnahmen gedeckt sein; heutige Defizite müssen durch künftige Überschüsse ausgeglichen werden, sonst bleiben die Gläubiger auf ihren Forderungen sitzen. Alltagstauglich kalkulieren lassen sich diese zukünftigen Zahlungsströme aber nicht.

Staatsschulden werden niemals restlos getilgt und auf null gebracht, sondern zum größten Teil immer wieder refinanziert und weitergewälzt. Die ständige Frage ist, ab welcher Größenordnung dieses Vorgehen schädlich und gefährlich wird.

Als Franz Josef Strauß seine legendäre Bundestagsrede zum Haushalt 1979 hielt, lag die westdeutsche Staatsschuldenquote bei rund 30 Prozent des BIP. Knapp zehn Jahre später, kurz vor der deutschen Wiedervereinigung, stand sie bei etwas über 40 Prozent. Im heutigen Umfeld wären das noch beneidenswerte Zahlen. Alarmierend war seinerzeit die ungekannte Dynamik: Bis zur Mitte der 1970er-Jahre hatte der westdeutsche Schuldenstand für rund zwei

Jahrzehnte stabil unter 20 Prozent gelegen. Der Anteil der Zinsausgaben am Bundeshaushalt betrug denn auch in den frühen 1970ern nur rund 3 Prozent. Ab den frühen 1980er-Jahren erreichte er jahrelang weit über 10 Prozent. Als die Große Koalition ab 2006 die grundgesetzliche Schuldenbremse aushandelte, stand die Zinsausgabenquote bei 14 Prozent.

Im Maastrichter Vertrag, der 1992 den Euro vorbereitete, hatten sich die europäischen Regierungen verpflichtet, ihren jeweiligen Schuldenstand auf maximal 60 Prozent des BIP zu begrenzen. Heute halten dieses Limit nur noch einige wenige Nordeuropäer ein. 2024 erreichte die zusammengerechnete Schuldenquote aller Euro-Länder bereits 90 Prozent. Das ist viel – aber ab wann wird es zu viel?

Zumindest die Grenzen des Machbaren lassen sich beschreiben. Schulden können nie ins Unendliche wachsen, denn die Kreditgeber wenden sich ab, sobald sie um die Rückzahlung ihrer Gelder fürchten müssen. Sollen Staatsfinanzen also tragfähig oder nachhaltig (»sustainable«) bleiben, dann gilt als Minimalziel, dass die Verbindlichkeiten nicht auf Dauer schneller steigen dürfen als das nominale Einkommen. Auf lange Sicht muss die Schuldenquote – die Summe der Lasten relativ zum BIP – wenigstens stabil bleiben. Auch größere Schocks müssen verkraftbar sein, denn aus kurzfristigen Notlagen darf kein Kontrollverlust werden.

Die Größen, die den Spielraum definieren, liegen dann auf der Hand:

- Wenn die Schulden nicht schneller wachsen dürfen als die Wirtschaftskraft, kommt es auf die Differenz zwischen den beiden Antriebskräften an: hier der Zinssatz, den der Staat an seine Gläubiger netto[20] zahlen muss – dort die Wachstumsrate des BIP. Je höher dieser Zins steigt und je schwächer die Wirtschaft wächst, desto eher geraten Staatsschulden außer Kontrolle.

- Dieser Prozess nimmt umso mehr Fahrt auf, je höher die aufgelaufene Schuldenquote bereits ist.
- Entscheidend ist dann, wie groß die Bereitschaft ist, zugunsten der Stabilität einen Verzicht zu leisten. Technisch wird dieser Verzicht von Ökonomen am sogenannten Primärsaldo gemessen: Was bleibt von den Einnahmen eines Staates noch für den Schuldendienst übrig, wenn alle übrigen Ausgaben bezahlt sind?

Die Idee hinter dieser Kennzahl ist, dass die Veränderung der Staatsschulden immer zwei Komponenten hat: die Folgelast des Gestern und die Entscheidungen des Heute. Der teure Schatten der Vergangenheit sind die Zinsen, die den Schuldenberg von selbst vergrößern; je höher die Altschulden, desto schwerer wiegt dieser Posten. Neu obendrauf kommt jeweils der aktuelle Saldo des Primärhaushalts, also der Abstand zwischen regulären Einnahmen und Ausgaben, vor Berücksichtigung der Zinspflicht.

Bleibt die Politik gleichsam im Rahmen ihrer aktuellen Möglichkeiten, dann beträgt der Primärsaldo null. Lebt sie »über die aktuellen Verhältnisse«, dann vergrößert ihr Primärdefizit den Schuldenberg. Soll aber eine Zinslawine gebremst oder sogar zurückgedrängt werden, dann muss eine Regierung konsequent »unterhalb ihrer Verhältnisse« wirtschaften. Ein Teil der Steuern verschwindet dann im Schuldendienst, anstatt Leistungen für die Bürger zu ermöglichen.

Wer mit Formeln klarer sieht, kann es wie folgt zusammenfassen: Die jährliche Veränderung der Schuldenquote ergibt sich als die Summe aus

1. dem Primärsaldo (in Prozent des BIP) und
2. der Differenz zwischen (Netto-) Zins und Wachstumsrate, gewichtet mit der bereits erreichten Schuldenquote.

Die Ökonomen nutzen meist die Kürzel aus dem Englischen, also: d = debt ratio, p = primary balance, i = interest rate, g = growth rate. Die entscheidende und viel zitierte Faustregel[21] für den Anstieg der Schuldenquote (Δd) lautet dann:

$$\Delta d = p + (i - g) \times d.$$

Soll die Schuldenquote konstant bleiben ($\Delta d = 0$), dann muss dem Haushaltsdefizit (also Primärsaldo plus Zinszahlungen: $p + i \times d$) ein kompensierender nominaler Einkommensanstieg gegenüberstehen. Mit den Kürzeln ausgedrückt also:

$$p + i \times d = g \times d.$$

Gemeint sind hier immer die nominalen, noch nicht inflationsbereinigten Werte von Zins und BIP-Wachstumsrate. Der Faktor Geldentwertung lässt sich aber auch aus allen Größen herausrechnen: Entscheidend für die Schuldendynamik ist auf lange Sicht die Differenz zwischen dem realen – also nach Abzug der Inflation verbleibenden – Zins und dem realen Wirtschaftswachstum.

Für Puristen mag es irritierend sein, dass diese Rechnung kein striktes Schuldenverbot ergibt. Eine wachsende Wirtschaft braucht aber keine »schwarze Null«, um ihre Staatsfinanzen tragfähig zu halten. Solange ihr Einkommen regelmäßig steigt, gibt es auch einen kleinen Spielraum für ein Defizit, das die Schuldenquote noch konstant lässt. Die Architekten der Maastricht-Regeln haben sich auf diese Weise einst ihre Defizitobergrenze von 3 Prozent hergeleitet: Der damals im Schnitt vorhandene und zu stabilisierende Schuldenstand betrug 60 Prozent; das durchschnittliche nominale Wachstum wurde großzügig angesetzt mit 5 Prozent (3 Prozent real plus 2 Prozent Inflation). Als der Defizitspielraum ($g \times d$) ergibt sich dann $0{,}6 \times 0{,}05 = 0{,}03$. Wie viel von diesem vorgegebenen Spielraum allein schon der Schuldendienst ($d \times i$) verschlingt, hängt von der Höhe des

Zinses ab. Übersteigt der Schuldendienst bereits das 3-Prozent-Limit, dann muss die Regierung »unter den Verhältnissen wirtschaften«, sprich: einen Primärüberschuss abliefern.

Heute verengt sich der ökonomische Spielraum erheblich. An den Faustformeln ist sofort erkennbar, warum sich die Lage für viele Länder ungünstig entwickelt: Rekordhohe Schuldenquoten (d) treffen zusammen mit einem unerwartet gestiegenen Zins (i) und einem strukturell sinkenden Wachstum (g). Übersteigt der Zins die Wachstumsrate, dann wird die innere Wucht der Schulden – ihr zinsbedingter Anstieg $(i - g) \times d$ – von Jahr zu Jahr stärker: Eine Lawine nimmt Fahrt auf.

Wie erdrückend eine solche Konstellation auf die Dauer ist, lässt sich an der Krankenakte des europäischen »Patienten null« studieren: dem seit Jahrzehnten hoch verschuldeten Italien. Das Mitglied des G7-Klubs hat einen Schuldenberg von über 3000 Milliarden Euro und war lange der größte Staatsschuldner Europas – ehe Frankreich in der Corona-Krise vorbeizog. Die italienische Staatsschuldenquote übertraf schon in den frühen 1990er-Jahren die Marke von 100 Prozent des BIP, seit den Finanzkrisen zu Beginn der 2010er pendelt sie oberhalb von 130 Prozent. Das sind die Größenordnungen, in die inzwischen auch die Franzosen und die USA gerade hineinwachsen. Italien muss die höchsten Anleihezinsen aller Euro-Staaten zahlen, es profitiert aber auch immer wieder von den Stützungsprogrammen der EZB. Seit 2014 kann es sich deshalb meist sogar deutlich günstiger finanzieren als die USA.

Der Ursprung der italienischen Fiskalmisere liegt mehr als ein halbes Jahrhundert zurück: Sie begann in den von Streiks und Protesten geprägten 1970ern. Rund ein Drittel der Wählerschaft votierte damals für den »Eurokommunismus« der KP Italiens. Die christdemokratisch angeführten Regierungen begannen, den Sozialstaat auf Kredit auszubauen. Hohe Primärdefizite waren die Folge, und Italiens Notenbanker standen in der Pflicht, diese Schuldenpolitik zu finanzieren. Den bald sprichwörtlichen Verfall ihrer »Schrott-Lira«

und jährliche Inflationsraten zwischen 10 und 20 Prozent mussten sie machtlos hinnehmen.

Zur Explosion des Problems kam es in den 1980ern – auch weil die Notenbank sich absetzen konnte. In der sogenannten »Scheidung« von 1981 wurde die Banca d'Italia unabhängig, sie konnte von nun an entschlossener gegen die Inflation vorgehen. Die Zinskosten eskalierten, während die Regierungen weitere Primärdefizite aufstapelten. Italiens Schuldenquote verdoppelte sich innerhalb von gut zehn Jahren. Am Ende des Kalten Krieges sprengten schließlich Korruptionsskandale das alte Parteiensystem. Als die »Zweite Republik« 1994 Anlauf nahm, startete sie mit dem Rekordschuldenstand von 124 Prozent des BIP. Die anschließende Konsolidierungspolitik reichte zwar so gerade, um Italien in die Währungsunion zu führen. Der Sturm der Euro-Krise traf den Großschuldner aber später mit voller Wucht.

Die Folgen dominieren die Politik in Rom bis heute. Der im Vergleich hohe Zinssatz, den Italien zahlen muss, wirkt als ständiger Treibsatz der Altschulden. Zugleich ist das Wirtschaftswachstum chronisch schwach: Nach der Weltfinanzkrise ist das reale BIP in mehr als 15 Jahren per saldo kaum gestiegen, erst Anfang 2025 hat Italien wieder die Wirtschaftsleistung des Frühjahrs 2008 erreicht. Bis zur Inflationswelle in der Pandemie stiegen auch die Preise nur verhalten. Das nominale Wachstum blieb damit ständig hinter dem Zinssatz zurück.

Um die jederzeit drohende Schuldenlawine aufzuhalten, brauchen die Regierungen Überschüsse im Primärhaushalt. Sie müssen ihren widerspenstigen Steuerzahlern also regelmäßig mehr abnehmen, als sie in Form von öffentlichen Leistungen zurückgeben. Die Zeiten, in denen der italienische Staat tatsächlich »über seine Verhältnisse leben« konnte, sind daher lange vorbei. Geblieben sind politische Grabenkämpfe, eine stagnierende Wirtschaft und das Dauerrisiko eines Finanzcrashs. Italien ist angewiesen auf die Rückendeckung durch die EZB und die EU-Institutionen, was seine Nationalisten wiederum empört und die Euro-Feindschaft nährt. Das Damoklesschwert, auf das nicht nur die Finanzprofis, sondern auch viele Wähler starren, heißt »Lo Spread«: der Zinsaufschlag, den die Italiener gegenüber dem Stabilitätsanker Deutschland zahlen müssen.

Die Stagnation der Wirtschaft ist auch eine Folge des langjährigen staatlichen Sparzwangs und der hohen Zinsaufschläge, die den Privatsektor ebenfalls bremsen. Italiens lange Wachstumsflaute gilt heute als ein Musterbeispiel für die »Krebs-« und »Konsolidierungsschäden« nach einer exzessiven Verschuldung. Eine heruntergekommene Infrastruktur und ein rückständiges Verwaltungs- und Bildungssystem lähmen jede Wirtschaft. Die Austerität, zu der man Italien und die anderen Südeuropäer in der Euro-Krise der frühen 2010er-Jahre gezwungen habe, sei zu hart und im Ergebnis kontraproduktiv gewesen, urteilte im Nachhinein sogar der IWF. Weil das Wachstum ausblieb, konnte auch die Schuldenbombe nicht entschärft werden.

Der Fall Italien zeigt damit auch, wie schmal der Pfad werden kann, der aus einer Schuldenfalle herausführt: Um die Wucht der Altlasten zu schwächen, muss entweder der Zinssatz sinken und/oder die Wachstumsrate steigen. Setzt die Politik auf schuldenfinanzierte Ankurbelung, dann kann sie zwar auf der einen Seite das Wachstum erhöhen – sie riskiert aber auf der anderen Seite einen fatalen Zinsanstieg, sobald die Kreditgeber misstrauisch werden. Setzt die Regierung dagegen auf einen Sparkurs, am besten in Verbindung mit überzeugenden Reformen, kann sie vielleicht die Kapitalmärkte für sich gewinnen; der dadurch niedrigere Zinssatz und das gestärkte Vertrauen beleben dann auch die privaten Investitionen. Die Austerität als solche kürzt aber erst einmal unweigerlich die Nachfrage, was das Wirtschaftswachstum lähmt.

Die Regierungen in Rom haben über viele Jahre beachtliche Disziplin gezeigt: Ihre Primärüberschüsse widerlegen platte Vorurteile und waren in den vergangenen drei Jahrzehnten sogar manchmal höher als die Primärüberschüsse der vermeintlich solideren Deutschen. Mehr als das Allernötigste wurde jedoch nie geschafft. Die Option, die alte Last mit einem einmaligen Kraftakt wie einer nationalen Vermögensabgabe aus der Welt zu bringen, blieb erst recht tabu. Nach dem Eintritt in die Währungsunion ließ Italien auch die historische Chance liegen, den damaligen Rückgang seiner Zinsen für den konsequenten Schuldenabbau zu nutzen.

Der große Joker: Inflation

Der politisch einfachste Weg, die Kosten der Staatsschulden breit auf die Gesellschaft zu verteilen, ist die schnelle Entwertung des Geldes. Wenn die Preise flächendeckend anziehen, dann kann dem Verlust kaum jemand ausweichen. Es lässt sich auch kaum nachvollziehen, wer genau wie viel verliert. Durch kontinuierliche Inflation, so schrieb der britische Ökonom John Maynard Keynes unmittelbar nach dem Ersten Weltkrieg, könnten Regierungen »heimlich und unbemerkt einen großen Teil des Vermögens ihrer Bürger konfiszieren«. Eine fortgesetzte Zerrüttung des Geldes mache am Ende jede dauerhafte Schuldner-Gläubiger-Beziehung – die eigentliche Basis des Kapitalismus – nahezu bedeutungslos.[22]

Wie Verbindlichkeiten, die untragbar geworden sind, in einem monetären Fegefeuer verschwinden, haben die Deutschen im 20. Jahrhundert zweimal erlebt: Die Staatsschulden aus dem Ersten Weltkrieg wurden in der Hyperinflation von 1923 pulverisiert; am Ende des Zweiten Weltkriegs 1945 wurde das alte Geld nahezu wertlos und verschwand in der Währungsreform 1948. In beiden Fällen war die Zerstörung des Geldes allerdings die Folge einer noch größeren Zäsur und eines politischen Systembruchs. Die schleichende Weginflationierung von Schulden in einer bestehenden Ordnung ist schwieriger.

Legt man die oben beschriebene Faustformel der Schuldenarithmetik zugrunde, dann erhöht die schnellere Geldentwertung zwar automatisch das nominale Wirtschaftswachstum. Sie wird sich aber früher oder später auch im Zinssatz widerspiegeln: Sobald die Investoren eine höhere Inflation wittern, verlangen sie auch einen entsprechend höheren Zins als Ausgleich. Die Differenz zwischen Zins und Wachstumsrate, die für die Schuldendynamik so zentral ist, bleibt am Ende unverändert. Nur eine unerwartete, von den Kreditgebern zuvor nicht eingepreiste Geldentwertung kann die Schuldenlast zeitweise erleichtern. Die Inflation ist in der Schuldenrechnung also gleichsam nur der Joker: Als kurzfristige Überraschung hat sie eine starke Wirkung. Die Regeln des Spiels kann sie aber nicht dauerhaft aufheben.

Die jüngste Inflationswelle hat das anschaulich vorgeführt. Alle Umsätze und Einkommen, die der Fiskus besteuert, wurden in den vergangenen Jahren kräftig aufgebläht: Ab dem Sommer 2021 trabten die Preise in Europa und in den USA immer schneller. In der Spitze erreichten die Inflationsraten 2022 rund 10 Prozent. Die fest vereinbarten, teils extrem niedrigen Zinssätze der alten Staatsanleihen blieben dagegen unverändert. Real, also nach Abzug der Inflation, ergab sich damit eine deutliche Negativverzinsung: Die Forderungen der Gläubiger wurden faktisch ausgehöhlt. Das Geld, mit dem die Staaten ihre Anleihen irgendwann tilgen, wird weniger wert sein, als die Kreditgeber ursprünglich erwartet hatten.

Selbst der europäische Rekordschuldner Italien konnte seine Schuldenquote auf diese Weise stabilisieren. Die Pandemie traf Roms Staatsfinanzen zwar brutal. Ab 2020 explodierten die Haushaltsdefizite, die italienischen Primärsalden rutschten erstmals seit vielen Jahren wieder tief in den roten Bereich. Trotzdem war die Schuldenquote 2024 kaum höher als vor dem Mega-Schock. Möglich wurde das nur, weil Italiens BIP durch den Inflationsschub nominal gut 20 Prozent größer geworden war als vor der Pandemie.

Auch der Rückgang der deutschen Schuldenquote, auf den die Kritiker der Schuldenbremse gerne verwiesen, wurde auf diese Weise erleichtert: Stabil niedrige Zinsen für die Altschulden trafen auf ein zeitweise preislich stark aufgeblasenes Wirtschaftswachstum. Nach den Angaben der Bundesbank bewirkte das hohe nominale BIP-Plus in den Jahren 2021 bis 2023 bereits für sich allein genommen eine rechnerische Reduktion der deutschen Schuldenquote um insgesamt 13 Prozentpunkte.[23] Der tatsächlich erreichte Rückgang war weniger als halb so groß: Die Quote sank von rund 69 auf rund 63 Prozent.

Schaut man durch die Inflation hindurch, dann war die deutsche Wirtschaftsentwicklung seit dem Beginn der Pandemie desaströs: Das nominale BIP wuchs zwar bis Ende 2024 um ein Fünftel – fast das gesamte Plus kam aber aus der Teuerung. Die reale Produktion erreichte nach dem Ende der Lockdowns bis 2024 nur das Vorkrisenniveau von 2019. Als einzige große Volkswirtschaft stagnierte Deutschland nach fünf Jahren immer noch.

Die Industrieländerorganisation OECD kommt in ihrem »Global Debt Report 2024« zu dem Schluss, dass es in vielen Ländern vor allem die Inflation gewesen ist, die zwischen 2021 und 2023 die Schuldenquoten gedrückt hat.[24] Der Inflationsjoker entfaltete massive Wirkung. Doch er sticht immer nur kurzfristig, solange die Gläubiger überrumpelt sind und den Kaufkraftverlust durch einen tief negativen Realzins schlucken müssen. Um den Realzins dauerhaft zu deckeln, müssten die Staaten auf Methoden zurückgreifen, die aus der Nachkriegszeit als »Financial Repression« bekannt sind: Die Freiheiten der Anleger und der Finanzwirtschaft wurden damals erheblich eingeschränkt.

Verglichen mit dem starken inflationären Schub infolge der Pandemie wird das nominale BIP-Wachstum in den kommenden Jahren schwächer ausfallen. Die Zinsen für neu aufgenommene Schulden sind dagegen nun höher als im gesamten Jahrzehnt vor der Pandemie. Die inflationsgeschädigten Anleger könnten künftig eine zusätzliche Prämie für die gestiegene Unsicherheit verlangen. Mit jeder weiteren Refinanzierung werden sich diese gestiegenen Kosten in die Staatshaushalte hineinfressen. Die Inflation habe »nur kurzfristige Wirkung« und könne die Tragfähigkeit der Staatsschulden »kaum verbessern«, warnen deshalb die OECD-Ökonomen.

Alles halb so wild?

»Das ist alles schon da gewesen.« – »Es ist immer noch gut gegangen.« – »Selbst der Schuldenchampion Japan kommt doch bestens klar.« So lauten heute die einfachsten Argumente für noch höhere Staatsschulden und weniger Panik. Tatsächlich scheinen alle Schuldenskeptiker in den vergangenen anderthalb Jahrzehnten spektakulär danebengelegen zu haben. Bereits in der Weltfinanzkrise war die öffentliche Verschuldung so rasant gestiegen wie noch nie zuvor in Friedenszeiten. Durch den Konjunkturabsturz und die riesigen Rettungspakete sprang die Staatsschuldenquote der Industrieländer schon 2009 auf den seinerzeit atemraubenden Rekordwert von über 90 Prozent. Und das europäische Schuldendrama nahm da in Griechenland gerade erst seinen Anfang.

Nicht nur die Öffentlichkeit, sondern auch viele Finanzexperten waren alarmiert. Die Rechnung für die Finanzkrise sei noch längst nicht vollständig beglichen, warnten seinerzeit etwa der Ökonom Kai Konrad, Direktor am Münchner Max-Planck-Institut für Steuerrecht und Öffentliche Finanzen, und der Wirtschaftsjournalist Holger Zschäpitz 2010 in ihrem Buch *Schulden ohne Sühne?*. Die Botschaft ihres auch heute noch sehr lesenswerten »kleinen Staatsschulden-Vademecums« war eindeutig: »Die wachsende öffentliche Verschuldung ist eines der dringendsten Probleme unserer Zeit, die Lösung einer der Schicksalsfragen der westlichen Zivilisation, wenn es um die Zukunft unserer Währung, unseres Wohlstands und unseres wirtschaftlichen Ranges in der Welt geht.«[25]

Daniel Stelter, einer der klügsten unabhängigen Analysten, plädierte früh für einen geordneten Schuldenschnitt, um die Staaten und die Wirtschaft von der erdrückenden Last des Schuldenüberhangs zu befreien. Er wies darauf hin, dass auch die Privatwirtschaft längst am Limit der Verschuldung sei und eine »Billionen-Schuldenbombe« ticke: »Die Party ist zu Ende, ein 30-jähriger Schuldenzyklus stößt an seine Grenzen«, schrieb er 2013: »Wir müssen uns fragen, ob Europa und die USA, die selbst auf tönernen Füßen stehen, es schaffen werden, die tickende Bombe ihrer Billionen hohen Schulden zu entschärfen. Oder ob die Bombe diesmal explodiert.«[26]

Viele populäre Crash-Warnungen kamen hinzu. Die Katastrophen sind aber bis heute nicht eingetreten. Der Euro flog nicht auseinander, denn die Feuerwehraktionen der europäischen Finanzminister und vor allem der EZB zeigten am Ende doch Wirkung. Die häufig prophezeite Superinflation blieb in den 2010er-Jahren weltweit aus – und das exakte Gegenteil geschah: Angst vor Deflation, also tendenziell sogar sinkenden Preisen, machte Schlagzeilen. Haushaltssanierung blieb eine deutsche Spezialität; in den meisten Ländern wurden die aufgetürmten Rekordschulden nicht zurückgeführt, sondern problemlos auf dem höheren Niveau gehalten. Die internationale Debatte kreiste bald kaum noch um die Gefahren der Verschuldung, sondern immer öfter um die Folgen einer übereilten Austerität.

Je länger der große Finanzkrach zurücklag und je klarer sich zeigte, dass er die Wirtschaft dauerhaft geschwächt hatte, desto stärker wurden die Argumente für neue kreditfinanzierte Programme. Selbst die traditionell hartnäckigsten Schuldenmahner, die Notenbanken, warben schließlich diskret für mehr Defizite. Die Mega-Schocks der frühen 2020er – erst die Pandemie, dann der russische Angriff auf die Ukraine – wurden so zum Katalysator für den nächsten, noch radikaleren Verschuldungsschub.

Höhere Staatsschulden waren in diesen Zeiten der Not fast immer gerechtfertigt, ja geradezu geboten. Und sie wurden zur Wunderwaffe progressiver Politik: Die neue US-Regierung unter Präsident Joe Biden entschied sich 2021 ganz bewusst für eine Verschuldungsoffensive, die das Deficit Spending nach der Finanzkrise 2009 noch weit übertreffen sollte. Die »Bidenomics« befeuerten die Inflation, die zeitweise heftig zurückkehrte. Sie trieben aber zugleich die Modernisierung der US-Wirtschaft kraftvoll an. Viele Europäer schauen deshalb heute neidisch auf Amerikas jüngsten Boom.

Ist die Staatsverschuldung also doch gar kein Problem, sondern in Wahrheit sogar die Lösung? Viel wahrscheinlicher ist, dass die 2010er-Jahre von besonderen Umständen geprägt waren, die es inzwischen nicht mehr gibt. Die Zeit der historisch einzigartigen Billigstkredite ist vorbei. Die viel zitierte geopolitische »Zeitenwende« erzwingt nicht nur höhere Staatsausgaben, sie führt unglücklicherweise auch zu einer Zeitenwende an den Kapitalmärkten. Die Staaten können sich nicht länger gratis verschulden.

Im folgenden Teil soll genauer erklärt werden, warum die Politik sich zuletzt so unbefangen wie nie in Kredite gestürzt hat und wie aus dem »magischen Schuldendenken« (Rogoff) die heutige Rekordverschuldung vieler Staaten entstanden ist. Es ist die Geschichte der verkehrten Welt von Null- und Minuszinsen, in der auch die Wirtschaftstheorie neu geschrieben wurde; die kurze Chronik der sogenannten »Macro Wars«, in denen Top-Ökonomen plötzlich für mehr Schulden kämpften.

TEIL 2

SCHULDENREVOLUTION. WIE DIE WELT LERNTE, IN DIE VOLLEN ZU GEHEN

»You never want a serious crisis to go waste –
eine große Krise sollte man nie ungenutzt lassen.«

Rahm Emanuel, Stabschef des neu gewählten
US-Präsidenten Barack Obama, 19. November 2008

Politik unter Schock: Die Weltfinanz- und die Euro-Krise (2008–2012)

Gestatten, schwäbische Hausfrau

Angela Merkels berühmtestes Wort über die Staatsschulden entstand aus einer Verlegenheit. Die CDU-Vorsitzende war in misslicher Lage, als sie am frühen Montagmittag des 1. Dezember 2008 an das Rednerpult des Bundesparteitags in Stuttgart trat. Das Treffen in der nagelneuen Messehalle auf den Fildern war lange und sorgfältig geplant, es würde das große Wahljahr 2009 einläuten. Nun galt es, die Reihen der Partei zu schließen, die Erfolge der ersten Merkel-Kanzlerschaft zu feiern und ihre erste Wiederwahl ins Kanzleramt vorzubereiten. Ein starkes Ergebnis bei der anstehenden Neuwahl zur Parteivorsitzenden war natürlich nötig.

Doch seit zehn Wochen bebte das Weltfinanzsystem: Nach dem Kollaps der New Yorker Lehman-Bank pumpten die USA Billionensummen in ihre Finanzwirtschaft, auch die Bundesregierung hatte bald hektisch Rettungspakete schnüren müssen und einen milliardenschweren Sonderfonds Finanzmarktstabilisierung (SoFFin) aufgesetzt. Die Hypo-Real-Estate-Gruppe hatte Berlin mit viel Geld noch gerade so aufgefangen. Nach den Krisengipfeln am ersten Oktober-Wochenende waren Merkel und SPD-Finanzminister Peer Steinbrück mit einem beispiellosen Statement vor die Kameras getreten, um eine Panik am Montagmorgen zu verhindern: »Wir sagen den Sparerinnen und Sparern, dass ihre Einlagen sicher sind.«

Der tiefste Einbruch der Weltwirtschaft seit dem Crash von 1929 zeichnete sich ab, zu einem Sondergipfel in Washington waren im November erstmals in der Geschichte die Staats- und Regierungschefs der G20-Staaten zusammengekommen. Die Frage aller Fragen hatte die britische Königin Elisabeth in der London School of Economics den blamierten Ökonomen gestellt: »Warum hat das niemand kommen sehen?«

Vor den Delegierten in Stuttgart referiert Angela Merkel nun erst einmal ausführlich die Erfolge der unionsgeführten Großen Koalition seit 2005. Dann tastet sie sich an das aktuelle Desaster heran: »Aber, liebe Freunde, seit wenigen Monaten gibt es ein Zweites: Wir haben es mit einer dramatischen Krise der internationalen Finanzmärkte zu tun, gefolgt von einer weltweiten Wirtschaftskrise.« Die Politik stehe vor Herausforderungen, die es so noch nie gegeben habe; nie zuvor habe man so unmittelbar erlebt, wie vernetzt die Welt als globales Dorf sei.

Merkel verteilt den fälligen Seitenhieb an die Experten: Auf einmal lese man überall, warum die Finanzmärkte vor dem Kollaps standen, »auch von denen, die vorher noch Anlagen empfohlen haben, die sie selbst nicht begriffen haben«. Dann wählt sie das Bild, das Geschichte geschrieben hat: Es sei »eigentlich ganz einfach«, so die Parteichefin und Kanzlerin: »Man hätte hier in Stuttgart, in Baden-Württemberg, einfach nur eine schwäbische Hausfrau fragen sollen. Sie hätte uns eine ebenso kurze wie richtige Lebensweisheit gesagt, die da lautet: Man kann nicht auf Dauer über seine Verhältnisse leben. Das ist der Kern der Krise.«

Der erhoffte Beifall kommt auf, und die Rednerin legt noch mal nach: »Genau das ist es, liebe Freunde, so einfach ist das. Über die eigenen Verhältnisse zu leben – das rächt sich. Das ist im Kern das Problem unserer internationalen Krise, die im Übrigen nicht irgendwo auf der Welt entstanden ist, sondern mitten im Herzen der Industrieländer. Auch mit dieser Wahrheit müssen wir uns auseinandersetzen.«

Die »schwäbische Hausfrau«, die »nicht über die Verhältnisse lebt«, wird im In- und Ausland zum Inbegriff einer ultrakonservativen deutschen Finanzpolitik. Für Merkel entwickelt sich die Figur beinahe umgehend zur Belastung. Bereits sechs Wochen später beschließt ihre Regierung das größte Konjunkturpaket der Nachkriegsgeschichte. Als die Kanzlerin sich ihr Zitat im großen ZDF-Interview vorhalten lassen muss, weicht sie in eine neue Deutung aus: Jetzt befinde man sich in einer »Ausnahmesituation« und »wenn Not am Mann ist, dann bin ich ganz überzeugt, dass auch eine kluge Hausfrau vielleicht beim Nachbarn fragt, ob man etwas tun kann, damit der Patient auch wieder aufgepäppelt werden kann.«

Sie verwendet das Bild später gar nicht mehr, aber es bleibt dauerhaft an ihr kleben. Vor allem die Kritiker der deutschen Sparpolitik wiederholen es wieder und wieder. Das »Swabian housewife« sei »Angela Merkel's austerity poster girl«, erklärt Jahre später der britische *Guardian*. »Emblematisch (...) für die sicherheitsverpflichtete Haltung der deutschen Finanzpolitik« stehe die »schwäbische Hausfrau, die durch Kanzlerin Merkel im Jahr 2008 sogar zum Idealtypus seriösen Wirtschaftens erkoren wurde«, schreibt Michael Hüther, der Direktor des industrienahen Instituts der deutschen Wirtschaft (IW), Anfang 2020 in einem Paper zur fehlenden deutschen Wachstumsfantasie.

Merkel selbst distanziert sich heute deutlich von der ungeliebten Doppelgängerin: Sie habe sich mit dieser Redepassage auf dem Parteitag »einen Fehler geleistet«, schreibt die Ex-Kanzlerin mit ungewöhnlich klarer Selbstkritik in ihren Erinnerungen. »Im Rückblick waren diese Sätze ebenso provinziell wie wohlfeil. Hunderttausende hatten Sorge, ihre Arbeit zu verlieren, und ich hatte nichts Besseres im Sinn, als auf einem Parteitag bei meinen eigenen Leuten mit diesem Spruch Eindruck zu schinden.«

Die Kanzlerin verstolperte sich in einem Moment, in dem die Welt der Ökonomie vorübergehend Kopf stand: Das gestern noch Undenkbare war am nächsten Tag schon alternativlos. Tabus der Marktwirtschaft fielen in der Krise des Herbstes 2008 im Wochentakt. Die öffentliche Meinung und Merkels eigene Partei kamen mit dem Tempo des Wechsels kaum noch mit.

Den Ton des Parteitags hatte unmittelbar vor ihrer Rede der schwäbische Hausherr gesetzt: Günther Oettinger, der mächtige Ministerpräsident in Stuttgart, verweist stolz auf den gerade fertiggestellten Messebau und darauf, dass dies der erste CDU-Bundesparteitag in Baden-Württemberg seit 34 Jahren sei. Er lobt die heimische Erfindung des Bausparvertrags und den Wert des Eigenkapitals beim Hausbau. Erinnert an die Generation der Großeltern, die das zerstörte Land nach dem Krieg ohne Schulden wiederaufgebaut hätten, ehe die Politik den gefährlichen Weg in die Defizite wählte. Oettinger warnt vor den Gefahren der »Schuldenfalle«: Die CDU, so sein Appell, müsse »die Partei der Haushaltsverantwortung« bleiben und einen »mittleren Weg« zwischen Belebung der Wirtschaft und soliden Staatsfinanzen finden. Stuttgart, so schließt er, solle »deshalb ein Ort der Verantwortung und der Geschlossenheit für Deutschland sein«.

Mit der Bilanz der eigenen Bundesregierung sind längst nicht alle Unionsanhänger zufrieden. In der Großen Koalition mit der SPD hatte man die größte Steuererhöhung der Nachkriegsgeschichte beschlossen; der ausgeglichene Haushalt, den man dafür versprochen hatte, war aber auch im Aufschwung nicht geschafft worden. In ihrer Haushaltsrede im September, zwei Tage nach der Lehman-Pleite, hatte Merkel das Ziel des ausgeglichenen Haushalts nicht nur als vernünftig, sondern auch als »zutiefst moralische Aufgabe« gerechtfertigt. Teile der CDU und vor allem die CSU wollen in dieser Krise kein teures Konjunkturprogramm, sondern lieber mit dem Versprechen einer großen Steuerreform in das Wahljahr 2009 ziehen. »Alle Erfolge sind Wanderdünen, so erscheint es manchem Delegierten, und Sturm ist aufgezogen«, analysiert die unionsnahe *FAZ*.

Günther Oettinger ist als Vertreter des Bundesrats auch Vorsitzender der Kommission zur Modernisierung der Bund-Länder-Finanzbeziehungen, deren lange Arbeit an der sogenannten Schuldenbremse kurz vor dem Abschluss steht. Die Große Koalition kam in Berlin 2005 nur unter Mühen zustande, aber sie hat sich mit ihrer satten Zweidrittelmehrheit Historisches vorgenommen: So wie ihr Vorbild, die bisher einzige Große Koalition am Ende der 1960er-Jahre, wollen die beiden Volksparteien das Grundgesetz auf einen moderneren Stand bringen. Union und SPD haben sich für das Paket der »Föderalismusreform II« auf neue, strengere Finanzregeln geeinigt: Die Schuldenbremse soll den Kreditspielraum von Bund und Ländern sehr viel präziser definieren und die Finanzpolitik dazu verpflichten, Schulden, die zur Konjunkturstützung oder in außergewöhnlichen Notlagen gemacht wurden, anschließend wieder abzubauen. Oettinger und die SPD-Spitze mit Finanzminister Steinbrück wollen die komplizierte Verfassungsänderung noch vor der heißen Wahlkampfphase durchbringen.

Merkel kann diesen Gastgeber schlecht mit neuen Schuldenideen vor den Kopf stoßen. Sie braucht ein möglichst starkes Ergebnis bei der Wiederwahl zur CDU-Chefin. Der Druck von außen ist allerdings ebenfalls enorm: »Angela Mutlos. Das gefährliche Zaudern der Kanzlerin in der Wirtschaftskrise« heißt der *Spiegel*-Titel, der zum Parteitag an diesem Montag erscheint. Er ist eine elfseitige Anklageschrift: Merkel trete in Europa als »Madame No« auf, sie verhalte sich, »als hätte sie den Gong nicht gehört«. Nicht eine einzige große Rede habe sie gehalten, von einem Führungsanspruch sei nichts zu sehen. Ein Konjunkturprogramm sei jetzt nicht nur aus wirtschaftlichen Gründen nötig. Es sei auch »eine politische Investition, unabhängig vom ökonomischen Nutzen«.

In der Woche zuvor hatte Nicolas Sarkozy die Kanzlerin öffentlich düpiert. Frankreichs wirbelnder Präsident hatte sie in privatem Rahmen empfangen, konnte sie aber von seinen Plänen für Konjunkturpakete nicht überzeugen. Also ließ er anschließend eine Sottise streuen: »Frankreich handelt. Deutschland denkt nach.« Den im November neu gewählten US-Präsidenten Barack Obama hatte Merkel gerade erst kennengelernt. Dass er ein gewaltiges Stimulusprogramm starten würde, war klar. Aber Obamas Amtsantritt war erst Ende Januar, und bis dahin hatte sich auch die Berliner Koalition erst noch zusammenzuraufen.

Vor der Krönung durch die Delegierten musste Merkel also Stärke zeigen – aber Konkretes oder Kontroverses vermeiden. So attackierte sie die »selbst ernannten Experten« – und beschwor stattdessen »das

Prinzip der praktischen Vernunft«. Deutschland werde die Lage immer wieder neu analysieren und sich alle Optionen offenhalten: »Ich sage ausdrücklich: alle Optionen.« Wie eine kleine Verbeugung vor den Stuttgarter Gastgebern wirkte das Wort von der »schwäbischen Hausfrau«: lokaler Inbegriff der praktischen Vernunft. Die Wiederwahl Merkels zur Parteivorsitzenden fiel mit 94,8 Prozent überzeugend aus.

Dass ihr Sprachbild zum polit-medialen Eigentor wurde, ist nicht schwer zu erklären. Es klang wie ein Angriff auf die Fachleute und nach dem Stolz von Ahnungslosen, nach konservativer Kleinkariertheit in einer Lage, in der groß und global gedacht werden musste: »Merkel wischt den Expertenrat beiseite und setzt auf die Küchenökonomie der schwäbischen Hausfrau«, kommentierte sofort die SPD-nahe *Frankfurter Rundschau.* Die Verbindung von »Haushalt« und »Hausfrau« mochte zu dem teils gepflegten »Mutti«-Bild der Kanzlerin passen. Auf der Höhe der Zeit war solche Bildersprache längst nicht mehr.

Inhaltlich war Merkel mit ihrer richtigen Grundaussage auf Abwege geraten. Der Satz, man könne nicht »auf Dauer« über die Verhältnisse leben, war ja korrekt. Er schloss eine vorübergehende Verschuldung für Investitionen oder in Notfällen überhaupt nicht aus. Er erinnerte für sich genommen nur daran, dass solche Schulden (samt der Zinsen) sowohl im privaten Leben wie im Staatshaushalt finanziert und später wieder auf ein tragfähiges Maß zurückgeführt werden müssen.

Die Diagnose, dass hier der »Kern der Krise« liege, war allerdings viel zu oberflächlich. Ja: Es war in den vergangenen Jahren weltweit exzessiv Kredit vergeben und aufgenommen worden. Den Sprengstoff hatte aber keineswegs die Finanzpolitik geschaffen. Der Crash in den USA war durch kreditgehebelte Immobilienspekulationen und den Boom der intransparenten Kreditverbriefungen entstanden. Das zu vermischen mit dem Ringen um solide Staatsfinanzen war nicht bloß schief, sondern gefährlich. Denn im Finanzcrash mussten die Staaten jetzt einspringen und die Wirtschaft durch eigene Verschuldung stützen. Das würde unmöglich, wenn jede Art von Schulden zum Übel erklärt würde.

Bis die Weltfinanzkrise zuschlug, war der »ausgeglichene Haushalt« ein zentrales Ziel und eine Raison d'Être der Großen Koalition gewesen. Ein Ideal für jede Zeit war der ausgeglichene Haushalt aber nicht. Selbst die neue Schuldenbremse ließ im Normalfall kleine und im Ausnahmefall sogar große Abweichungen von der »schwarzen Null« ausdrücklich zu.

Apocalypse Not. Der Kampf gegen den Weltcrash

Im Crash nach der Lehman-Pleite im September 2008 kämpften die Wirtschaftspolitiker an zwei Fronten: Zuallererst mussten sie Kettenreaktionen verhindern, weitere Zusammenbrüche von Banken und anderen Finanzinstitutionen, die dann wiederum die nächsten Säulen umgeworfen hätten. Rasch war aber auch klar, dass auf den Finanzcrash ein globaler Kollaps der Nachfrage folgen würde. Die Kreditvergabe stand still, abstürzende Immobilienpreise und Aktienkurse fügten Unternehmen und Haushalten schwere Verluste zu. Dem weltweiten Abwärtsstrudel konnte sich niemand entziehen, denn die Ausgaben des einen sind stets die Einnahmen des anderen. Eine internationale Abstimmung der Politik war unbedingt nötig.

Die Finanzwirtschaft in den USA wurde rasch und radikal gestützt. Der Finanzminister der scheidenden Bush-Regierung, Hank Paulson, setzte noch Ende September die teilweise Verstaatlichung der großen Banken durch. Der ehemalige Goldman-Sachs-Chef malte vor dem Kongress apokalyptische Szenarien aus und nötigte den Abgeordneten auf diese Weise eine Extrasumme von 700 Milliarden Dollar für ein sogenanntes »Troubled Asset Relief Program« ab. Das gewählte Akronym »TARP« war zugleich das englische Wort für »Schutzplane«, das Programm war zunächst dafür gedacht, den Banken faule Papiere abzukaufen. Die Mittel wurden dann aber genutzt, um mit frischem Eigenkapital als Aktionär bei den Kreditinstituten einzusteigen.

Die Regierung arbeitet auch eng mit der Notenbank zusammen. Fed-Chef Ben Bernanke ist einer der angesehensten Experten für die Geschichte der Weltwirtschaftskrise. Er teilt die alte These des Monetaristen Milton Friedman, dass die Fed wesentliche Schuld an der Katastrophe ab 1929 gehabt habe. Dem Nobelpreisträger Friedman hat Bernanke 2002 in einer Laudatio öffentlich versprochen, eine Wiederholung dieser Fehler zu vermeiden: »Was die Große Depression betrifft: Sie haben recht, wir [die Fed] haben sie verursacht. Es tut uns sehr leid. Aber dank Ihnen werden wir es nicht wieder tun.«

2008/09 senkt Bernankes Fed im Eiltempo die Zinsen und legt sich unter dem neuen Stichwort »forward guidance« auf eine lang anhaltende expansive Politik fest. Das Zusammenspiel von Notenbank und Regierung ist in diesen Monaten so eng, dass Geld- und Finanzpolitik oft schwer voneinander zu trennen sind. Der Chef der wichtigsten Regionalniederlassung der Fed in New York, Tim Geithner, wird Anfang 2009 Finanzminister des neuen Präsidenten Obama. Als Erstes organisiert er den wichtigen Stresstest, der die Stabilität der Banken überprüft, und plant mit an dem großen Konjunkturprogramm, das die Wirtschaft aus dem tiefen Nachfragetal holen soll.

Im Frühjahr 2009 greift auch die Fed erstmals zu einem Instrument, das bis dahin nur in Japan ausprobiert worden war: dem sogenannten Quantitative Easing (QE): Die Zentralbank kauft dazu langlaufende Anleihen, meist des Staates, und treibt so am Markt deren Kurse hoch und den Langfristzins nach unten. Zugleich drückt sie Liquidität in das Finanzsystem, denn die Geschäftsbanken, die Bonds verkaufen, erhalten im Gegenzug neu geschaffenes Geld: zusätzliche Guthaben auf ihren Konten bei der Zentralbank. Diese liquiden Reserven werden mit dem sogenannten Einlagesatz verzinst, der aber auf fast null (oder sogar darunter) gesenkt wird. Die Banken sollen auf diese Weise animiert werden, mehr Kredite zu vergeben.

Mit »QE2« und »QE3« folgen 2010 und 2012 weitere Anleihekaufprogramme der Fed. Für den Fiskus wird der Kredit dadurch sehr billig, einen Teil seiner Schulden hat er nur noch gegenüber der eigenen Zentralbank – also letztlich sich selbst. Die Zentralbank hat zwar wiederum entsprechende Verbindlichkeiten gegenüber den Banken. Sie verzinst diese aber nur minimal mit dem Einlagesatz.

Die öffentlichen Haushalte rutschen durch die Bankenrettung und den Wirtschaftsabsturz überall tief ins Defizit. Schon die wegbrechenden Steuereinnahmen und stark steigenden Ausgaben für die Unterstützung von Arbeitslosen reißen Krater in die Budgets. Nach späteren IWF-Berechnungen geht knapp die Hälfte des enormen Anstiegs der Staatsverschuldung in den Industrieländern bis 2011 auf die geschrumpfte Steuerbasis zurück. Hinzu kommen die Ausgaben für eine aktive Konjunkturstützung. Dass solche Programme kurzfristig gebraucht werden, ist bald unbestritten.

Ein mögliches Comeback der alten Lehren des John Maynard Keynes hatte sich schon vor dem großen Crash abgezeichnet. Anfang 2008 hatte der neu ins Amt gekommene IWF-Chef, Dominique Strauss-Kahn aus Frankreich, beim Davos-Forum gewarnt, eine Kreditkrise in den USA könne zum »perfekten Sturm« werden. Üblicherweise forderte der IWF Sparsamkeit, doch Strauss-Kahn warb nun für aktivere Konjunkturhilfen. Für seinen Diskussionspartner Larry Summers, Ex-US-Finanzminister und einflussreicher Harvard-Ökonom, war das Musik in den Ohren. »Wir sind Zeuge eines historischen Ereignisses«, hielt Summers fest: »Erstmals seit Jahrzehnten wird von der IWF-Spitze ein fiskalischer Stimulus gefordert.«

Anfang 2009, als der neu gewählte Präsident Barack Obama sich Summers als Chefberater holt, dreht sich die Debatte nur noch um das Wie dieses Stimulus. »Timely, targeted and temporary« – schnell, zielgenau und zeitlich begrenzt – sollen die Konjunkturspritzen sein. Über die benötigte Wucht des Pakets entbrennt in Obamas Lager allerdings ein Grundsatzstreit, der die wirtschaftspolitische Debatte noch mehr als ein Jahrzehnt lang prägen wird.

800 oder 1800 Milliarden? Ökonomenzwist im Weißen Haus

Die Erwartungen an den Präsidenten Obama sind von Anfang an riesig. Rahm Emanuel, sein Stabschef, hat bereits wenige Tage nach der Wahl eine viel zitierte Ansage gemacht: »You never want a serious crisis to go to waste« – eine große Krise solle man nie ungenutzt lassen. Die sei schließlich »eine Gelegenheit, Dinge zu tun, die Sie vorher für nicht machbar hielten«. Unter der Überschrift »The New New Deal« zeigt das *Time*-Magazin auf seinem Cover Barack Obama als den Wiedergänger des legendären Franklin D. Roosevelt (FDR), mit Hut, Anzug und Cabrio im Stil der 1930er. FDR hatte als Präsident in der Weltwirtschaftskrise den freien US-Kapitalismus an die Kette gelegt und mit seinem »New Deal« die Grundstrukturen eines Sozialstaats geschaffen. Sein Vorzeigeprojekt war die staatliche Rente (Social Security). Obamas Team plant eine Großreform der privaten Krankenversicherung.

Der *Time*-Konkurrent *Newsweek* bringt einige Wochen später die Titelgeschichte »We are all socialists now«. Der Befund: Amerika werde europäischen Sozialstaaten längst immer ähnlicher. Barack Obama müsse nun paradoxerweise Schulden machen und Geld ausgeben, um eine Krise zu überwinden, die durch zu viel Schulden und Geldausgeben entstanden sei. Der neue Präsident müsse eine Balance finden »zwischen Amerika und Frankreich«, zwischen Stimulus und wachstumsschädlichem Interventionismus.

Das US-Haushaltsdefizit springt 2009 auf einen spektakulären Nachkriegsrekord von fast 10 Prozent des BIP. Nicht nur konservativen Hardlinern wird mulmig, als in der Krise alle fiskalischen Schleusen geöffnet werden. Werden die Finanzmärkte diese Mega-Verschuldung mitmachen? Akzeptieren die Wähler solche Kosten für das Versagen der Banker? Das Wirtschaftsteam um Obama besteht überwiegend aus keynesianischen Pragmatikern, die sich weniger an FDR orientieren als an ihren eigenen Erfahrungen in der marktfreundlichen Clinton-Regierung der 1990er-Jahre.

Die Demokraten hatten unter Bill Clinton erfolgreich den Haushalt saniert, mussten gleich zu Beginn aber erst einmal ein scharfes Misstrauensvotum der Investoren wegstecken: Fallende Anleihekurse und steigende Zinsen setzten die Regierung damals unter Druck, das Bild von den »Bond-Vigilanten«, das zu Beginn der 1980er-Jahre aufgekommen war, machte erneut die Runde. Wie eine Bürgerwehr, die in ihrem Kiez für Recht und Ordnung sorgt, disziplinierte der Bondmarkt die Finanzpolitik.

Im langen Boom der 1990er senkte das Clinton-Team die Staatsschulden schließlich so deutlich, dass Finanzexperten zu Beginn des neuen Jahrtausends sogar erörterten, wie die Märkte bei einem verschwindenden Angebot an US-Schuldtiteln noch funktionieren könnten. Die teuren Kriege in Afghanistan und im Irak wischten dieses Luxusproblem bald beiseite. Dennoch betrug der Schuldenstand 2007, unmittelbar vor der Weltfinanzkrise, lediglich 65 Prozent des BIP. Auch die USA lagen also in etwa an der Grenze, die der Maastricht-Vertrag den Euro-Staaten vorgegeben hatte.

In der neuen Obama-Regierung kommt es gleich in den ersten Wochen zu einem Eklat.[27] Christina Romer, die neue Chefvolkswirtin im Weißen Haus, hat keine Erfahrung in der Politik, aber sie ist eine Expertin für die Ankurbelungsversuche von FDR, die aus ihrer Sicht zu zaghaft waren. »Mr. President, dies ist ihr Holy-Shit-Moment«, hat sie Obama beim ersten Strategietreffen gesagt: »Es ist schlimmer, als wir dachten.« Romer will dem Präsidenten später ein gigantisches Stimuluspaket in einer Größenordnung von um die 10 Prozent des BIP vorschlagen – 1,2 bis 1,8 Billionen Dollar. Doch Larry Summers, Obamas engster Wirtschaftsberater, lehnt es ab, diesen Plan seinem Chef überhaupt vorzulegen: Die aufgerufene Billionenzahl sei »nicht von dieser Welt«, sie sei im Kongress politisch niemals durchzubringen. Der Plan, der schließlich beschlossen wird, bleibt mit knapp 800 Milliarden Dollar klar unter der Billionengrenze.

Der progressive, eher akademisch geprägte Flügel der Demokraten vergisst diese Niederlage gegen das zentristische und Wall-

Street-nahe Ex-Clinton-Team nie. Die Entscheidung des alten Establishments gegen einen Big Bang mit vollem Risiko prägt den Kurs der Obama-Jahre: »Angesichts der Krise würden sich die Demokraten nicht als mutig und fantasievoll erweisen, sondern als umsichtige Wirtschaftslenker«, resümiert später der progressive Finanzhistoriker Adam Tooze.[28] Die Obama-Regierung ging All-in bei der Stabilisierung der Banken, blieb aber ansonsten fiskalisch vorsichtig. Der gemeinsame Nenner dieser Politik war, so Tooze, die Sorge um das Vertrauen an den Finanzmärkten.

Die Investoren stellen sich schon bald darauf ein, dass die Kernschmelze zwar verhindert worden ist, die Zeiten des großen Booms aber so schnell nicht mehr zurückkehren werden. Das Finanzsystem werde künftig »entflochten, de-globalisiert und neu reguliert«, analysiert Mohamed El-Erian vom führenden Bondinvestor PIMCO im Frühsommer 2009. Das kommende »New Normal«, das bald in aller Munde ist, werde geprägt sein von schwächerem Wachstum und höherer Arbeitslosigkeit weltweit.

Tea Party Time. Der Sieg und das Scheitern der Fiskalfalken

Viele Wähler blicken fassungslos und wütend auf die Bankenrettungen und die Staatsschuldenexplosion. In den USA formiert sich bereits kurz nach Obamas Amtsantritt eine große rechts-libertäre Protestbewegung, die sich »Tea Party« nennt und für die Rückkehr zu einer konservativen Finanzpolitik auf die Straßen geht. Bei den Midterm-Wahlen im November 2010, die von der anhaltend hohen Arbeitslosigkeit und dem Streit um die Schulden geprägt sind, verliert der Präsident seine Mehrheit im US-Abgeordnetenhaus. Die »Tea Party«-Republikaner triumphieren. Die erstarkte Opposition ziehe wild entschlossen in den Kampf gegen die Verschuldung, schreibt der *Economist*[29]: »Wenn es eine Ideologie gibt, die die heutigen Republikaner vereint, dann ist es der Keynesianismus. Dessen ruchlosen Einfluss wollen sie unbedingt ausmerzen.«

Haushaltskonsolidierung steht inzwischen überall auf der Agenda. Obama hat schon im Frühjahr 2010 eine parteiübergreifende Kommission für »fiskalische Verantwortung und Reform« eingesetzt. Der republikanische Ex-Senator Alan Simpson und der ehemalige Clinton-Stabschef Erskine Bowles von den Demokraten erarbeiten mit dieser Gruppe einen Plan für Ausgabenkürzungen und Steuererhöhungen.

Die Finanzminister der G7-Staaten haben sich darauf geeinigt, dass es Zeit ist, überall von der Politik des Stimulus auf Haushaltssanierung umzuschalten. Mit den Kollegen der G20 verabschieden sie im Sommer 2010 auf ihrem Gipfel in Toronto ein klares Bekenntnis zum Schuldenabbau. Das Finanzdesaster, das sich gerade in Griechenland aufgetan hat, stärkt die Argumente der Konsolidierer zusätzlich. Die großen Industrieländer verpflichten sich, ihre Haushaltsdefizite bis 2013 mindestens zu halbieren und ihre Schuldenquoten bis 2016 zu stabilisieren oder sogar zu senken. Lediglich Japan erhält wegen seiner besonderen Umstände eine Ausnahmeklausel im Abschluss-Kommuniqué.

Doch in der hartnäckigen Krise ist das Sparen schwierig. In den USA findet das Simpson-Bowles-Konzept keine Mehrheit, Linke wie Rechte kritisieren es scharf. In der amerikanischen Finanzpolitik droht sogar eine Totalblockade: Im Juli 2011 kommt es in Washington zu einem beispiellosen Showdown, weil sich die Republikaner weigern, der bislang routinemäßigen Anhebung des gesetzlichen Schuldenlimits zuzustimmen. Zeitweilig steht die US-Regierung kurz vor der Zahlungsunfähigkeit, erst in allerletzter Sekunde gelingt eine politische Einigung.

Die Ratingagentur S&P fällt danach ein historisches Verdikt: Am Freitag, dem 5. August 2011, entzieht sie den USA ihre bis dahin selbstverständliche Triple-A-Note und stuft sie auf ein »AA+ (Ausblick negativ)« herab. Das Vertrauen in die Seriosität der US-Politik sei beschädigt, es sei nicht mehr klar, wie der zwingend erforderliche Konsolidierungsplan zustande kommen könne.

Die Blamage schockt die US-Finanzmärkte. Aber sie hat auch eine Folge, die für viele unerwartet kommt: Während der ohnehin schon angeschlagene Aktienmarkt nach dem gesenkten Daumen von S&P wegbricht, gehen die Kurse am Bondmarkt weiter nach oben. Die US-Anleihen werden von den Investoren also keineswegs abgestraft, sondern sogar vermehrt gekauft. Ihre Verzinsung sinkt, statt wegen der Risikowarnung zu steigen. Die alte Lehre von den »Bond-Vigilanten« scheint auf einmal auf den Kopf gestellt, einige Investoren verlieren viel Geld.

Prominentestes Opfer dieser Volte wird am Ende PIMCOs »Bond-König« Bill Gross, der schon im Frühjahr alle seine US-Staatsanleihen verkauft hat. Gross hatte zwar nicht auf einen Staatsbankrott spekuliert, aber er war überzeugt, dass die zuletzt sehr niedrigen Zinsen steigen – und die Kurse fallen – würden, sobald das Wachstum etwas anzöge. Fast alle an der Wall Street sahen die Lage damals ähnlich. Doch das Wirtschaftswachstum lahmt und nach den Politdramen im Sommer ziehen die Anleihekurse deutlich an. PIMCO liefert 2011 eine der schlechtesten Performances seit Jahren ab, Gross entschuldigt sich schließlich bei seinen Investoren. Sein einst legendärer Ruf als »Oberboss« (»Supremo«) der Märkte ist nach diesem Horrorjahr zerstört.

Voll bestätigt sieht sich dagegen der Ökonom, der seit der Weltfinanzkrise wie kein anderer für die massive Ausweitung der Staatsverschuldung kämpft. Paul Krugman hatte just im Oktober 2008, auf dem Höhepunkt des Weltfinanzcrashs, den Nobelpreis für Wirtschaft erhalten. Das schwedische Komitee zeichnete ihn zwar vor allem für seine »Analyse von Handelsstrukturen und Standorten ökonomischer Aktivität« aus. Im Sturm der Krise war der frisch gekürte Nobelpreisträger aber plötzlich als »Go Big!«-Keynesianer gefragt. Schon Jahre zuvor hatte er die Rückkehr der »Depression Economics« diagnostiziert, das Beispiel Japan habe gezeigt, dass ein Totalabsturz wie in den 1930er-Jahren sich auch in der Gegenwart wiederholen könne. Krugman ist Professor in Princeton, zugleich aber als

Blogger und *New-York-Times*-Kolumnist einer der einflussreichsten wirtschaftspolitischen Meinungsmacher weltweit.

In einer TV-Diskussion über die Marktturbulenzen nach dem S&P-Rating-Downgrade streitet er Mitte August 2011 mit dem Harvard-Ökonomen und Schuldenwarner Ken Rogoff. Die beiden sind sich einig, dass die wirtschaftlichen Spätschäden der Weltfinanzkrise größer und hartnäckiger sind als die einer normalen Rezession. Für Krugman ist die Gefahr einer gesellschaftlichen Katastrophe immer noch nicht gebannt, in der jüngsten Kaufwelle bei den US-Anleihen sieht er den Beleg dafür: Die Investoren hätten eben gar keine Angst vor den Staatsschulden, über die in Washington, Brüssel oder Frankfurt so viel geredet werde. Was die Börsianer wirklich alarmiere, sei, dass die Sparpolitik wegen des Downgrades noch verschärft werden könnte: »Das wirklich Beängstigende ist die Aussicht auf eine etwas abgeschwächte Ausgabe der Großen Depression.«

Der Nobelpreisträger, der am Unverstand seiner politischen Gegner zu verzweifeln scheint, greift zu einem wilden Gedankenspiel, das in den folgenden Jahren immer wieder zitiert wird: »Wenn wir herausfänden, dass uns Außerirdische angreifen wollen und wir massiv aufrüsten müssen, sodass Inflation und Haushaltsdefizite wirklich zweitrangig wären, dann wäre diese Krise in 18 Monaten vorbei.« Und weiter: »Wenn wir dann feststellen: Ups, wir haben uns geirrt, es gibt gar keine Außerirdischen, dann ginge es uns immer noch besser als vorher.«

Sein Gegenüber Rogoff hält dagegen: Auch ein weiteres Konjunkturprogramm sei in dieser Krise kein Zaubermittel, und es werde einen gefährlichen Überhang an Schulden schaffen. Das Geld werde in solchen Programmen oft verschleudert und ein Zinsanstieg sei nur eine Frage der Zeit. Um die Spätschäden des großen Crashs zu beheben, solle die Politik lieber zu präziseren Werkzeugen greifen, etwa der gezielten Entlastung von Hypothekenschuldnern.

Die bemerkenswerte Flucht in die US-Bonds erklärt Rogoff damit, dass sie im internationalen Vergleich noch immer am sichersten seien: das relativ »sauberste Hemd«, das man wählt, wenn man auf einer langen Reise aus dem Koffer leben muss. Im Rest der Welt ist die Lage schließlich noch viel schwieriger. In Europa taumelt die Währungsunion in diesen Tagen an den Rand des Abgrunds.

»Whatever it takes«. Europa in der Schuldenkrise

Griechenland ist im Sommer 2011 faktisch zahlungsunfähig, und die internationalen Finanzdiplomaten ringen darum, die beginnende Kettenreaktion zu stoppen. Die privaten Gläubiger Athens sollen zu einem partiellen Forderungsverzicht gezwungen werden, zugleich haben die europäischen Partnerländer neue Hilfskredite bereitgestellt. Auch Irland und Portugal erhalten Unterstützung. Für den Kampf gegen einen möglichen Flächenbrand reichen diese Mittel allerdings längst nicht mehr aus. Viele Anleger flüchten aus den Bonds der hoch verschuldeten Euro-Staaten.

Besonders kritisch ist die Lage in Italien, wo die Zinsen auf über 7 Prozent explodieren. Der Risikoaufschlag gegenüber den sicheren deutschen Anleihen schießt in Höhen, die es seit der Gründung der Währungsunion nicht mehr gegeben hat. Italiens Zahlungsfähigkeit ist bedroht, zumal alle wissen, dass dieser Großschuldner – anders als Griechenland – auch von seinen Partnern nicht gerettet werden könnte. Eine Staatspleite in Rom würde den Euro sprengen: Italien ist »too big to bail« und zugleich »too big to fail«.

Silvio Berlusconi, der alternde rechtspopulistische Premier, scheint die Brisanz der Lage zu verkennen. Am 5. August – dem Tag des S&P-Downgrades der USA – erhält er eine ultimative Warnung von den Notenbankern: EZB-Chef Jean-Claude Trichet und sein designierter Nachfolger, Italiens Notenbankchef Mario Draghi, fordern Berlusconi in einem Brandbrief auf, seine Staatsfinanzen in Ordnung zu bringen. Als die Wende ausbleibt, nehmen sich Angela Merkel und Frankreichs Präsident Nicolas Sarkozy den Italiener vor: Am Rande des G20-Gipfels in Cannes Anfang November 2011 machen sie ihm in einem »sehr spannungsgeladenen Moment« (Sarkozy) klar, dass seine Zeit abläuft. Zwei Tage zuvor hat Mario Draghi sein neues Amt bei der EZB in Frankfurt angetreten. Berlusconi kapituliert und tritt Mitte November 2011 zurück. Als technokratischer Übergangspremier folgt ihm der angesehene Ökonom und frühere EU-Kommissar Mario Monti.

Noch zu Beginn des Weltfinanzcrashs hatten sich Europa und Deutschland sehr sicher gefühlt. Die wackelnden Banken in den USA galten als ein hausgemachtes Wall-Street-Problem. In die schon heraufziehende Krise hinein hatte Trichets EZB sogar noch im Juni 2008 die Zinsen erhöht. Als die Angelsachsen dann im Herbst auf radikale Rettungspolitik umschalteten, zögerte in Deutschland nicht nur die »schwäbische Hausfrau« Angela Merkel. Ihr SPD-Finanzminister Peer Steinbrück keilte noch im Dezember 2008 in einem Interview so hart gegen den »krassen Keynesianismus« der Regierung in London, dass der britische Botschafter in Berlin im Finanzministerium protestierte. Wenige Wochen später zogen dann allerdings auch die Deutschen mit ihrem Konjunkturprogramm und der populären »Abwrackprämie« für Autokäufer nach.

Die Probleme in Europa eskalieren erst richtig, als die akute Finanzkrise in den USA fast schon überwunden ist. Denn der Wirtschaftskollaps stürzt die Staatsfinanzen ins Chaos. Vor allem die Südeuropäer, die sich nach der Euro-Einführung so billig wie nie verschulden konnten und deren Unternehmen oft zu teuer produzieren, geraten nun ins Schleudern. Schnelle Hilfe von der Notenbank können sie nicht erwarten, denn ihre monetäre Souveränität haben sie an die EZB in Frankfurt abgegeben. 2011 hebt die EZB ihre Leitzinsen sogar zweimal an.

Griechenland, das als erster Euro-Staat ins Wanken gerät, bestätigt zunächst all jene, die den Kern dieser Krise in der exzessiven Staatsverschuldung sehen: Athen, so stellt sich ab dem Herbst 2009 heraus, hat seine Bücher seit Jahren gefälscht. Es leistet sich teils grotesk aufgeblähte Staatsausgaben und finanziert seine Defizite vollständig über Auslandsschulden. Andere Krisenländer galten allerdings noch bis vor Kurzem als fiskalische Musterschüler. Irland und Spanien etwa hatten sehr niedrige Staatsschuldenquoten – nun reißt sie der Crash ihrer überhitzten Immobilienmärkte in einen Teufelskreis. Bankrotte Banken brauchen riesige Staatshilfen, die steigenden Zinsen und der harte öffentliche Sparkurs verschärfen wiederum die Wirtschafts- und Bankenkrise noch weiter.

Die Lücken in der Konstruktion des Euro rächen sich jetzt brutal. Die verabredeten Regeln dienten der Prävention, sie sollten Finanzkrisen von vornherein verhindern. Für den Fall des Falles gibt es aber keine Feuerwehr. Das Ohne-Wenn-und-Aber, mit dem die Amerikaner ihren Crash unter Kontrolle bringen, ist in der Euro-Zone nicht möglich: Die Verschmelzung von Geld- und Fiskalpolitik ist hier eigentlich verboten; große innereuropäische Transfers und eine gemeinschaftliche Haftung für Schulden sind ebenfalls ausgeschlossen. Es war das Versprechen der deutschen Politik an ihre Wähler gewesen, dass die Stabilitätslogik der D-Mark auf den Euro übertragen wird. Die politische Union Europas, die ein geschlossenes Handeln legitimieren würde, ist und bleibt eine Utopie.

So gerät die Gemeinschaftswährung in dieser Krise zu einer Höllenmaschine mit extremen Fliehkräften. Ashoka Mody, der frühere Vizechef der Europa-Abteilung des IWF, spricht von der »Tragödie des Euro«[30]: Die Währungsunion war ein rein politisches Projekt; die ökonomischen Mechanismen, die eine schnelle Eindämmung von Krisen ermöglicht hätten, waren in der Konstruktion ausdrücklich ausgeschlossen worden.

Mühsam, mit viel Geld und in vielen kleinen Schritten arbeiten sich die Euro-Retter ab 2010 an die Stabilisierung heran. Der Weg führt von bilateralen Krediten über erste EU-Finanzvehikel mit Namen wie »EFSM« und »EFSF« bis schließlich zu einem gemeinschaftlichen 500-Milliarden-Euro-Fonds, genannt »ESM«, der künftig Schutzschirme bereitstellen soll: Bedrohte Schuldner, die sich zu Sanierungsschritten verpflichten, können auf Kredite dieses Fonds zurückgreifen. Immer deutlicher wird allerdings auch, dass die wichtigste Macht von allen die Europäische Zentralbank mit ihrer unbegrenzten Feuerkraft ist.

Führende Köpfe auf der deutschen Seite räumen in dieser Phase das Feld. Als Ende Mai 2010 völlig überraschend der Bundespräsident Horst Köhler zurücktritt, vermuten manche schon einen Zusammenhang mit der freihändigen Euro-Rettungspolitik. Köhler hatte einst als Spitzenbeamter maßgeblich am strengen Regelwerk der Gemeinschaftswährung mitgearbeitet, später war er Chef des IWF. Die tieferen Gründe seines Rücktritts erklärt Köhler der Öffentlichkeit aber nie.

Im Februar 2011 wirft der Bundesbankpräsident hin. Axel Weber galt einmal als Kandidat für die Nachfolge des scheidenden EZB-Chefs Trichet, er fühlt sich inzwischen geld- und machtpolitisch auf verlorenem Posten. An die Spitze der Bundesbank rückt für ihn Jens Weidmann, bisher Merkels Mann für Wirtschaft im Kanzleramt. Gleich in seiner Antrittsrede erklärt er, es gehe für die Notenbank nun »um den Ausstieg aus den krisenbedingten Sondermaßnahmen sowie um eine klare Trennung der Verantwortlichkeiten von Geld- und Fiskalpolitik«. Die meisten seiner internationalen Kollegen sehen das anders.

Im September 2011 kündigt deshalb auch der deutsche Chefökonom im EZB-Direktorium. Jürgen Stark hatte einst im Finanzministerium – zusammen mit Horst Köhler – die Euro-Stabilitätsregeln geplant. Schon im Mai 2010 hatte er einen Rücktritt erwogen, nun will er dem kommenden EZB-Chef Mario Draghi nicht mehr folgen. Die EZB habe ihr Mandat »ins Extreme gedehnt«, schreibt Stark in einem Abschiedsbrief an die Mitarbeiter der Notenbank. Es sei eine »Illusion, zu glauben, dass die Geldpolitik große strukturelle und fiskalische Probleme in der Euro-Zone lösen kann«.

Es ist Draghi, der die Finanzmärkte schließlich mit einem historischen Coup bändigt. Als die Krise erneut auflodert und die Zinsen für Italien und Spanien wieder hochschießen, gibt er den internationalen Investoren auf einer Konferenz in London am 26. Juli 2012 das entscheidende Zeichen: Die EZB, so betont er, sei im Rahmen ihres Mandats bereit, »to do whatever it takes to preserve the Euro« (»zu tun, was immer notwendig ist, um den Euro zu erhalten«). Und schiebt nach: »Glauben Sie mir, das wird reichen.« Erst Wochen danach beschließt die EZB einen konkreten Plan für unlimitierte Anleihekäufe. Dieses sogenannte OMT-Programm (Outright Monetary Transactions) kommt am Ende auch nie zum Einsatz. Aber es markiert den Wendepunkt in der Euro-Krise und den endgültigen Bruch mit dem ursprünglichen deutschen Konzept für die Währungsunion. Das OMT wird vom EZB-Rat mit nur einer Gegenstimme beschlossen – es ist die des Präsidenten der Bundesbank. Als sich später das Bundesverfassungsgericht mit dem OMT beschäftigt, argumentiert Jens Weidmann auch in Karlsruhe gegen das Draghi-Programm.

Flaute ohne Ende: Ringen mit der schwachen Nachfrage (2013-2018)

Frühjahrsputz. Der Sturz der »Austerians«

Bei der Frühjahrstagung von IWF und Weltbank treffen sich alljährlich die Finanzminister, Notenbanker und führenden Finanziers aus der ganzen Welt in Washington. Das übliche Highlight zum Auftakt sind die neuesten Wachstumsprognosen, die der internationalen Presse vorgestellt werden. Im April 2013 ist das anders: Die Schlagzeilen gehören einem 28-jährigen Studenten.

Thomas Herndon von der University of Massachusetts in Amherst veröffentlicht pünktlich am Montag dieser Tagungswoche zusammen mit zwei seiner Professoren ein Papier, das zwei Top-Ökonomen blamiert und der Politik der vergangenen Jahre den Boden zu entziehen scheint. Herndon hat, ursprünglich für eine Hausarbeit, eine viel zitierte Analyse der beiden Harvard-Professoren Carmen Reinhart und Kenneth Rogoff nachgerechnet. Er hat Patzer entdeckt, die er anfangs selbst nicht glauben konnte und die er jetzt in seinem eigenen Paper so zusammenfasst: »Codierungsfehler, selektiver Ausschluss verfügbarer Daten und unkonventionelle Gewichtung der zusammenfassenden Statistiken führen zu schwerwiegenden Fehlern, die das Verhältnis zwischen Staatsverschuldung und BIP-Wachstum ungenau wiedergeben.«

Reinhart und Rogoff haben mit ihrer Finanzgeschichte der Schuldenkrisen (*This Time is different*, 2009) einen Weltbestseller geschrieben. In ihrem Aufsatz »Growth in a Time of Debt« hatten die beiden dann Anfang 2010 gezeigt, dass hohe Staatsschulden langfristig das Wirtschaftswachstum lähmen. Als kritische Schwelle für diesen Effekt hatten sie eine Schuldenquote von ungefähr 90 Prozent ausgemacht. Die Politik, die damals gerade von teurer Crashbekämpfung auf Sparkurs umschaltete, griff dieses Resultat dankbar auf, besonders die fiskalischen Falken zitierten es gern. Nun hat Herndon festgestellt, dass ein wichtiges Ergebnis nur dadurch zustande kommt, dass die Autoren in einem Spreadsheet einen einfachen Programmierfehler gemacht haben.

Die Geschichte vom »Studenten, der die Profs ertappt hat« (BBC) geht um die Welt, wird zum Spott in der Late Night Comedy. Reinhart und Rogoff bedanken sich rasch für die »wichtige Korrektur«. Sie stemmen sich aber gegen den Totalverriss, der nun über sie hereinbricht. Ihre Kernaussage bleibe gültig und sei auch in der späteren Forschung bestätigt worden: Hohe Schulden bremsen nachweislich das Wachstum. Ihr Papier sei auch keineswegs ein Plädoyer für forcierte Austerität. Sie selbst hätten in der Euro-Krise daraus immer abgeleitet, dass man die überhöhten Staatsschulden radikal abschreiben und erlassen müsse.

Die schärfsten Verfechter einer Sparpolitik hatten sich dennoch gern auf die 90-Prozent-Regel berufen. Vielen Kritikern des Aufsatzes geht es deshalb jetzt auch nicht um die Wissenschaft, sondern um die öffentliche Meinung. Die Publikation des Herndon-Papers war perfekt getimt und inszeniert gewesen. Von einer »Hexenjagd« und einem »orchestrierten Angriff linker Blogger und Lobbygruppen« spricht der frühere IWF-Chefvolkswirt Rogoff später, ihm seien die Worte im Mund umgedreht worden.[31] Er selbst stehe politisch in der Mitte, in ihrer Forschung seien er und Reinhart immer fern der Politik.

Für die »Go Big!«-Keynesianer ist die Affäre der Durchbruch. Die Entdeckung des Excel-Fehlers habe nicht nur »eine bemerkenswerte Anzahl prominenter Leute lächerlich gemacht«, sie habe wohl den Lauf der Wirtschaftspolitik verändert, triumphiert Paul Krugman.[32] Das Reinhart-Rogoff-Papier sei in der Politik das Maß aller Dinge gewesen, es habe »vielleicht mehr direkten Einfluss auf die öffentliche Debatte gehabt als jedes andere in der Geschichte der Wirtschaftswissenschaften«. In der Praxis sei die Austeritätsökonomik ohnehin längst gescheitert. Nun habe sie auch ihren wissenschaftlichen Rang verloren.

Für Krugman und seine Anhänger leiden die »Austerians«[33] an einer psychologischen Macke, einem Hang zum Moralisieren der Makroökonomie. Nicht nur die Rechten in den USA, sondern auch die Deutschen seien emotional davon besessen. In der Volkswirtschaft gehe es aber nicht um Schuld und Sühne, um die Buße nach dem Exzess, sondern allein um den Einsatz der richtigen Technik. John Maynard Keynes hatte 1930 die beginnende Weltwirtschaftskrise als ein »Problem mit dem Anlasser« beschrieben. Es fehlte eben nur jemand, der den Wirtschaftsmotor kräftig ankurbelt.

Das Frühjahr 2013 besiegelt das politische Ende der fiskalischen Orthodoxie. Barack Obama ist als US-Präsident im November klar wiedergewählt worden. Er hat den Republikaner Mitt Romney geschlagen, der mit Paul Ryan als Vize angetreten war, dem Anführer der Sparfalken im Kongress. In Japan verkündet ein neu gewählter Regierungschef, dass die Überwindung der wirtschaftlichen Depression das alles überragende Ziel seiner Regierung sein werde. Shinzō Abe verspricht »drei Pfeile« gegen den Niedergang: radikale Geld-, radikale Finanz- und radikale Reformpolitik. Die »Abenomics«, die der in Yale lehrende Ökonom Koichi Hamada konzipiert hat, sind die expansive Vollgaspolitik, die »Go Big!«-Keynesianer seit vielen Jahren gefordert haben.

Der IWF veröffentlicht Anfang 2013 ein Forschungspapier, das weithin als »Mea Culpa« verstanden wird: Olivier Blanchard, der Chefökonom des Fonds, rechnet mit seinem Co-Autor Dan Leigh vor, dass die harten Sparprogramme in der Euro-Krise vorschnell und kontraproduktiv waren. Auch der IWF habe damals drastisch unterschätzt, wie groß die negativen Folgen für die Nachfrage, die sogenannten »fiskalischen Multiplikatoren«, sein würden. Das Wachstum wurde dadurch abgewürgt, die Schuldenquoten stiegen weiter.

Blanchard hat die Rückendeckung der IWF-Chefin, der früheren französischen Finanzministerin Christine Lagarde. Doch das Papier führt zu einem Eklat mit den Europäern, der finnische EU-Währungskommissar Olli Rehn kritisiert es Anfang 2013 in einem Brief an die europäischen Finanzminister scharf: Diese Studie sei »nicht hilfreich«. Der IWF habe »das Vertrauen untergraben, das wir in den letzten Jahren in zahlreichen nächtlichen Treffen mühsam aufgebaut haben«[34]. Rehns politischer Konter scheint die Kritik der Wissenschaftler nur zu bestätigen: Die europäische Politik ist ideologisch verblendet, sie folgt Vorurteilen aus Deutschland statt der empirischen Evidenz.

Eine Doktrin, die manche als den »German view« bespötteln, wird in diesen Monaten international abgeräumt: die These von der expansiven Wirkung konsequenter Sparpolitik. Italienische Forscher um den Harvard-Ökonomen Alberto Alesina hatten in der Vergangenheit argumentiert, dass eine richtig angelegte Haushaltskonsolidierung keineswegs die Nachfrage erdrosseln müsse. Sie könne vielmehr Vertrauen schaffen, die Zinsen senken und damit die Konjunktur beleben. In der Euro-Krise sind alle diese Versuche gescheitert. Paul Krugman mokiert sich regelmäßig über den Glauben an eine »Vertrauensfee« und den Popanz der »Bond-Vigilanten«.

In Deutschland gehen derweil liberal-konservative Kritiker der Euro-Rettungspolitik eigene Wege. In Oberursel bei Frankfurt gründet eine kleine Gruppe Anfang Februar eine neue Partei. Am 13. April 2013, dem Samstag vor der IWF-Tagung, findet in Berlin der Gründungsparteitag der Alternative für Deutschland statt.

Die Krisenformel. Eine Welt in der »säkularen Stagnation«?

Die Wirtschafts- und Finanzpolitik der US-Demokraten hat über zwei Jahrzehnte kein anderer Ökonom so stark geprägt wie der Harvard-Professor Larry Summers. In der Clinton-Regierung der 1990er-Jahre war er eine der Schlüsselfiguren im Finanzministerium, schließlich selbst Finanzminister. In der Weltfinanzkrise steuerte er zwei Jahre lang als ökonomischer Chefberater die Politik Barack Obamas. 2013 bringt sich Summers als Nachfolger Ben Bernankes ins Spiel, des Notenbankchefs, der im Jahr darauf ausscheiden wird. Obamas Sympathien hat er, doch seine zahlreichen Gegner in der eigenen Partei machen nun mobil. Summers wird seine Nähe zur Wall Street, Arroganz und fehlende Sensibilität vorgeworfen. Im September muss er sich aus dem Rennen zurückziehen, neue Fed-Chefin wird Janet Yellen, Bernankes Vize, die als Notenbankerin und Wissenschaftlerin erstklassig ausgewiesen ist.

Larry Summers meldet sich aber schon kurz darauf mit einer Rede zurück, die in der Schuldendebatte Furore macht. Als ein »sehr radikales Manifest« feiert sie der begeisterte Paul Krugman[35]: Summers habe klarer und kraftvoller das auf den Punkt gebracht, was er – Krugman selbst – schon seit Jahren zu vermitteln versuche. Dabei hat die These, die Summers bei einer Forschungskonferenz des IWF vorträgt, eine lange ideengeschichtliche Tradition: Die Welt stecke womöglich in einer strukturellen Dauerflaute, einer »säkularen Stagnation«. In einer solchen Lage reichten selbst sehr niedrige Zinsen nicht mehr aus, um die Nachfrage wieder auf Touren zu bringen.

Vor einer ähnlichen Dauerstagnation hatte bereits in den 1930er-Jahren der »amerikanische Keynes« Alvin Hansen gewarnt. Weil die US-Ökonomie nach der Großen Depression nicht wieder auf die Beine kam, hatte er gefordert, dass der Staat permanent einspringen und Schulden machen müsse. Denn der Privatwirtschaft seien dauerhaft die lukrativen Investitionschancen ausgegangen, besonders wegen des abgeschwächten Bevölkerungswachstums. Als die westliche Welt nach dem Krieg boomte, geriet diese Theorie bald wieder in Vergessenheit. Heute, angesichts eines sehr enttäuschenden Aufschwungs auch im vierten Jahr nach der großen Finanzpanik, müsse man sie aber wieder prüfen, so der Vorstoß von Summers.

Ersparnisse, die beiseitegelegt werden, bleiben nur dann im Wirtschaftskreislauf, wenn sich ein Schuldner findet, der für seine Investitionspläne entsprechenden Kredit aufnimmt. Für den ständigen Ausgleich von Kapitalangebot und -nachfrage soll der Zins sorgen. Was aber, wenn auf Dauer so viel gespart und nur noch so wenig investiert wird, dass dieser Zins real deutlich negativ sein müsste? Die Notenbanken sind gegen einen solchen Nachfrageeinbruch machtlos, denn sie können den Zins nicht beliebig tief unter die Nullgrenze bringen. Nur noch die Finanzpolitik kann und muss dann mit kräftiger Schuldenaufnahme den Wirtschaftskreislauf in Gang halten.

Das Summers-Schlagwort von der »säkularen Stagnation« zieht weite Kreise, auch wenn ähnliche Ideen in der internationalen Finanzwelt schon seit Langem kursieren. Der Bankanalyst Albert Edwards etwa hat bereits um die Jahrtausendwende eine »Eiszeit« an den Kapitalmärkten ausgerufen: Schwindendes Wachstum und deflationäre Kälte würden die Zinsen immer weiter drücken und die Anleihekurse in die Höhe treiben. Hohe Schulden sind in dieser Analyse allerdings eine wesentliche Ursache der Wachstumsschwäche: Sie lähmen die Wirtschaft und führen in einen Teufelskreis des billigen Geldes.[36] Um marode »Zombie«-Unternehmen und bankrotte Schuldner über Wasser zu halten, muss die Dosis des billigen Kredits ständig erhöht werden.

Zu besichtigen ist das Phänomen einer zähen Flaute bereits seit den 1990er-Jahren in Japan. Dort hat Richard Koo, der Chefökonom des Nomura Research Institute, die Theorie einer »Bilanzrezession« entwickelt. Koo glaubt nicht, dass die hoch entwickelten Volkswirtschaften grundsätzlich zur Stagnation verurteilt sind. Es gebe aber eine wichtige »andere Hälfte« der Makroökonomie[37]: Alle paar Jahrzehnte verlören die privaten Akteure ihren Verstand und verschuldeten sich in einer Finanzblase bis zum Äußersten. Nach dem Crash, der Millionen von Bilanzen zerrütte, stecke die Wirtschaft dann in der Falle.

Neue Kredite kann sich niemand mehr leisten, weshalb auch alle Zinssenkungen der Notenbank kein neues Wachstum mehr bringen. Für die Unternehmen geht es in der »Bilanzrezession« nicht mehr um Gewinnsteigerung und Expansion, sondern um das schiere Überleben durch Schuldenabbau. Ihre wegfallende Kreditnachfrage muss ersetzt werden, indem der Staat seine Schulden kräftig erhöht. Koo rät der Politik, zwischen zwei Phasen der Wirtschaft ähnlich dem chinesischen »Yin und Yang« zu unterscheiden: In sonnigen Zeiten (Yang) sei der Privatsektor gesund und es gälten die bewährten Regeln von Marktwirtschaft und staatlicher Zurückhaltung. In der dunklen Phase (Yin) seien die privaten Bilanzen aber großflächig ruiniert und der Staat müsse mit schuldenfinanziertem Stimulus entschlossen dagegenhalten.

Die offene Frage bleibt, wie lange der Prozess der privaten Entschuldung und Bilanzsanierung (»deleveraging«) dauert. Verfrühte Sparpolitik des Staates wird die Genesung behindern. Deutlich beschleunigt wird die Erholung, wenn Schulden erlassen oder von Akteuren mit stärkeren Finanzen übernommen werden. Schon seit den Zeiten des alten Mesopotamiens sind solche Schuldenstreichungen geübte Praxis vieler Gesellschaften gewesen. Dass die Wirtschaft nach einem großen Crash schnell wieder boomt, ist allerdings selbst dann unwahrscheinlich, wenn die Politik nach Kräften hilft. Denn die Angst der privaten Akteure, selbst wieder mehr Kredite aufzunehmen, sitzt nach dem Schock in der Regel tief.

Carmen Reinhart und Kenneth Rogoff hatten geschätzt, dass die Phase des Schuldenabbaus und des gedämpften Wachstums nach dem Weltfinanzcrash rund ein Jahrzehnt lang anhalten könnte. Ihre Appelle, den Schuldenüberhang durch Restrukturierungen und Schuldenschnitte schneller zu reduzieren, blieben fruchtlos, so wie die vieler anderer Ökonomen. Vor allem in Europa zogen die Regierungen es vor, in der Schuldenfrage auf Zeit zu spielen.

Larry Summers bringt nun im Herbst 2013 ein Argument für dauerhaft höheres Deficit Spending: Die Investitionsschwäche des Privatsektors sei vielleicht nicht nur Crashfolge, sondern womöglich chronisch, eben Ausdruck eines »säkularen« Problems. Bereits vor der Weltfinanzkrise habe es schließlich Anzeichen dafür gegeben, dass die hohen weltweiten Ersparnisse nicht mehr in reale Investitionen umgewandelt werden konnten.

Unter null. Europas Weg in die Minuszinsen

Auch in Europa, wo die Wirtschaft sich nur mühsam von der Euro-Krise erholt, nimmt der finanzpolitische Kurswechsel langsam Fahrt auf. Bei der deutschen Wahl im Herbst 2013 ist die FDP aus Regierung und Bundestag gefallen; die SPD kehrt an den Kabinettstisch zurück. Der große Sieger bei der Europawahl im Mai 2014 sind die italienischen Sozialdemokraten. Ihr Chef Matteo Renzi, ein jugendlicher Reformpolitiker aus Florenz, ist erst seit Kurzem Premier des Landes. Er hat die Steuern gesenkt und verfolgt das erklärte Ziel, die Stabilitätsregeln in Europa zu lockern. Es sei die »Stunde der Schuldenmacher«, kommentiert der Makroanalyst Wolfgang Münchau in seiner *Spiegel*-Kolumne die Europawahl.[38]

Der Paukenschlag kommt aber von der Geldpolitik. Die EZB senkt nun ihren Einlagezins erstmals in der Geschichte auf unter null, in zwei Schritten auf minus 0,2 Prozent. Die Banken müssen künftig für die Reserven, die sie auf ihren Konten bei der Zentralbank halten, einen Preis bezahlen. Schweden und Dänen, die beide nicht zur Euro-Zone gehören, hatten mit einem solchen Negativzins schon zuvor experimentiert. Beim sommerlichen Treffen der wichtigsten Notenbanker, der Konferenz im Rocky-Mountains-Resort Jackson Hole, erklärt EZB-Chef Mario Draghi 2014, dass zurzeit das Risiko überwiege, »zu wenig zu tun«. Der Euro wertet gegenüber dem Dollar in den folgenden Monaten um gut ein Viertel ab, Europas Exporteure erhalten also einen spürbaren Rückenwind. Anfang 2015 beginnt auch die EZB als letzte der großen Notenbanken mit einem Quantitative Easing (QE), sprich: dem Ankauf von Staatsanleihen in großem Stil. Die US-Fed hat dagegen schon damit angefangen, ihre Bondkäufe wieder zu vermindern und auslaufen zu lassen.

Zwischen den langfristigen Zinsen in Europa und den USA tut sich von nun an eine dauerhafte Kluft auf. Seit den frühen 1990er-Jahren hatten die Renditen deutscher und amerikanischer Staatsanleihen immer annähernd gleichauf gelegen. Den Takt der Veränderungen gaben die US-Titel vor. Nun fallen die Zinsen für den deutschen Fiskus sowohl nominal wie real deutlich und dauerhaft unter die der Washingtoner Treasury.

2016 steht vor der Verzinsung der zehnjährigen deutschen Bundesanleihen sogar erstmals ein Minuszeichen, auch Japans Anleiherenditen tauchen unter die Null. Fast ein Fünftel aller weltweit gehandelten Bonds mit hoher Bonität weist inzwischen solche Negativrenditen aus. Und der Anteil steigt immer weiter. Nominale Minuszinsen stellen die Wirtschaftswelt auf den Kopf, denn die Sparer müssen für größere Guthaben zahlen – die Schuldner erhalten noch einen Bonus. Die Empörung in der Öffentlichkeit wächst. Tresore, in denen viel Bargeld ohne »Strafzins« geparkt werden kann, machen plötzlich Schlagzeilen. Mario Draghi versucht zu erklären und zu beschwichtigen: Die radikale Geldpolitik sei nicht der Grund für die Mini- und Minuszinsen, sondern die notwendige Antwort auf das eigentliche Problem des globalen Sparüberschusses. Gerade diese Politik werde dafür sorgen, dass die Kreditnachfrage und die Investitionen wieder anziehen und die normale Zinswelt zurückkehrt.

Tatsächlich sind aber auch die Notenbanken zunehmend ratlos. Denn obwohl sie ihre Möglichkeiten nun fast vollständig ausgereizt haben, lahmt die Wirtschaft weiter und die Preise stehen unter Druck. Das gefürchtete japanische Deflationsszenario scheint sich anzubahnen. Falls die Diagnose von Larry Summers und anderen zutrifft, sich die privaten Investitionen also nur noch mit einem tief negativen Realzins in Fahrt bringen lassen, dann kann die Geldpolitik kaum noch etwas tun. Weiter unter die nominale Nullgrenze kommt sie mit ihren Leitzinsen nicht, die praktischen Probleme werden zu groß. Um den »vollen Nutzen« aus den monetären Maßnahmen zu ziehen, müssten die übrigen Politikbereiche »entschlossener« helfen, heißt deshalb die diplomatische EZB-Formel dieser Tage.

Eine höhere Staatsverschuldung würde helfen, aber sie ist an den Märkten und in der Politik nicht ohne Risiko. Am Ende bleibt theoretisch nur noch die Gemeinschaftsoffensive von Notenbanken und Regierungen: Schuldenfinanzierte Ausgabenprogramme, die durch Geldschöpfung finanziert werden, womöglich gleich als direkte Cash-Zahlung an alle. Im extremsten Szenario könnte eine Notenbank die Bevölkerung unmittelbar mit (digital) frisch erzeugtem Geld ausstatten, das gleichsam wie aus einem Hubschrauber über dem Land abgeworfen würde. Dieses »Helikoptergeld« würde vom Staat sofort für Aufträge genutzt und von den Verbrauchern gleich in die Geschäfte getragen. Die Nachfrage würde wirksam angeschoben.

Ein Papier des BlackRock Investment Institute (BII), der Denkfabrik des weltgrößten Vermögensverwalters, skizziert im Sommer 2019 die Spielregeln einer solchen Operation[39]: Schon im nächsten Abschwung werde es notwendig sein, von den außergewöhnlichen Maßnahmen der Geldpolitik zur »beispiellosen Politikkoordination« überzugehen; Autonomie und Glaubwürdigkeit der Notenbanken dürften dann allerdings nicht völlig unter die Räder geraten. Die Stimme dieses Autorenteams hat Gewicht: Neben BlackRock-Vizechef Philipp Hildebrand (Ex-Präsident der Schweizer Notenbank), BII-Chef Jean Boivin (Ex-Präsident der Notenbank von Kanada) und

BII-Chef-Makroökonomin Elga Bartsch hat auch Stanley Fischer mitgeschrieben. Er war der Nestor seiner Disziplin: Ex-Vizechef der Fed und des IWF, Ex-Chef der israelischen Notenbank, am Massachusetts Institute of Technology (MIT) war er der akademische Lehrer einer ganzen Generation keynesianisch geprägter Makroökonomen: Die Notenbanker Ben Bernanke und Mario Draghi haben ebenso bei Fischer gelernt wie der Präsidentenberater Larry Summers und die späteren IWF-Chefvolkswirte Ken Rogoff, Olivier Blanchard und Maurice Obstfeld.

Pandemie der Schulden: Nichts ist unmöglich (2019–2024)

Wie Olaf Scholz doch noch Kanzler wurde

Der wichtigste Sozialdemokrat in der Regierung wird am 30. November 2019 von seiner eigenen Partei abserviert. »Er ist schon Geschichte«, schreibt tags darauf Peter Dausend auf *Zeit Online* über den Finanzminister und Vizekanzler Olaf Scholz.

Im Duo mit seiner Potsdamer Genossin Clara Geywitz hatte sich Scholz um den SPD-Parteivorsitz beworben, von diesem Posten aus wollte er dann nach der Kanzlerkandidatur 2021 greifen. Bei den Wählern ist er zu dieser Zeit schließlich der beliebteste Sozialdemokrat. Doch die SPD, die ihr Spitzenpersonal schon seit Jahren in schnellem Takt verschleißt, hat diesmal eine Mitgliederbefragung angesetzt. Sechs Frau-Mann-Paare kandidieren in dem langen Auswahlverfahren für eine Doppelspitze, Geywitz/Scholz haben im Oktober die erste Runde mit gut einem Fünftel der Stimmen gewonnen.

In der Stichwahl fallen sie durch: Sie unterliegen gegen eine Bundestags-Hinterbänklerin, Saskia Esken, die sich den früheren NRW-Finanzminister Norbert Walter-Borjans (»Nowabo«) an ihre Seite geholt hat. Die Niederlage ist klar und demütigend: 45,3 gegen 53,1 Prozent. Der Grund des Scheiterns ist aus Sicht der Kommentatoren ebenfalls eindeutig: Scholz hat viel zu stur auf Sparsamkeit gesetzt, hat sein persönliches Image als Vernunftmensch mit der »schwarzen Null« verbunden, also mit einem ausgeglichenen Haushalt. »War es vernünftig, dass ein sozialdemokratischer Finanzminister seine Partei weiter in einem mentalen Gefängnis festhält, in das sie sich bereitwillig hat einsperren lassen?«, fragt der *Zeit*-Kommentator Dausend. »Indem Scholz sich über lange Zeit beharrlich geweigert hat, angesichts von Digitalisierung und Klimakrise jene Investitionsprogramme aufzulegen, die seine Partei einfordert, hat er die Gitterstäbe dieses Gefängnisses verstärkt.«

Die »schwarze Null« war nach der Euro-Krise ein populäres politisches Ziel geworden. Baden-Württembergs SPD-Finanzminister Nils Schmid hatte im Herbst 2014 mit einer mannshohen Null aus schwarzer Pappe vor seinem Ministerium in Stuttgart posiert. In Berlin war die »schwarze Null« das Markenzeichen Wolfgang Schäubles. Als der CDU-Finanzminister nach der Bundestagswahl 2017 abtrat, verabschiedeten ihn die Beamten des Hauses mit einer besonderen Aktion: Sie stellten sich im Hof in der Form einer großen Null auf. Das Bild erschien in allen Zeitungen und wurde ikonisch.

Der Schäuble-Nachfolger Olaf Scholz übernahm Schäubles Kurs. Die SPD war nach ihrer schweren Wahlschlappe 2017 nur sehr widerstrebend in eine erneute Koalition mit der Union eingetreten, aus der Partei kamen ständig Rufe nach höheren Ausgaben. Doch der Finanzminister trat dem streng entgegen. »Es muss jetzt überall Disziplin herrschen«, erklärte Scholz etwa im Frühjahr 2019 in einem großen *FAZ*-Interview zum Beginn der Haushaltsberatungen: »Alle sollten erwarten, das Deutschland seine Strategie solider Finanzpolitik nicht plötzlich in stürmischer Zeit aufgibt.«[40] Tatsächlich verabschiedet der Bundestag dann Ende November, just in der Woche des SPD-Mitgliederentscheids, wieder einen Haushalt mit »schwarzer Null« – den siebten in Folge. Die eigene Partei des Finanzministers sieht darin allerdings ein historisches Versagen. Die »schwarze Null« von Scholz sei eine bloße »Monstranz«, eine »unverzeihliche

Hypothek auf die Zukunft«, kritisiert der frisch gekürte SPD-Chef Walter-Borjans.

Klar ist, dass die Verfassung gar keinen perfekt ausgeglichenen Haushalt verlangt. Die Schuldenbremse lässt gewisse Kreditspielräume. Nach Ansicht vieler Ökonomen und der meisten Sozialdemokraten sollten diese auch noch deutlich erweitert werden. Scholz hat solche Debatten blockiert – und seine Partei hat sich deshalb final von ihm abgewendet. »Minister auf Abruf« nennt ihn die *Süddeutsche Zeitung* am Montag nach seinem Wahldebakel. »Die SPD will ihren Vizekanzler stürzen«, meldet *Bild*.

Nur acht Monate später, am 11. August 2020, kürt die SPD den Verstoßenen dann doch zu ihrem Kanzlerkandidaten. Im Herbst des folgenden Jahres wird Scholz Bundeskanzler der Ampel-Koalition. Ein eigentlich unvorstellbares Comeback – das nur durch eine eigentlich unvorstellbare Krise möglich geworden ist: die Corona-Pandemie, die ab Anfang 2020 die Weltwirtschaft lähmt. Überall legen die Regierungen nun riesige schuldenfinanzierte Rettungsprogramme auf. Auch Olaf Scholz steht plötzlich für eine spektakuläre Schuldenwende: Eine finanzpolitische »Bazooka« hat er im Frühjahr angekündigt, später dann den »Wumms« eines 130-Milliarden-Euro-Konjunkturpakets.

Statt mit der »schwarzen Null«, die vor Corona geplant war, wird der Bundeshaushalt 2020 am Ende mit einem historischen Rekorddefizit abschließen. Die EU-Staaten haben im Mai beschlossen, das zentrale Tabu der europäischen Finanzpolitik zu brechen und via EU-Kommission gemeinsame Schulden aufzunehmen. Auch das war eine alte SPD-Forderung. Scholz feierte die neuen Euro-Bonds als historischen »Hamilton-Moment«, einen Akt der finanziellen Vergemeinschaftung, wie er einst am Anfang der Vereinigten Staaten von Amerika stand.

Im Bundestagswahlkampf profitiert Scholz später von peinlichen Patzern seiner Konkurrenten, Armin Laschet (CDU) und Annalena Baerbock (Grüne). Doch er hat vor allem die Chancen genutzt, die sich durch die Mega-Krise auftaten. Eine kleine finanzpolitische Hintertür hatte er sich immer offengehalten. »Jetzt leben wir in einer Zeit, in der wir das Geld zusammenhalten müssen«, hatte er im Frühjahr 2019 gesagt. »Aber in einer Krise müssen wir sehen, wie wir unsere Möglichkeiten nutzen können.« Die Schuldenbremse enthält auch eine Klausel für Notfälle, in denen der Staat massiv auf Kredite zurückgreifen darf.

Konzeptionell ist seine finanzpolitische Wende gründlich vorbereitet worden. Wolfgang Schmidt, der langjährige enge Vertraute, der Scholz als Staatssekretär begleitet, hat unkonventionelle Ideen in das traditionell fiskalkonservative Ministerium geholt, dort mit Seiteneinsteigern eine Art kleine Denkfabrik aufgebaut. Ein neuer Chefökonom leitet seit Anfang 2019 die Grundsatzabteilung: Jakob von Weizsäcker, der zuvor schon Wissenschaft und Politik in vielen internationalen Positionen verbunden hat. Bevor Scholz ihn holte, war er SPD-Europaparlamentarier.

In einem ersten Interview für den BMF-Monatsbericht erklärt er die aus seiner Sicht größte Herausforderung so: »Wir sind gedanklich nicht sehr gut vorbereitet auf eine Welt, in der Ersparnis und Kapital viel weniger knapp sein dürften als in der Vergangenheit. Das bedeutet, dass die Zinsen als Preis für die Ersparnis langfristig sehr niedrig bleiben dürften.« Der Spielraum der Notenbanken sei dadurch geschrumpft, Investitionen seien aber deutlich günstiger geworden.

Der Zehnjahreszins für deutsche Staatsanleihen nähert sich in diesen Monaten der Null, er fällt im Sommer 2019 sogar auf das historische Rekordtief von minus 0,65 Prozent. Während Scholz sich noch als Sparminister profiliert, schieben seine Zuarbeiter den Paradigmenwechsel an. Kritik an der deutschen Schuldenbremse kommt inzwischen nicht mehr nur aus dem Ausland und von den üblichen Meuterern, denen der Staat stets zu knauserig ist. Auch Wirtschaftsvertreter beklagen den Verfall der Infrastruktur und die Selbstfesselung der Finanzpolitik. Die Ökonomen des gewerkschaftsnahen Instituts für Makroökonomie und Konjunkturforschung (IMK) und des industrienahen Instituts der deutschen Wirtschaft (IW) fordern in einer ungewöhnlichen Allianz ein staatliches Investitionsprogramm von 450 Milliarden Euro, verteilt über zehn Jahre.

In kleinen Runden im Finanzministerium diskutieren Spitzenbeamte mit Wissenschaftlern solche Pläne. Die Ideengeber im BMF bauen neue Drähte in alle Richtungen auf. Schmidts Büroleiterin etwa, die junge, international versierte Ökonomin Philippa Sigl-Glöckner, hat eine Denkfabrik zur Kritik und Reform der Schuldenbremse initiiert. 2020 wird sie Gründungsdirektorin des »Dezernat Zukunft. Institut für Makrofinanzen«. In den folgenden Jahren sammelt der Thinktank mehrere Millionen Euro Fördergelder ein, vorwiegend von ausländischen Stiftungen.

Scholz' Strategen versuchen, die Diskussionen in Deutschland schrittweise zu drehen, sich die Lufthoheit in der Schuldendebatte zu erarbeiten. Es wirke, als bereiteten sie im Finanzministerium planmäßig eine »diskursive Offensive« vor, schreibt in der *Zeit* Mark Schieritz.[41] Für den Kampf um den SPD-Vorsitz reicht das im Herbst 2019 (noch) nicht. Kurz darauf, unter den Vorzeichen der Pandemie, gelingt Olaf Scholz so der Durchmarsch. Sein Comeback, das ihn schließlich bis ins Kanzleramt führte, wäre ohne die abrupte, aber inhaltlich längst eingefädelte Schuldenwende unmöglich gewesen.

Klimawandel. »r < g« und die schmelzenden Schulden

Einen entscheidenden akademischen Impuls für das neue Schuldendenken hat Olivier Blanchard gesetzt, einer der einflussreichsten Makroökonomen weltweit. Mehr als ein Vierteljahrhundert lang ist Blanchard eine Schlüsselfigur in der Wissenschaft gewesen, Professor und Leiter des MIT Economics Department. Dann wechselte er, zum 1. September 2008, als neuer Chefökonom zum IWF. Seinen Hausausweis hatte Blanchard kaum eingesteckt, da crashte die Lehman-Bank und gleich danach das Weltfinanzsystem. Bis 2015 blieb er beim

IWF der intellektuelle Kopf des Krisenmanagements, konzipierte Strategien – und kritisierte sie später. In der europäischen Sparpolitik sei »die Kurve zu scharf« gewesen, urteilte er im Nachhinein.

Der Franzose, der auf beiden Seiten des Atlantiks gehört wird, ist eine Instanz. Der Vortrag, den er Anfang Januar 2019 als scheidender Präsident der amerikanischen Ökonomenvereinigung American Economic Association (AEA) hält,[42] schlägt deshalb Wellen in alle Richtungen. Blanchard spricht über das Verhältnis von Zins und Wirtschaftswachstum, das für die Schuldendynamik so entscheidend ist. Und er kommt zu dem Schluss, dass die Aussichten günstig sind: In den USA sei es historisch keineswegs ungewöhnlich, dass der reale Zins unter der realen Wachstumsrate bleibe (»r < g«), sodass die Schuldenquote auch ohne Sanierungsanstrengungen sinken könne. Der gefürchtete Lawineneffekt verkehrt sich in dieser Konstellation ins Gegenteil – in einen »schmelzenden Schneeball«, wie Paul Krugman das nennt.

»Wenn die Zukunft so aussieht wie die Vergangenheit«, so Blanchard, dann sei es denkbar, »dass Staatsverschuldung keine fiskalischen Kosten hat.« Bei einem sehr niedrigen Zins verdränge der Staat auch nicht viele Privatinvestoren, die das Kapital besser investieren könnten. »Entspannt euch!«, rät Blanchard den Fiskalfalken: »Schulden sind schlecht – aber nicht katastrophal.«

Seine These passt zu der alten Theorie von der »säkularen Stagnation«, die Larry Summers 2013 wieder hervorgeholt hatte. Damals noch als vorsichtige Spekulation: »Vielleicht ist das verrückt und ich liege falsch.« Mittlerweile ist auch Summers fest davon überzeugt, dass der sehr niedrige Zins von Dauer sein wird. Eine mögliche Erklärung für das Phänomen hat schon früh der deutsche Kapitaltheoretiker Carl Christian von Weizsäcker gegeben, der seit seiner Emeritierung als Max-Planck-Forscher in Bonn arbeitet: Weil in Ländern wie Deutschland eine sehr hohe Vorsorge für das Alter gebildet werden muss, entstehe ein strukturelles Überangebot an Sparkapital. Der Realzins, der die Wirtschaft im Gleichgewicht hält, werde dadurch immer niedriger und schließlich sogar negativ, der Kapitalüberschuss sei in produktiven Privatinvestitionen nicht mehr unterzubringen. Die Politik müsse das mit mehr Staatsschulden auffangen, so von Weizsäcker. »Die Lehre muss sein, dass die Staatsschuldenpolitik stark vom Niveau der Realzinsen abhängt«, hatte er bereits kurz nach der Weltfinanzkrise gefordert.[43]

Die Kritiker halten solche Argumente für fahrlässig und politisch naiv. Überschüssiges Sparkapital könne man immer weltweit investieren. Und auf den sehr niedrigen Realzins lasse sich nicht dauerhaft bauen. Bis zur großen Finanzkrise war es etwa in Deutschland so gut wie unvorstellbar gewesen, dass die Anleihezinsen überhaupt einmal hartnäckig unter die Wachstumsrate fallen könnten. Sollte »r < g« gelten, dann sei die Kreditfinanzierung des Staates zwar in der Tat überlegen, hatte der Sachverständigenrat in einem einflussreichen Gutachten über die Schuldenprobleme erklärt.[44] Diese theoretische Konstellation sei jedoch »empirisch bedeutungslos«.

Ein französischer Kollege Blanchards, Charles Wyplosz, sieht »Olivier im Wunderland«[45]: In einer freundlichen Replik auf dessen Vortrag weist er darauf hin, dass der Selbstheilungseffekt bei den Staatsschulden eben nicht der Normalfall sei – auch weil die Regierungen diesen Effekt nicht diszipliniert genug ausnutzten. In Zeiten billigen Kredits, wenn die Schuldenlawine schmilzt, mache die Politik von ihren neuen Spielräumen nur zu gerne Gebrauch. Schlage die Großwetterlage dann um, reagiere sie oft zu spät oder falsch auf das wachsende Risiko. Wyploszs Fazit: »In der Finanzwelt kann es gefährlich werden, wenn Regierungen glauben, dass wir in einem Wunderland leben, in dem es keine Budgetgrenze mehr gibt.«

Blanchard war sich dieses Risikos sehr wohl bewusst gewesen. »Das Ziel meines Vortrags ist es nicht, für mehr Staatsschulden zu plädieren, schon gar nicht im derzeitigen politischen Umfeld«, hatte er gesagt – mutmaßlich mit Blick auf den US-Präsidenten Donald Trump. Die Absicht seiner Analyse sei nur, eine »umfassendere Diskussion« über die Schuldenpolitik anzustoßen.

Corona-Zeiten. Vom Doppel-Booster zu den Bidenomics

Für Nuancen ist schon bald darauf kein Raum mehr: Anfang 2020 erfasst die Covid-19-Pandemie die Welt; mit Lockdowns und Vorsichtsmaßnahmen geht die Wirtschaft ab Mitte März fast überall in Vollbremsung. Rasch ist klar, dass auch in dieser Mega-Krise Geld- und Fiskalpolitik massiv helfen müssen. Als es zu Beginn der Krise eine Verkaufswelle bei den US-Staatsanleihen gibt, greift die Fed schnell ein. Um die Wirtschaft flüssig zu halten, halten die Notenbanken ihre Zinsen nahe null und steigen wieder voll in die Staatsfinanzierung durch Anleihekäufe ein. Die Menge des Zentralbankgelds, das die Banken als Reserven bei der Notenbank halten, wächst dadurch rasant. In den USA steigen die Reserven von knapp 20 auf in der Spitze knapp 40 Prozent des BIP, bei der EZB geht es von rund 40 auf fast 70 Prozent. Die Bank of Japan, die im Zuge der Abenomics die Reserven schon von 30 auf 100 Prozent des BIP aufgepumpt hatte, erhöht sie nun noch einmal auf fast 130 Prozent.

Die Regierungen improvisieren Hilfsprogramme und stützen die Unternehmen, deren Geschäfte stillstehen müssen. Die Einigung der EU-Staaten, für den »Wiederaufbau« ausnahmsweise gemeinsame Schulden über die EU-Kommission aufzunehmen, ist historisch. Anders als nach der Weltfinanzkrise soll es jetzt nicht nur um die Rettung des Bestehenden gehen. »Keynes meets Greta Thunberg« ist die Idee der Stunde: Mit staatlichen Jahrhundertinvestitionen könnte eine Generalüberholung der Wirtschaft in Gang gesetzt werden. Über »Transformationen von historischem Ausmaß« hatte Kanzlerin Merkel im Januar 2020 auf dem Weltwirtschaftsforum in Davos gesprochen. Mit dem »Green Deal« habe sich die EU aufgemacht, »die gesamte Art des Wirtschaftens und des Lebens, wie wir es uns im Industriezeitalter angewöhnt haben, in den nächsten 30 Jahren zu verlassen«. Der Corona-Schock macht aus dieser Vision innerhalb weniger Wochen ein Arbeitsprogramm.

Vorne dran sind die, die sich gut vorbereitet haben. In Berlin etwa kann die Agora Energiewende Vorschläge aus der Schublade ziehen. Ihr Chef, Patrick Graichen, hat den Weltfinanzcrash 2008 als Referatsleiter im Bundesumweltministerium erlebt. Als die Koalition damals ein Stimuluspaket schnüren wollte, mussten die Beamten innerhalb weniger Tage Ausgabenideen im Milliardenumfang vorlegen. Im Frühjahr 2020 ist schnell erkennbar, dass es bald wieder solche Riesenpakete und Bedarf an Vorschlägen geben wird. Den »doppelten Booster« nennt Graichen sein Konzept, das zugleich die Konjunktur und den Klimaschutz beschleunigen soll. Es dient vielen als Spickzettel, als die Regierung Anfang Juni mit der Planung eines Konjunkturprogramms – des Scholzschen »Wumms« – beginnt. Die Zeiten von »Abwrackprämien« für Autokäufer wie anno 2009 sind passé. Diesmal sollen nachhaltige Industrien mit Wachstumspotenzial angeschoben werden.

Die Kreditermächtigungen, die sich die Bundesregierung im Laufe der Notlage »Pandemie« genehmigen lässt, werden am Ende gar nicht voll ausgeschöpft. Für ihre Nachfolger wird daraus bei ihrem Start 2022 die unentbehrliche Kriegskasse: Einen Rest-Dispo von 60 Milliarden Euro schlägt die neue Ampelkoalition einem »Klimatransformationsfonds« (KTF) zu, aus dem sie künftig den grünen Umbau finanzieren will. Doch das Verfassungsgericht verbietet im November 2023 eine Umwidmung der Corona-Kredite. Das Urteil ist der Anfang vom Ampel-Ende, denn die Koalitionäre verlieren ihren eingeplanten Geldvorrat. Im Dauerstreit um die Schuldenbremse zerbricht die Regierung ein Jahr später. Die vorgezogene Wahl verliert der Kanzler Olaf Scholz mit dem schlechtesten SPD-Ergebnis seit Gründung der Bundesrepublik (16,4 Prozent).

Besonders dramatisch hat der Pandemieschock die USA getroffen. Denn weil es dort weder Kurzarbeit noch nennenswerten Kündigungsschutz gibt, explodiert die Arbeitslosigkeit im Frühjahr 2020 sofort. Binnen weniger Wochen steigt die Zahl der Jobsucher von knapp 6 auf weit über 20 Millionen, eine gesellschaftliche Katastrophe droht. Die Regierung Trump beschließt Unterstützungszahlungen in nie gesehener Höhe. Schecks mit der Unterschrift des Präsidenten gehen ins ganze Land. Allein der CARES Act vom März ist mit einem Volumen von über 2000 Milliarden Dollar oder rund 10 Prozent des BIP das größte Stimulusprogramm der US-Geschichte. Insgesamt erreicht der Stimulus in diesem Jahr zwischen 3000 und 4000 Milliarden Dollar. Das Haushaltsdefizit von 15 Prozent des BIP übertrifft den bisherigen einsamen Nachkriegsrekord um Längen: 2009, auf dem Gipfel der Finanzkrise, waren es 10 Prozent gewesen.

Die Wahl im November 2020 verliert Donald Trump trotzdem. Weil die Pandemie noch immer nicht ganz vorüber ist und auch der neue Präsident Joe Biden große Pläne hat, wird schon im Frühjahr 2021 das nächste gigantische Stimuluspaket beschlossen. Bidens American Rescue Plan Act (ARPA) verteilt noch einmal rund 1900 Milliarden Dollar an die Bürger, es ist das Startsignal einer neuen Wirtschaftspolitik. Die nun ausgerufenen »Bidenomics« setzen auf mutige Verschuldung, eine bewusst auf Hochtemperatur gebrachte Wirtschaft und ein Wachstum, von dem die breite Mehrheit profitieren soll. Eine Dauerflaute nach dem Schock, wie in der Ära nach der Weltfinanzkrise, soll diesmal unbedingt verhindert werden. Für manche ist es der endgültige Bruch mit dem »neoliberalen« Zentrismus der Demokraten unter den Präsidenten Clinton und Obama. Aus Sicht der »Go Big!«-Keynesianer werden die Sorgen um Schulden, Inflation und Anreizeffekte von politischen Lobbys ohnehin nur übertrieben. Teile der Linken setzen sogar auf die populär gewordene Schule der »Modern Monetary Theory (MMT)«: Deren Vertreter wollen den Staat direkt über die eigene Notenpresse finanzieren. »Deficits don't matter« heißt ihre Überzeugung.

»Whatever it breaks«. Die Rückkehr der Zinsen

Das erneute Riesenpaket ARPA, mit dem Joe Biden loslegt, mag selbst der Schuldenbefürworter Larry Summers nicht mehr decken. »Ein Stimulus in der Größenordnung der Defizite im Zweiten Weltkrieg kann einen Inflationsdruck auslösen, wie wir ihn seit einer

Generation nicht mehr erlebt haben«, warnt der frühere Top-Berater der Demokraten schon zwei Wochen nach dem Amtsantritt des neuen Präsidenten. Bereits eine überschlägige Rechnung zeige, dass dieses Programm völlig überdimensioniert sei. Olivier Blanchard geht ebenfalls auf Distanz zu den Plänen. Doch um die prominenten Kritiker bleibt es einsam. Lieber zu viel als zu wenig, ist die Devise der neuen Ära.

Am Ende werden die Mahner bestätigt. Die US-Inflation beschleunigt bereits bis zum Sommer von unter 2 auf über 5, bis zum Jahresende auf 7 Prozent. Die vielen Engpässe, die durch die Pandemie entstanden sind, verschärfen nun die Teuerung. Große Teile des Dienstleistungssektors sind noch gelähmt, die Verbraucher stecken ihr Geld vor allem in Konsumgüter, die oft importiert werden. Der gewaltige Warenhunger ist kaum zu befriedigen, die Welle der Zusatznachfrage prallt auf »eine Wand auf der Angebotsseite«, diagnostiziert Blanchard.

Der Corona-Schock hat die Wirtschaft in völlig anderer Weise getroffen als gut ein Jahrzehnt zuvor die Finanzkrise. Damals steckten die Staaten riesige Summen in die Reparatur der zerrütteten Bankbilanzen, aber es fehlte immer noch an Nachfrage. Das Kreditwachstum blieb schwach, die Arbeitslosigkeit hoch und freie Kapazitäten gab es reichlich. Diesmal kann von einem Konsum- oder Investitionsstreik in den westlichen Ländern keine Rede sein. Die staatlichen Rettungsgelder kurbeln die Nachfrage massiv an. Die Kreditvergabe explodiert, freie Kapazitäten sind knapp und auch die Arbeitslosigkeit fällt nach dem Ende der Lockdowns schnell wieder.

Als die Preise zu traben beginnen, sprechen die Notenbanken erst von Ausreißern und Sondereffekten – »transitorisch« wird ihr Schlüsselwort. Der Fed-Chef Jay Powell ist in dieser Phase politisch geschwächt, denn sein Vertrag steht zur Verlängerung an und der neue Präsident Biden hält die Entscheidung darüber bis November 2021 in der Schwebe. Erst kurz danach legt Powell seine »Transitory«-Diktion offiziell beiseite. Der russische Angriff auf die Ukraine sorgt ab Februar 2022 für einen weiteren heftigen Teuerungsschub, vor allem in Europa explodieren die Energiepreise.

Das Weiße Haus schnürt weitere Megapakete, aber nun vor allem zur Ankurbelung der öffentlichen und privaten Investitionen. Auf den Infrastructure Investment and Jobs Act: (1200 Milliarden Dollar) folgen der CHIPS and Science Act (280 Milliarden Dollar) und schließlich der Inflation Reduction Act (IRA, 370 Milliarden Dollar). Der IRA soll den grünen Umbau fördern, aber der gewählte Name verrät, dass die Teuerung zu einer Hauptsorge der Politik geworden ist: Das Programm wird jetzt als Inflationsbremse verkauft. Auch Summers gibt ihm seinen Segen: Die großzügigen Incentives für Greentech könnten die Energiepreise senken, zudem drücke der IRA die Pharmapreise und enthalte langfristig höhere Unternehmenssteuern, die das Defizit verringern.

Der industriepolitische Subventionsstrauß des IRA, mit dem Washington auch ausländische Unternehmen ins Land holen will, wird in Europa mit Faszination und Panik studiert. Die Investitionen in den USA brummen. Die versprochene »Inflation Reduction« ist allerdings kurzfristig nicht zu erwarten: Bis all die zusätzlichen grünen Kapazitäten an den Markt kommen, werden Jahre vergehen.

Im Juni 2022 erreicht die Inflation in den USA und Europa rund 9 Prozent. Es bleibt die Aufgabe der Notenbanken, sie zu stoppen.

Die Fed erhöht ihren Leitzins im Juni um 0,75 Prozentpunkte, so kräftig wie seit 28 Jahren nicht mehr. Kurz darauf beginnt auch die EZB mit Zinserhöhungen – zum ersten Mal seit über einem Jahrzehnt. Fed-Chef Powell stellt seine Rhetorik scharf, er lässt nun alle wissen, dass er ausdrücklich das Risiko eingehen wird, über sein Ziel hinauszuschießen und die Wirtschaft mit zu hohen Zinsen abzuwürgen: »Der viel größere Fehler wäre es, wenn wir es nicht schaffen, die Preisstabilität wiederherzustellen.« Die lange Party mit dem billigen Kredit ist beendet. Analysten finden bald eine neue Formel für das Bremsmanöver um jeden Preis: »Whatever it breaks – was immer dabei kaputtgeht.«

TEIL 3

KATALOG DER SCHULDENBOMBEN

»Im nächsten Leben will ich als
der Bondmarkt zurückkommen.
Da kannst du jeden einschüchtern.«

James Carville, Wahlkampfberater der US-Demokraten, Februar 1993

Der Name des Sprengstoffs: Schuldendienst

Warnlampen

Kokett trug sich der Historiker gleich selbst in das Gesetzbuch seiner Disziplin ein. Niall Ferguson, Senior Fellow an der Hoover Institution on War, Revolution, and Peace der kalifornischen Stanford-Universität, verkündete im April 2024 das »Fergusonsche Gesetz«: »Jede Großmacht, die für die Zinsen auf ihre Staatsschulden mehr ausgibt als für die Verteidigung, wird nicht lange groß bleiben.«[46] Historische Beispiele für diese Regel des Niedergangs seien das habsburgische Spanien, das Frankreich des 1789 gestürzten Ancien Régime, das Osmanische Reich und auch das Britische Empire. Der womöglich nächste Abstiegskandidat sind für Ferguson die USA. Denn zum ersten Mal in der Geschichte übersteigen deren Nettozinsausgaben das Militärbudget: Nach den Berechnungen des parteiunabhängigen Congressional Budget Office (CBO) sprang der amerikanische Schuldendienst 2024 auf 3,1 Prozent des BIP, während der Etat des Pentagon nur 3,0 Prozent betrug. Etwa jeder siebte Dollar im Washingtoner Budget fließt mittlerweile in Zinszahlungen. Nur noch die Renten (Social Security) und die Gesundheitsversorgung der Alten (Medicare) sind teurer.

Die Idee hinter »Ferguson's Law« ist einfach: Steigende Zinslasten und immer nervösere Gläubiger setzen Regierungen unter Sparzwang. Je mehr Raum der Schuldendienst im Haushalt beansprucht, desto weniger bleibt für alle anderen Zwecke. Der Geldmangel verschärft die politische Polarisierung, er schürt die Unzufriedenheit mit den Herrschenden und auch Konflikte innerhalb der Eliten. Im ständigen Streit um »Kanonen oder Butter« setzen sich die zivilen Interessen meistens durch, solange es keine akute Bedrohung gibt. Die Abwendung von den äußeren militärischen Verpflichtungen schwächt dann die internationale Position: Das Risiko fataler Niederlagen steigt.

Ein solcher Abstieg der Weltmacht USA sei noch nicht unvermeidlich, meint Ferguson. Seine statistischen Warnlampen blinken aber grell. Amerikas Militärbudget bewegt sich, gemessen am BIP, auf dem niedrigsten Niveau seit Jahrzehnten. Der Posten Schuldzinsen steigt dagegen rasant, er hat sich seit 2021 mehr als verdoppelt und 2025 die historische Rekordmarke von 3,2 Prozent erreicht. Der weitere Anstieg scheint programmiert: Das CBO errechnet für die 2040er-Jahre Zinskosten von um die 5 Prozent des BIP, was dann gut doppelt so viel wäre wie der erwartete Verteidigungsetat.

Die eskalierende Zinslast ist zum einen die Folge der hohen Haushaltsdefizite, die in den USA zum Business as Usual beider Parteien geworden sind. Sie resultiert aber auch aus dem drastischen Zinsanstieg seit der Pandemie. Die vielen Schulden, die in den 2010er-Jahren zu außergewöhnlich günstigen Konditionen aufgenommen werden konnten, werden künftig merklich teurer, wenn sie erneuert und weitergewälzt werden.

Dasselbe Problem haben auch alle anderen Staatsschuldner. Die verrückte Zeit, als die Zinsen nicht nur in Japan, sondern auch in Europa teilweise negativ waren, ist vorbei. Vor der Pandemie liehen die Kapitalgeber dem deutschen Finanzminister Geld, obwohl sie nicht einmal den eingesetzten Betrag ungeschmälert zurückerhalten konnten. Eine dauerhafte Rückkehr zu derartigen Verhältnissen ist kaum zu erwarten. Vieles spricht dafür, dass es besonders für die hoch verschuldeten Staaten erheblich schwieriger werden wird, ihre Anleihen an den Kapitalmärkten unterzubringen.

Ihr Kreditbedarf ist höher denn je, weil zu den chronischen Defiziten und dem »Roll-over« der alten Schulden gewaltige neue Ausgabenposten kommen. Auch und gerade die Europäer, die sich jahrzehntelang von allen Großmachtambitionen verabschiedet hatten (und sich deshalb auch um »Fergusons Gesetz« nicht zu sorgen brauchten), benötigen jetzt enorme Summen. Im neuen Zeitalter der geopolitischen Rivalitäten müssen sie nicht nur ihre zivile Wirtschaft umbauen und erneuern. Sie müssen im Eiltempo auch noch ihre militärische Schlagkraft wiederherstellen.

Der Wettbewerb um das benötigte Kapital wird hart. Denn das goldene Zeitalter der Verschuldung zum Beinahe-Nulltarif erscheint im Rückblick eher als ein historisches Kuriosum. Diese außergewöhnliche Phase begann mit dem gewaltigen Wachstum des Güter- und Kapitalangebots, das durch die Globalisierung und die hohe volkswirtschaftliche Sparquote Chinas entstand. Nach dem großen Finanzcrash litt die Welt dann nach Ansicht vieler Ökonomen an einem hartnäckigen Überangebot.[47] Das Ziel vieler Akteure war es, Rücklagen wiederaufzubauen und dafür möglichst sichere Schuldpapiere zu halten. Nicht mehr die Inflation, sondern eine Deflation erschien plötzlich als die größte Gefahr. Um die Nachfrage anzukurbeln und die brachliegenden Kräfte wieder zum Einsatz zu bringen, finanzierten die Notenbanken schließlich sogar die Staatsverschuldung.

Spätestens seit der Pandemie und den gigantischen Stimuluspaketen wächst das Kreditgeschäft wieder. Angebotsengpässe und steigende Preise bestimmen oft das Bild. Die Arbeitslosenquote in der EU ist 2025 auf den tiefsten Stand seit über 40 Jahren gesunken. Wenn in den hoch entwickelten Volkswirtschaften trotzdem die Konjunktur schwächelt oder wenn ganze Industriezweige in einem forcierten Strukturwandel abstürzen, dann liegt das nicht mehr an einem prinzipiellen und dauerhaften Sparüberhang oder den Spätfolgen der »Bilanzrezession« nach dem Weltfinanzcrash. Selbst Larry Summers, der einst die Idee eines chronischen Nachfragemangels politisch salonfähig machte, hat sich von seiner Diagnose einer »säkularen Stagnation« verabschiedet: Nach der Pandemie und nach dem fiskalischen Mega-Stimulus in den USA sei das heute nicht mehr das richtige Paradigma, meint der Altmeister unter den Wirtschaftsberatern der Demokratischen Partei. Ökonomische Theorien seien anders als Theorien in der Physik: »Sie passen nur für eine gewisse Zeit.«[48]

Der langjährige Schuldenkritiker Kenneth Rogoff ist in seinem Urteil härter: »Im Nachhinein denke ich, dass dieses ganze Gerede von der säkularen Stagnation und dem ›lower forever‹ eine Ex-post-Rationalisierung war, die falsch war.«[49] Die Mini- und Minuszinsen der Prä-Pandemie-Jahre hätte keiner jemals für normal und dauerhaft halten dürfen, sagt Rogoff: »Die Inflation war niedriger als je zuvor in der Ära der Fiat-Währungen, die realen Zinssätze waren so niedrig wie seit fünf Jahrhunderten nicht.« Die künftige Normalität werde eher wieder so aussehen wie das Umfeld in den Jahren vor der globalen Finanzkrise. Kapital ist knapp und entsprechend teuer.

Die hoch verschuldeten Staaten geraten deshalb gefährlich nah an einen Teufelskreis: Steigende Zinsen verschlechtern ihre Haushaltslage, was wiederum die Geldgeber verschrecken und die Zinsen weiter in die Höhe treiben kann. Auf dem Kapitalmarkt gibt es tendenziell zu viele Staatstitel und zu wenige interessierte Käufer. Zwischen den Regierungen, die der Schuldendienst langsam erdrückt, und den Anlegern, die eine ungeschmälerte Rückzahlung erwarten, bauen sich massive Konflikte auf.

Eine gesichtslose Truppe, die zu Beginn der 1980er- und der 1990er-Jahre schon einmal gefürchtet war, gewinnt unter diesen Umständen alte Macht zurück: Die »Bond-Vigilanten«, die mit ihren Anlageentscheidungen in einer Art von »Selbstjustiz« die Regierungen disziplinieren können. »Wenn Finanz- und Geldpolitiker die Wirtschaft nicht regulieren, dann werden es die Anleiheinvestoren tun«, hatte der Erfinder dieses Begriffs, der Investmentstratege Ed Yardeni, im Juli 1983 geschrieben: »Die Wirtschaft wird von Vigilanten auf den Kreditmärkten geführt.« Natürlich hätten diese Investoren nicht die Lenkung der Wirtschaft im Sinn, erklärte Yardeni: »Sie handeln einfach so, wie es aus ihrer Sicht in ihrem besten finanziellen Interesse ist.«[50]

Das Phänomen kehrte 1993 zurück, als der neue US-Präsident Bill Clinton schon kurz nach seinem Amtsantritt auf einen Konsolidierungskurs einschwenken musste. Clintons Wahlkampfberater, der bärbeißige Südstaatler James Carville (»The Ragin' Cajun«[51]), brachte die Kräfteverhältnisse auf eine seither viel zitierte Formel: »Im nächsten Leben will ich als der Bondmarkt zurückkommen. Da kannst du jeden einschüchtern.« Der Grund für diese Macht: Fallende Anleihekurse und höhere Zinsen kosten einen Finanzminister auf die Dauer viel Geld. Ein abrupter Käuferstreik gefährdet die Stabilität des gesamten Finanzsystems.

Nach der Weltfinanzkrise 2008/09 waren die kritischen »Vigilanten« lange von der Bildfläche verschwunden. Denn wenn Panik und Deflationsangst umgehen, sind Staatsanleihen ein begehrter Zufluchtsort. Da auch die Notenbanken als neue Großkäufer der Bonds auftraten, mussten die privaten Investoren deren Vorgabe folgen. »Don't fight the Fed« (»Kämpfe nie gegen die Fed«) heißt eine klassische Börsenregel: Es ist aussichtslos, gegen die Übermacht der Notenbank anzurennen. Als die Finanziers der letzten Zuflucht können Zentralbanker beliebig viel Geld schöpfen und auch Anleihen des Staates in beliebigem Umfang aufkaufen. Sie können damit jede Staatsschuldenkrise kurzfristig unterdrücken. Mit ihrem Stabilitätsauftrag ist das auf Dauer allerdings nicht zu vereinbaren. Auch zwischen den Notenbankern und den Regierungen bauen sich deshalb gewaltige Spannungen auf.

Warum der Zins steigt ...

Gratisschulden haben den politischen Gratismut der späten 2010er-Jahre ermöglicht: Die Haushaltsdefizite hatten in dieser Zeit kaum noch einen Preis, also konnten sie beliebig ausgeweitet werden. Der Anteil der Zinslasten an den Budgets schrumpfte wie von selbst, also redete bald auch niemand mehr über den einst so gefürchteten Schuldendienst. Die Zinszahlungen für die Anleihen, die von den Notenbanken gekauft worden waren, flossen sogar indirekt wieder in die Staatskassen zurück.

Langfristig dürfte das Kapital aber wieder einen spürbaren Preis bekommen. Nicht nur in der Geopolitik, sondern auch an den Finanzmärkten hat eine Zeitenwende begonnen: Überall müssen gewaltige Summen investiert werden – und zugleich wird eher weniger gespart. Nach der Pandemie gingen offizielle Prognosen, etwa des IWF, zunächst noch davon aus, dass die Zinsen bald wieder auf das niedrige Niveau der 2010er-Jahre zurückfallen werden. Eine ganze Reihe struktureller Faktoren – man könnte sie die Liste der »5 D« nennen – wirkt dem aber entgegen:

Demografie: In den reichen Gesellschaften wurde in den vergangenen Jahrzehnten sehr viel gespart, um für das Alter vorzusorgen. Das wirkte deflationär, zumal es auch mehr als genug Arbeitskräfte gab und der Lohndruck gering blieb. In der Zukunft wird sich das ändern.

Die Ökonomen Charles Goodhart und Manoj Pradhan haben 2020 in ihrem einflussreichen Buch *The Great Demographic Reversal* argumentiert, dass der absehbare Arbeitskräftemangel in der Zukunft die Teuerung eher anheizen wird. Das treibt zugleich die nominalen Zinsen hoch, denn wer Staatsanleihen kauft, wird den entsprechenden Inflationsausgleich verlangen. Goodhart und Pradhan erwarten außerdem, dass die Sparleistung stärker zurückgehen wird als die Nachfrage nach Investitionsmitteln. Während eine alternde Gesellschaft zunächst noch Vorsorgekapital bildet, zehrt die schließlich alt gewordene Gesellschaft diese Rücklagen auf. Alte Menschen fragen zwar auf der anderen Seite auch weniger Konsum- und Baukredite nach. Per saldo wird das Kapital aber knapper. Der Zins steigt auch real, also über den Inflationsausgleich hinaus.

Den Zinssturz nach der Weltfinanzkrise hielt der frühere Notenbanker Goodhart immer schon für vorübergehend: Die Realzinsen im Mini- und Minusbereich seien eben »nicht die neue Normalität; sondern ein extremes Artefakt einer Reihe von Trends, von denen mehrere zu Ende gehen werden«[52]. Bereits 2014 sagte Goodhart voraus, dass die Realzinsen Mitte der 2020er-Jahre wieder zu ihrem historischen Gleichgewichtswert von etwa 2,5 bis 3 Prozent zurückkehren würden – Tendenz danach: weiter leicht steigend. Rechnet man einen Inflationsausgleich von mindestens 2 Prozentpunkten hinzu, ergeben sich Nominalzinsen von an die 5 Prozent.

»Defence«: Vor allem die Europäer wollen ihre Verteidigungsetats sehr schnell erhöhen und vom US-Schutzschirm unabhängiger werden. Die Militärausgaben sollen von rund 2 auf bis zu 5 Prozent des BIP gesteigert werden. Weil die Etats das kurzfristig nicht hergeben, wird ein Großteil dieser Rüstung auf Kredit finanziert; Deutschland ist mit der faktischen Beseitigung der Schuldenbremse vorangegangen. Die Dimensionen dieses Rüstungsprogramms sind, relativ zum BIP, ähnlich groß wie die Kosten der deutschen Einheit. Allerdings stehen diesmal keine Nachbarn als zusätzliche Kapitalgeber zur Verfügung: Fast alle Europäer müssen gleichzeitig nachrüsten.

De-Globalisierung: Angesichts der neuen Geopolitik bauen die privaten Unternehmen schon seit Längerem um. Lieferketten werden nicht mehr nur auf Effizienz (»just in time«), sondern auch auf Resilienz (»just in case«) getrimmt. Donald Trump hat nach seiner Rückkehr in das Weiße Haus den Generalangriff auf die Globalisierung begonnen: Der Präsident des »America First« verfolgt mit seiner Zollpolitik ausdrücklich das Ziel, die internationale Arbeitsteilung zurückzuschrauben und eine Re-Industrialisierung der USA zu erzwingen. Diese Strategie sorgt für chronische Unsicherheit, reduziert die Produktivität und erfordert zusätzliche Investitionen.

Langfristig muss sich die Wirtschaft neu im Raum organisieren, und für dieses große »Re-Wiring« braucht sie Kapital. Die goldene Ära der Globalisierung, die ein überreichliches Angebot an Gütern und Ersparnissen ermöglichte, wird von einer neuen Zeit des konsequenten Wirtschaftsnationalismus abgelöst.

Dekarbonisierung: Der Umbau der Wirtschaft zur »Klimaneutralität« erzwingt enorme Investitionen. Die Verminderung des CO_2-Ausstoßes werde in der ersten Phase vor allem dadurch erreicht, dass »Kapital an die Stelle von fossilen Brennstoffen tritt«, resümiert etwa der Report, der 2023 für die französische Regierung die makroökonomischen Folgen der Klimapolitik analysiert hat.[53]

Wind- und Solarparks – oder auch Kernkraftwerke – haben im Betrieb geringe Kosten. Die Errichtung eines komplett neuen Energiesystems samt der benötigten Leitungen und Speicher ist aber zunächst äußerst kapitalintensiv. Auch die Rohstoffe, die für den Aufbau dieser neuen Infrastrukturen gebraucht werden, müssen erst noch erschlossen und produziert werden. Allein die bis Mitte der 2040er-Jahre benötigte Menge an neuem Kupfer, dem »Metall der Elektrifizierung«, sei noch einmal so groß wie die gesamte bisherige Kupferproduktion in der Weltgeschichte, schätzt eine Studie von S&P Global.[54]

Das zusätzliche Kapital, das für das politische Ziel einer »Net Zero«-Weltwirtschaft 2050 benötigt wird, schätzen die Analysten von McKinsey auf insgesamt 3,5 Billionen Dollar jährlich.[55] Das entspricht ungefähr dem BIP Großbritanniens – der sechstgrößten Volkswirtschaft der Welt.

Digitale Revolution: Besonders in den USA hat neben dem grünen Umbau auch eine umfassende Tech-Transformation begonnen. Die größten Hoffnungen richten sich auf die Künstliche Intelligenz (KI): Langfristig könnte sie die Produktivität dramatisch steigern und Ressourcen einsparen. Sogar Visionen von einer neuen Welt des Überflusses machen die Runde. Güter, Kapital und unterbeschäftigte Arbeitskräfte gäbe es dann wieder mehr als genug, auch der Zins würde fallen.

Bis es dazu kommen kann, muss aber erst einmal massiv in die neue Technologie investiert werden. Auch deren Energiebedarf ist gewaltig: Die Internationale Energieagentur IEA hat 2025 geschätzt[56], dass die KI-Rechenzentren am Ende dieses Jahrzehnts mehr Strom verbrauchen werden als gegenwärtig die gesamte Volkswirtschaft Japans. Für den Aufbau der zusätzlichen Infrastruktur werden enorme Summen benötigt. Die weltweiten KI-Investitionen 2024 schätzt die

IEA auf mehr als 500 Milliarden Dollar, das entsprach immerhin fast 0,5 Prozent des globalen BIP. Für 2025 werden allein die KI-Investitionen der vier US-Tech-Riesen Amazon, Meta, Google und Microsoft auf über 250 Milliarden Dollar taxiert.

Einen deflationär wirkenden großen Sparüberschuss gibt es inzwischen nur noch in China. Die Flut der Exporte von unschlagbar günstigen Solarpanels, Batterien oder Elektroautos wird in den USA und in Europa allerdings längst als Bedrohung empfunden. In allen Wirtschaftsräumen wächst die Neigung, den eigenen Markt abzuschließen und auf eine interne, unabhängige Wirtschaftsentwicklung zu setzen.

Unter dem Strich spricht deshalb sehr vieles für eine Zukunft mit knapperem Kapital, höheren Risiken und in der Folge auch einem höheren Realzins. Die Konkurrenz um die Ersparnisse wächst: zwi-

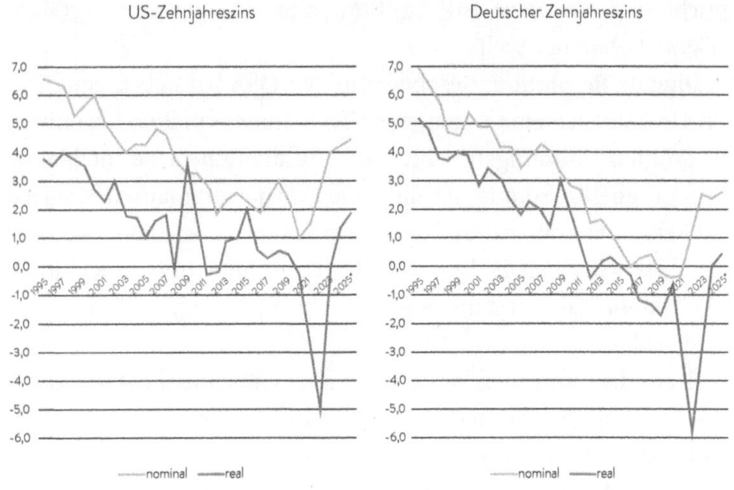

Rendite zehnjähriger Bundesanleihen und US-Staatsanleihen, nominal und real (abzüglich Verbraucherpreisinflation), in Prozent
*bis einschließlich Mai
Quelle: FRED

schen den Hauptstädten, aber auch zwischen dem Schuldner Staat und der Privatwirtschaft, die für ihre Investitionen und Innovationen ebenfalls Kredit braucht. Das Zeitalter der Dauerstagnation und der Minizinsen, für das der Ökonom Albert Edwards von der Bank Société Générale das viel zitierte Wort von der »Eiszeit« geprägt hat, ist vorüber. Sogar Edwards selbst, der in der Finanzwelt als der Allzeit-Pessimist (»Permabär«) gilt, hat 2023 das große Tauwetter ausgerufen: »Die Eiszeit ist tot. Lange lebe der höhere Realzins.«[57]

… und wie er sich in die Budgets frisst

Bevor die Finanzpolitiker in der Pandemie Vollgas gaben, hatten Ökonomen die alten Schuldenängste weggeschoben. Ab 2019 hatte vor allem Olivier Blanchard, der Ex-IWF-Chefvolkswirt, das Argument populär gemacht, dass die Zinsen dauerhaft niedriger sein könnten als die Wachstumsraten (»r < g«). Die staatlichen Verschuldungsspielräume seien deshalb größer als oft gedacht: Bleibt die Zinslast hinter dem Einkommenszuwachs zurück, dann verblassen alte Schulden relativ zum BIP über die Jahre ganz von allein – jedenfalls so lange, wie keine allzu hohen neuen Primärdefizite dazu gepackt werden.

Wenn die Zinsen nun allerdings höher sind und das Wachstum mau bleibt, dann ist auf diese Selbstheilungsarithmetik wenig Verlass. Die Dynamik kann sich sogar umdrehen: Übersteigt der Zins die Wachstumsrate – gilt also »r > g« –, dann nimmt eine Schuldenlawine Fahrt auf. Je länger dann die notwendige fiskalische Korrektur hinausgeschoben wird, desto größer wird deren Wucht.

Der Anstieg der Zinsen trifft die Finanzminister zunächst nur schleichend. Der Druck wächst aber von Runde zu Runde, wenn auslaufende Anleihen aus der Niedrigzinsära jeweils zu den neuen, ungünstigeren Konditionen refinanziert werden müssen. Das ist umso unangenehmer, je stärker der Zins steigt und je häufiger die Schulden umgewälzt, also refinanziert werden müssen.

Die Ökonomen der OECD haben in ihrem »Global Debt Report 2025« untersucht[58], wie dieser Prozess aktuell in den Industrieländern verläuft. Sie identifizierten vier Staaten, die eine »erhöhte Anfälligkeit« aufwiesen, weil sie bis 2027 Schulden in Höhe von mehr als 15 Prozent ihrer Wirtschaftsleistung erneuern mussten und bereits 2024 einen Zins zu zahlen hatten, der mehr als 1,5 Prozent über dem ihrer auslaufenden Papiere lag. Am exponiertesten waren die USA, bei denen bis 2027 Anleihen in Höhe von gut einem Viertel des BIP fällig wurden und deren Zins bereits um 2 Prozent zugelegt hatte. Einen ähnlich hohen Zinsanstieg verzeichneten Großbritannien und Frankreich, deren ablaufende Papiere aber weniger als 20 Prozent des BIP ausmachten. Ein etwas höheres Gewicht der fälligen Bonds, aber einen etwas geringeren Zinsanstieg hatte Spanien.

Allein durch die verteuerte Refinanzierung steigen die Zinsausgaben dieser Länder laut OECD bis 2027 um ungefähr 0,4 Prozent des BIP. Der OECD-Durchschnitt liegt bei 0,2 Prozent. Dahinter stehen beträchtliche Summen. In den USA entspricht die aufgepackte Last knapp 120 Milliarden Dollar, in Frankreich sind es gut 12 Milliarden Euro. Die Zinsen für die zusätzlich aufgenommenen Schulden kommen dann noch hinzu.

Die Absicherung durch die Notenbanken spielt für einige hoch verschuldete Länder eine zentrale Rolle. So muss Italien zwar bis 2027 Anleihen in Höhe von rund 30 Prozent seines BIP erneuern, in Japan sind es sogar über 50 Prozent. Der von der OECD ermittelte Zinsanstieg betrug aber für Italien nur einen Prozentpunkt, für Japan sogar nur gut einen halben. Deutschland ist erst wenig betroffen, denn auch wenn der Zins spürbar höher wird, ist der Refinanzierungsbedarf bisher noch vergleichsweise gering.

Bei sehr kurzfristigen Schulden schlägt der Zinsanstieg allerdings immer sofort durch. Eine Facette dieses Prozesses hat sich auch schon in den Bilanzen der Zentralbanken gezeigt. Allein die Deutsche Bundesbank hat im Zuge der Zinswende 2023 und 2024 Verluste von jeweils rund 20 Milliarden Euro eingefahren.

Diese Verluste waren eine logische Spätfolge der Anleihekäufe (QE) in den Jahren der Flaute und der Pandemie: Die Notenbanken hatten damals Liquidität geschaffen, indem sie in enormem Umfang sehr niedrig verzinste Langläufer aufkauften. Im Gegenzug erhielten die Geschäftsbanken dafür jeweils Ansprüche gegen die Zentralbank: frisch erzeugtes Geld, das ihren Konten bei der Zentralbank, den sogenannten Reserven, gutgeschrieben wurde.

Die Staaten konnten sich so problemlos verschulden. Die neu geschaffenen Verbindlichkeiten ihrer Zentralbanken kosteten ebenfalls zunächst fast nichts: Der Einlagezins für die Reserveguthaben lag in den Jahren der expansiven Politik nahe null; in Europa und Japan war er sogar zeitweise negativ.

Im Kampf gegen die Inflation haben die Zentralbanken ihre Einlagesätze dann allerdings schnell und kräftig angehoben. Die Kreditvergabe der Banken wurde damit indirekt gebremst. Die Kehrseite für die Währungshüter war das bilanzielle Minus: Ihre Verbindlichkeiten haben sich ebenfalls verteuert, denn sie müssen den Geschäftsbanken für ihre Reserven wieder nennenswerte Zinsen zahlen. Die eigenen Zinseinnahmen aus den in der Krise erworbenen Langläufern bleiben mager.

Wer wen? Geld- versus Finanzpolitik

Der Königsweg aus den Schulden ist immer ein kräftiges reales Einkommenswachstum. Gelingt ein solcher Ausbruch aus der Falle aber nicht, dann lässt sich das Problem am Ende nur noch entschärfen, indem irgendeiner Seite, Schuldnern oder Gläubigern, realer Verzicht aufgezwungen wird.

Besonders die Schulden für das Militär haben in der Geschichte oft zu heftigen innenpolitischen Verteilungskonflikten geführt, denn Aufrüstung und Krieg verschlingen Unsummen und werfen nur für sehr wenige eine Rendite ab. In der Schuldenkrise müsse die Regierung dann entscheiden, welche der gesellschaftlichen Gruppen sie enttäuscht, schreibt der Historiker Ferguson[59]: Die Steuerzahler? Die Empfänger öffentlicher Gehälter, Leistungen und Sozialtransfers? Die Generäle und Soldaten? Die Gläubiger der Staatsanleihen und Rentenpapiere, jene Gruppe also, die früher als die »Rentiers« bezeichnet wurde? In einer echten Schuldenkrise bleibe es nicht bei den makroökonomischen Schäden, warnt Ferguson: »Die politischen Folgen können dramatisch sein.«

Wenn eine klamme Regierung einen harten Sanierungskurs versucht, schwächt das zunächst immer die Nachfrage und kann die Wirtschaft in eine Rezession stürzen. Die schweren politischen Kämpfe um drastische Leistungskürzungen und Steuererhöhungen überleben die Mächtigen in einer Demokratie allenfalls mit Mühe. Die Option, Zahlungen an die Gläubiger offen zu verweigern, kommt für die hoch entwickelten Staaten nur im äußersten Notfall infrage. Zuletzt wurde so Griechenland in der Euro-Krise teilweise entschuldet. Ein großer Staatsbankrott löst aber Explosionen im gesamten Finanzsystem aus. Und er trifft heute auch breite Wählerschichten: Die »Rentiers« sind keine winzige Kapitalistenklasse mehr: Sie bestehen ganz überwiegend aus den Pensionsfonds und Versicherungen, in denen die Altersvorsorge von Millionen verwaltet wird.

Der politisch einfachste Weg aus einer Schuldenkrise besteht deshalb darin, die Forderungen der Gläubiger durch Inflation schleichend auszuhöhlen. Subtile Zwangsmaßnahmen, mit denen die Investoren an der Flucht gehindert werden, müssen dann irgendwann hinzukommen. Die klassischen Schutzpatrone gegen die allmähliche Enteignung sind eigentlich die unabhängigen Notenbanken, die den Wert des Geldes verteidigen sollen. Gegen die Macht der Staatsräson in einer Fiskalkrise haben sie aber einen schweren Stand.

In den Jahren der Mega-Schocks finanzierten die Notenbanken sehr bereitwillig die Regierungen, denn sie sahen selbst keine andere Möglichkeit mehr, eine akut absturzgefährdete oder zumindest deflationsgeneigte Wirtschaft zu stützen. Die Regierungen ließen sich darauf gerne ein, weil es an großen Aufgaben ja nie fehlte.

Die abrupte Rückkehr der Inflation ab 2021 hat diese »wunderbare Freundschaft« beendet. Im Kampf gegen den Preisdruck setzten die großen Notenbanken nicht nur ihre Leitzinsen hoch, sondern sie beendeten auch ihre Bondkäufe. An die Stelle von QE trat QT: Quantitative Tightening. Der Bestand an Staatsanleihen wurde systematisch verkleinert, nur die Bank of Japan ließ sich bei dieser Wende noch einmal etwas mehr Zeit.

Die aggressive Staatsverschuldung, die in der Dauerflaute auch aus Sicht vieler Währungshüter erwünscht war, führt in der neuen Welt der Knappheit zum Konflikt: Eine Notenbank, die der Inflation Zügel anlegen will, kann den Kredit verknappen und die Finanzpolitik zur Konsolidierung zwingen. Hält sie Kurs, dann kehrt auch die unsichtbare Macht der »Bond-Vigilanten« an ihre Seite zurück und wird zu einem mächtigen Verbündeten der Stabilitätspolitik.

Ob die Währungshüter diese monetäre Dominanz in Zeiten sehr hoher Staatsverschuldung verteidigen können, ist allerdings fraglich. Denn sie geraten in das Schussfeld der Politik, mit hartnäckigen Angriffen auf ihre Unabhängigkeit ist zu rechnen. Der Druck lässt sich aufbauen mit persönlichen Attacken auf Notenbanker. Aber er lässt sich auch steigern bis hin zur Rammbockstrategie: Tritt eine Regierung im Alleingang eine massive Defizitpolitik los, dann muss die Notenbank nolens volens mitspielen, wenn sonst ein Chaos im Finanzsystem droht. Die Währungshüter verlieren ihre Unabhängigkeit. In den USA verkündete Donald Trump schon als Wahlkämpfer, dass er in Zinsfragen »einen besseren Instinkt« habe als die Fed-Gouverneure.

Der gesetzliche Auftrag der Notenbanken lässt sich immer etwas unterschiedlich interpretieren und er kann von der Politik auch verändert werden. Die Fed hat ausdrücklich ein »duales Mandat«: Sie soll nicht nur die Preise stabil, sondern zugleich die Arbeitslosigkeit niedrig halten. Die EZB ist in den europäischen Verträgen zwar auf das »vorrangige Ziel« festgelegt, die Preisstabilität zu gewährleisten (Artikel 127 AEUV). Sie interpretiert das aber längst umfassend, auch als Auftrag zur Verteidigung der Währungsunion gegen interne Spannungen (»Whatever it takes«).

Die Absicherung der Finanzmärkte bleibt für die Notenbanker Gratwanderung: Einerseits sollen die Signale von den Anleihekursen schon deutlich und schmerzhaft genug sein, um die Finanzpolitik einer Art »Marktdisziplin« zu unterwerfen. Andererseits darf sich ein Zinsanstieg nie zum Crash auswachsen. Das Primat der Interessen des Finanzsystems – das auch als »finanzielle Dominanz« bezeichnet wird – kann den Spielraum einer Notenbank genauso einschränken wie die »fiskalische Dominanz« der Politik.

Vieles spricht deshalb dafür, dass die Notenbanken eine inflationstreibende Verschuldung am Ende mit frisch gedrucktem Geld alimentieren müssen. Der legendäre US-Hedgefonds-Gründer Ray Dalio hat das Endspiel eines Staatsschuldenzyklus so beschrieben[60]: Die Schulden seien immer ein Versprechen, einen bestimmten Währungsbetrag abzuliefern; zur großen Krise komme es, wenn mehr Versprechen gemacht wurden, als Währung vorhanden ist. Der Zentralbank blieben dann nur noch zwei Möglichkeiten: Sie könne a) Geld drucken oder b) den Schock eines großen Zahlungsausfalls in Kauf nehmen. Dalios Prognose: »Am Ende drucken sie immer.« So oder so – durch Ausfall oder inflationäre Aushöhlung – werden die Schuldtitel entwertet.

Jeder Crash ist anders

Einige entscheidende Zutaten sind in allen Schuldenkrisen gleich: Ein hoher Schuldenstand macht die Staatsfinanzen verwundbar, denn sie sind dann abhängig von günstigen Zinsen. Eine böse Überraschung reicht als Zünder. Entstehen plötzlich Zweifel an der Zahlungsfähigkeit, dann kann an den Finanzmärkten eine Fluchtbewegung einsetzen, die sich selbst immer weiter verstärkt. Durch den Käuferstreik bei den Anleihen explodieren dann die Zinsen. Auszuschließen sind äußere Schocks nie: Es können Naturkatastrophen,

Pandemien oder Kriege sein. Oder auch Bankenkrisen, schwere Rezessionen oder innenpolitische Konflikte.

Die G7-Länder sind fast ausschließlich in eigener Währung verschuldet, sie können also im Extremfall immer noch auf Geldschöpfung zurückgreifen. Der konkrete Ablauf einer Krise hängt aber entscheidend von länderspezifischen Faktoren ab. So spielt es etwa eine zentrale Rolle, wie ausgeprägt die Unabhängigkeit der Notenbank ist, wie sehr ein Staat auf ausländische Geldgeber angewiesen ist und welches Vertrauenskapital er in der Welt hat. Die Schuldensprengsätze sind von Land zu Land unterschiedlich gebaut.

Auf den folgenden Seiten sollen die Sprengsätze unter den vier führenden Reservewährungen näher beschrieben werden. Der erste Fall gilt heute schon als das Musterbeispiel für die Risiken der Staatsverschuldung: Großbritannien erlebte 2022 den inzwischen sprichwörtlichen »Liz-Truss-Moment« – den Käuferstreik an den Bondmärkten, der innerhalb weniger Wochen eine Regierungschefin stürzte. Die britische Krise ist ein spektakuläres Warnsignal. Ihre Umstände waren allerdings sehr speziell.

Das Lieblingsbeispiel der Unerschrockenen ist Japan: Das wohlhabendste große Land Asiens hat seit vielen Jahren die höchste Staatsschuldenquote der Welt. Es wirkt aber auf den ersten Blick völlig stabil. Seine Schuldenkonstruktion ist außergewöhnlich, und die weltweite Zinswende hat in Japan erst in winzigen Schritten begonnen. Der eigentliche Stresstest steht damit erst noch bevor.

Der komplizierteste, weil im Kern hochpolitische Fall ist die Euro-Zone. Der Euro sei wie eine Hummel, hat EZB-Chef Mario Draghi in seiner historischen »Whatever it takes«-Rede auf dem Gipfel der Euro-Krise 2012 gesagt: Er sei ein »Rätsel der Natur«, weil es eigentlich unmöglich sei, dass er fliegen könne – seit einigen Jahren fliege er aber trotzdem.[61] Die große Herausforderung sei, dass die taumelnde Hummel sich zur richtig fliegenden Biene weiterentwickeln müsse. Ob das gelingt, ist angesichts der weiterhin wachsenden Schuldenlasten großer Mitgliedsländer bis heute offen.

Die größte und für die Welt gefährlichste Schuldenbombe tickt in den USA. Sie bilden seit dem Zweiten Weltkrieg das Zentrum des Weltfinanzsystems und haben als Emittent der Reservewährung Dollar größere finanzielle Handlungsspielräume als jeder andere Staat. Zugleich sind sie es gewohnt, die Regeln für sich und alle anderen selbst zu machen. Diesen Freiraum hat die amerikanische Politik in den vergangenen Jahren bis an die äußersten Grenzen des Machbaren ausgenutzt – in der zweiten Amtszeit Donald Trumps womöglich schon darüber hinaus.

Fall 1: London und der Truss-Moment

49 schwarze Tage

Durch den schottischen Nieselregen am Sommersitz der Queen rollt der Range Rover mit der künftigen Regierungschefin. Es ist der 6. September 2022, die Besucherin Liz Truss hat sich soeben im Mitgliederentscheid ihrer Partei durchgesetzt und ist die neue Anführerin der seit zwölf Jahren regierenden Konservativen. Auf Schloss Balmoral wird die Queen sie zur Premierministerin ernennen. Die 96-jährige Elisabeth II. führt das Vereinigte Königreich seit 70 Jahren. Sie ist gebrechlich, aber auch an diesem Tag gut informiert und »auf ihre typische Art scharf und witzig«, schreibt Truss später in ihren Erinnerungen. Rund 20 Minuten dauert das traditionelle Gespräch mit der Königin. Die Lage im Land ist schwierig: Großbritanniens Wirtschaft stagniert, zugleich ist die Inflation auf mittlerweile über 10 Prozent gestiegen; viele Briten leiden besonders unter den Energiepreisen, die seit dem russischen Angriff auf die Ukraine vor gut einem halben Jahr rasant anziehen.

Das Foto von der Ernennung wird das letzte offizielle Bild Elisabeths sein. Zwei Tage später stirbt die Queen, die Nachricht von ihrem Tod bewegt Großbritannien und die ganze Welt. Für Truss fühlt sich die Situation vollkommen unwirklich an: »Ich stand unter Schock und dachte: ›Warum ich, warum jetzt?‹«, schreibt sie später. Die »Operation Unicorn«, der detailliert vorbereitete Plan für die Tage nach dem Tod der Monarchin, wird in Gang gesetzt. Am 19. September findet das Staatsbegräbnis statt. Die Welt verabschiedet sich von Elisabeth II.

Liz Truss wollte von Anfang an für radikalen Aufbruch stehen. In ihrem Kabinett ist erstmals in der Geschichte keiner der herausgehobenen Ministerposten (Finanzen, Außen, Innen) von einem weißen Mann besetzt. Vor allem aber setzt Truss auf Freiheit und Markt. Sie bewundert Margaret Thatcher, die »Eiserne Lady« der Konservativen, die als erste Frau von 1979 bis 1990 als Premier in der Downing Street 10 regierte. Also präsentiert Truss' Schatzkanzler am 23. September ein nur grob durchgerechnetes »Mini-Budget«, das es in sich hat: Kwasi Kwarteng verkündet einen »neuen Ansatz für eine neue Zeit«, ein Paket von üppigen Steuersenkungen, besonders für Spitzenverdiener, das die Wirtschaft energisch ankurbeln soll. Allerdings reißt es erst einmal riesige Haushaltslöcher.

Die Reaktion an den Finanzmärkten ist verheerend: Aktien, Bonds und das britische Pfund stürzen ab. Die Anleihekurse sind in diesen Wochen ohnehin weltweit auf Talfahrt, denn überall ziehen die Notenbanken die Zinsen hoch, um die Inflation zu bekämpfen. Unabhängige Studien rechnen bald vor, dass die von Truss geplanten Steuersenkungen Großbritanniens Schuldenquote innerhalb von fünf Jahren um 15 Punkte auf dann 95 Prozent des BIP hochtreiben würden. Dass die Regierung sich bei ihrem »Mini-Budget« die sonst übliche Analyse durch das unabhängige Office for Budget Responsibility (OBR) gespart hat, wirkt auf viele schlicht verantwortungslos. Dass der neue Schatzkanzler Kwarteng gleich am Tag seiner Ernennung den hochrangigsten Staatsdiener im Finanzministerium entlassen hat, passt in das Bild.

Eine »epische Haushaltssprengung« diagnostiziert der *Economist*, das Hausblatt der globalen Wirtschaftselite: »In einer knapp 30-minütigen luftigen Rede startete Kwarteng den größten fiskalischen Eingriff eines Schatzkanzlers seit einem halben Jahrhundert, demontierte die bisherige Bilanz seiner Partei in der Regierung und ließ das Pfund Sterling abstürzen, während die Renditen für Staatsanleihen in die Höhe schnellten.«

An den Börsen verselbstständigt sich das Chaos. Die Renditen der britischen Staatsanleihen (Gilts) steigen sprunghaft an und sind bald so hoch wie seit über zehn Jahren nicht, denn die Investoren verlangen höhere Risikoprämien. Das Pfund, das seit Jahresanfang bereits 20 Prozent gegenüber dem Dollar verloren hatte, rutscht am Ende weitere 7 Prozent ab und fällt auf den tiefsten Stand seit 1985.

Vor allem die Pensionsfonds trifft es brutal, denn sie investieren hauptsächlich in langlaufende Gilts. Steigende Zinsen führen bei Langläufern zu besonders großen Kursrückgängen. Die Fonds müssen in ihren Bilanzen hohe Abschreibungen vornehmen. Neues Eigenkapital, um die plötzlichen Löcher zu schließen, können sie aber so schnell nicht auftreiben. Also müssen sie Papiere verkaufen – was den Abwärtsstrudel am Anleihemarkt immer weiter verstärkt.

In einer solchen Krise ist eine großzügige Notenbank gefragt. Die Bank of England hat ihre Zügel allerdings gerade erst richtig angezogen: Am Tag vor Kwartengs Rede hat sie nicht nur ihren Leitzins um 0,5 Prozentpunkte auf 2,25 Prozent angehoben. Sie wird zudem in wenigen Tagen beginnen, ihren eigenen Bestand an Gilts durch Verkäufe abzubauen. Sie wird auf diese Weise Geld einsammeln und die umlaufende Liquidität verringern. Bereits seit Februar ersetzt die britische Notenbank regulär auslaufende Anleihen nicht mehr durch Nachkäufe. Auf diesen »passiven Unwind« folgt nun – wie schon seit Monaten angekündigt – der »aktive«: also das Abstoßen von Anleihen.

Mitten in dieser Straffung müssen nun neue Bond-Käufe her. Die BoE kündigt ein Sonderprogramm an (Financial Stability Purchases)[62], das später auch auf die inflationsgeschützten Anleihen (»Linker«) ausgedehnt wird, die für die Pensionsfonds besonders wichtig sind. Die klare Ansage zu diesen Rettungskäufen: Sie werden gezielt sein, vorübergehend sein und möglichst schnell wieder zurückgeführt werden.

Die Maßnahmen greifen schnell, Mitte Oktober ist die Lage wieder im Griff. Für die Regierungschefin kommt die Beruhigung allerdings zu spät. Der *Daily Star* macht längst weltweite Schlagzeilen mit dem Livestream eines welkenden Eisbergsalats: Das Boulevardblatt geht die Wette ein, dass sich das Supermarktgemüse länger halten werde als die Premierministerin im Amt. Truss feuert Kwarteng, der alle Verantwortung auf sich genommen hat. Dann versucht sie ein eigenes Mea Culpa im Fernsehen: »Ich möchte die Verantwortung übernehmen und mich für die Fehler entschuldigen, die gemacht wurden«, erklärt sie in der BBC. »Ich wollte handeln, um den Menschen bei ihren Energierechnungen zu helfen und das Problem der hohen Steuern zu lösen, aber wir sind zu weit und zu schnell vorgegangen.« Sie werde im Amt bleiben, bekräftigt sie. Doch die eigene Partei revoltiert bereits. Am 20. Oktober muss Truss den Rücktritt erklären, am 24. übernimmt ihr Nachfolger: Der Ex-Schatzkanzler Rishi Sunak wird von Charles III. zum neuen Regierungschef ernannt.

Who dunnit – wer war schuld?

Die Premierministerin mit der kürzesten Amtsdauer in der britischen Geschichte sieht sich im Nachhinein als ein Opfer von Intrigen und »Verleumdung«. Sie hat eine Untersuchung gefordert und das Finanzministerium, die Bank of England und das OBR als eine »dreiköpfige Hydra« bezeichnet, die möglichst nahe an der EU bleiben wolle. Den Notenbankchef Andrew Bailey hat sie zum Rücktritt aufgefordert. Mit Bailey, der in der Krise der Märkte die Schlüsselrolle innehatte, war die Regierungschefin nie persönlich zusammengetroffen. Nach ihren eigenen Angaben hatte sie einen Gesprächstermin bereits vereinbaren lassen. Ihr Kabinettschef habe ihr aber von diesem Meeting abgeraten: Ein solches Treffen würde die Probleme nur weiter verschärfen.

In einem Interview mit dem US-Populisten und früheren Trump-Strategen Steve Bannon hat Truss sogar das Konzept einer unabhängigen Notenbank scharf und grundsätzlich angegriffen: Sie habe früher immer gedacht, dass sie als Chefin der Regierung in der Lage sein würde, ihre konservative Agenda umzusetzen. Sie habe dann aber entdeckt, dass nicht sie selbst oder ihr Schatzkanzler »die Hebel in der Hand hatten«, sondern die Bank of England und das OBR. Das sei ein »massives Problem«, so Truss: »Wenn der Gouverneur der Bank of England nicht entlassen werden kann, der Premierminister aber sehr wohl, dann hat der Gouverneur der Bank of England mehr Macht als der Premierminister. Das ist ein Problem in einer Demokratie.«

Klar ist, dass die hoffnungsvolle Volkstribunin ihren finanziellen Spielraum sträflich überschätzt hat. Der Tod der Queen mag sie abgelenkt haben; vielleicht waren auch die Börsen in diesem Moment eines Epochenwechsels besonders nervös. Mitten in einem Bremsmanöver der Bank of England einfach so mit Steuersenkungen Vollgas zu geben, war allerdings schon kühn. Die Planung und das Timing dieser thatcheristischen Revolte hätten ungeschickter kaum sein können. Auch ihr ehemaliger Finanzminister Kwarteng, ein wissenschaftlich ausgewiesener Finanzhistoriker, hält diesen Überschwang im Nachhinein für fatal: Steuersenkungen könnten sich niemals ganz von selbst refinanzieren, das eigentliche Problem des Landes sei das viel zu hohe Wachstum der Staatsausgaben. Kwartengs Krisenanalyse: »Die moderne Politik hat die Ausgaben von den Staatseinnahmen entkoppelt.«

In der Finanzwelt ist der sogenannte Truss-Moment seither zum geflügelten Wort geworden. Er steht für das Horrorszenario, dass auch ein reiches Land, das sehr hohe Schulden zu finanzieren hat, abrupt das Vertrauen der Märkte verlieren kann. Die Politik versinkt dann im Chaos, Börsen- und Währungscrash können allenfalls noch von der Notenbank gestoppt werden. Um die Gefahr eines solchen Absturzes zu verringern, ist zumindest ein seriöses Finanzmanagement notwendig. Ob das ausreicht, um eine Schuldenlawine auf Dauer unter Kontrolle zu halten, ist fraglich.

Vor dem Amtsantritt einer neuen Labour-Regierung im Sommer 2024 hat die Journalistin Katie Martin von der *Financial Times* die »erste Regel des Bond-Markts« formuliert: »Es macht einen großen Unterschied, ob man viel Geld leiht und dabei einen Anzug trägt oder ob man viel Geld leiht in einem Clownskostüm und mit überdimensionaler Wasserpistole. Das Erstere ist eine gute Idee.« Zusätzliche Verschuldung sei für Großbritannien möglich, aber die

Lehre aus dem Truss-Moment von 2022 heiße: Die Regierung muss Kompetenz zeigen und »auf übergroße Schuhe und bunte Overalls verzichten«.

Die neue Schatzkanzlerin, Rachel Reeves, versprach denn auch »eiserne Disziplin«, ihre Regierung hat sich in einer »Charter for Budget Responsibility« an fiskalische Regeln gebunden: Innerhalb von fünf Jahren soll das Ziel erreicht werden, die laufenden Ausgaben nur noch mit Steuern zu finanzieren. Neue Schulden würden dann ausschließlich für Investitionen gemacht. Die Netto-Schuldenquote, in einer neuen und umfassenderen Definition als »Public Sector Net Financial Liabilities« (PSNFL), soll stabilisiert und ab 2029 gesenkt werden. In Interviews sprach Reeves demonstrativ über die Sorgfalt ihrer alleinerziehenden Mutter, die »nur das ausgeben konnte, was sie sich leisten konnte«.

An der harten Schuldengrenze

Nach dem Abflauen der Inflation begann die Bank of England ab dem Sommer 2024, ihren Leitzins wieder zu senken. Dennoch zeigte sich, dass Großbritannien an den Finanzmärkten verwundbar bleibt: Schon Anfang 2025 geriet die Regierung erneut heftig unter Druck, als im Sog steigender Anleiherenditen in den USA auch die Zinsen der britischen Gilts anzogen. Der 30-jährige Zins kletterte auf den höchsten Stand seit mehr als einem Vierteljahrhundert, zugleich rutschte das Pfund erneut ab. Das Vereinigte Königreich sei »ein Hauptziel der Bond-Vigilanten« geworden, warnte die *Financial Times* (*FT*) in London in einem Leitartikel Mitte Januar 2025. Die steigenden Zinsen seien ein »Weckruf«. Die Regierung dürfe jetzt nicht in Panik verfallen, aber sie müsse ihre Strategie für mehr Wachstum und eine Senkung der Ausgaben endlich »schnell und detailliert darlegen«.

Dass der Bondmarkt einknickt, obwohl die Wirtschaft kränkelt und die Geldpolitik gelockert wird, ist höchst außergewöhnlich. Es zeigt, dass der Staat mehr Anleihen ausgibt, als die Investoren kaufen wollen, selbst in einem Umfeld, in dem Zinspapiere traditionell sehr gefragt sind. Hedgefonds-Gründer Ray Dalio sieht Großbritannien deshalb sogar schon auf dem Weg in jene fiskalische »Todesspirale«, die sich zu drehen beginnt, wenn steigende Zinsverpflichtungen das Budget sprengen und höhere Kreditaufnahmen erzwingen. Diese erhöhte Verschuldung alarmiert die Märkte dann noch weiter, sodass die Bondkurse fallen und die Zinsen erneut steigen. Ein »sich selbst verstärkender Schuldenverschlechterungszyklus« (Dalio) entsteht.

Auch die Krise Anfang 2025 beruhigte sich erst einmal wieder. Sie hat allerdings gezeigt, dass das Risiko eines Truss-Moments nicht schon dadurch verschwindet, dass eine Regierung bewusst seriös auftritt und radikale Manöver vermeidet. Auch äußere Umstände, die sich ihrer Kontrolle entziehen, können zu einer Gefahr werden. Die britischen Schwächeanfälle signalisieren, dass selbst eine hoch entwickelte Volkswirtschaft heute an die Grenzen des »Deficit Spending« stoßen kann.

Großbritannien verfügt dabei noch über einige Vorteile: Es ist sehr langfristig verschuldet, die durchschnittliche Restlaufzeit seiner Anleihen ist mit über 14 Jahren mehr als doppelt so lang wie die der anderen G7-Staaten. Es muss seine Kredite also weniger oft umwälzen. Es ist zudem der Sitz eines Weltfinanzzentrums, London, und es ist in einer eigenen, angesehenen Währung verschuldet.

Das britische Pfund hat seine Stellung als wichtigste Weltwährung zwar schon vor über 100 Jahren an den Dollar verloren. Noch immer werden aber rund 5 Prozent der weltweiten Devisenreserven in Pfund gehalten. Während ein Euro-Staat wie Italien über seine Währung gar nicht mehr national verfügen kann und die monetäre Souveränität an die EZB abgegeben hat, hat Großbritannien im Prinzip die Möglichkeit, eigenständig zu handeln. Eine britische Staatspleite lässt sich immer vermeiden, indem die Bank of England die benötigten Pfund aus dem Nichts heraus erzeugt.

Die besondere Achillesferse der Briten ist ihr chronisches Defizit in der Außenwirtschaft: Sie sind seit Langem auf den Zustrom ausländischen Kapitals angewiesen, um damit ständige Netto-Importe zu finanzieren. Verlieren die Kapitalgeber das Vertrauen in britische Anleihen, dann bricht das Pfund ein und seine besondere Stellung gerät in Gefahr. Verteuerte Importe heizen dann die Inflation an. Die unabhängige Bank of England muss sich dem entgegenstellen – notfalls auch in einem offenen und chaotischen Konflikt mit der Politik.

Für die britischen Regierungen, egal ob konservativ oder links, ist das Risiko lässiger Schuldenpolitik deshalb sehr hoch. Großbritannien muss für seine Anleihen ohnehin schon die höchsten Zinsen aller großen Industrieländer zahlen. Auf alle Symptome einer »Todesspirale« reagieren die Bondkurse und der Wechselkurs der Währung sehr empfindlich. Wer als Regierung die Warnsignale des Marktes ignoriert, bekommt es mit einer dominanten Bank of England und mit der Spekulation von »Bond-Vigilanten« zu tun. Das »Anything Goes«-Abenteuer der Liz Truss hat das besonders eindrücklich gezeigt: Der Preis für einen Schuldendurchmarsch, der sich allein auf den demokratischen Mehrheitswillen beruft, ist im Fall Großbritanniens eine existenzgefährdende Finanzkrise.

Fall 2: Der japanische Patient

Sie ist wieder da! – Zeitenwende auf Japanisch

Über 6,5 Millionen Menschen nutzen in Japans Hauptstadt Tokio täglich die Metro, eines der größten und effizientesten U-Bahnsysteme der Welt. Im Frühjahr 2023 erlebte eine ganze Generation jüngerer Fahrgäste eine ärgerliche Premiere: Zum ersten Mal seit 28 Jahren stiegen die Ticketpreise von Tokyo Metro. Das Unternehmen nannte Einmaleffekte wie die Investitionen für die Olympischen Spiele 2020 und den Umsatzeinbruch in der Pandemie als Begründung.

Doch die Fahrkarten werden sich künftig wohl häufiger verteuern. Steigende Löhne und Stromrechnungen seien die neue Normalität, hat 2025 Akiyoshi Yamamura verkündet, der Präsident des inzwischen teilprivatisierten und börsennotierten Unternehmens: »Die Faktoren, die zu steigenden Kosten führen, werden sich fortsetzen.«[63] Beim Verkehrsministerium werde man die entsprechenden Tariferhöhungen beantragen.

Nicht nur für Tokios Pendler hat eine neue Zeit begonnen: Nach Jahrzehnten fast regloser Preise ist das Thema Inflation zurück in Japan. Die große Teuerungswelle, die in der Pandemie die ganze Welt erfasste, beruhigte sich zwar auch hier recht bald wieder. Danach hielt sich die Inflationsrate aber ständig zwischen 2 und 3 Prozent, also sogar etwas oberhalb der Zielmarke, die in den USA und Europa angestrebt wird. Preistreiber waren erst die Energiekosten und die markante Schwäche des Yen, durch die alle Importgüter deutlich teurer wurden. Weil Japan Lebensmittel in großem Umfang einführt, traf das die Bevölkerung unmittelbar und schmerzhaft. Zum Ausgleich steigen zwar erstmals seit Jahren auch die Löhne wieder kräftig, mit Raten von über 5 Prozent. Doch in Teilen treibt das wiederum die Preise. Bei einer vorgezogenen Wahl im Herbst 2024 kassierte die Regierung von Premier Shigeru Ishiba eine desaströse Schlappe. Die zentralen Themen des Wahlkampfs waren ein Korruptionsskandal und die – für japanische Verhältnisse – schockierende Geldentwertung.

Seit den frühen 1990er-Jahren hatte die Inflationsrate hier fast immer unter 1 Prozent gelegen, in fast der Hälfte der Jahre fielen die Preise sogar. Tokios Notenbanker und Regierungen versuchten in dieser Ära geradezu verzweifelt, ihre stagnierende Wirtschaft anzukurbeln und die Preise etwas ans Laufen zu bekommen. So wurde in Japan erstmals das Krankheitsbild der »Bilanzrezession« (Richard Koo) diagnostiziert, das eine massive Staatsverschuldung als Heilmittel erfordert. Geld- und Fiskalpolitik wurden schließlich so perfekt kombiniert, dass selbst exorbitante Schulden kaum noch eine Meldung wert waren.

Japan wurde zum Labor für die radikalen Therapien, die nach der Weltfinanzkrise 2008/09 auch in den USA und in Europa zum Einsatz kamen. Nun muss die Politik ein Manöver vollführen, das in der Geschichte ohne Vorbild ist: Raus aus einer permanenten Stimulierung der Wirtschaft, mit rekordhohen Staatsschulden und der faktischen Abschaffung des Zinses – hin zur Bändigung der Preise und der Schuldenbombe.

»Whatever was necessary«

Die deflationäre Lähmung begann mit dem großen Crash ab 1990, als eine gewaltige Aktien- und Immobilienblase platzte und der Absturz sich in eine Dauerflaute verwandelte. Die fatale Ursache für die Große Depression in den 1930er-Jahren sei zurückgekehrt, erklärt 1998 der US-Ökonom Paul Krugman: Japan stecke in der »Liquiditätsfalle«. Der Rückzug in die Cash-Haltung ist in einer solchen Krise derart ausgeprägt, dass selbst radikal gesenkte Minizinsen keine Investitionen mehr auslösen. Die Instrumente der Notenbank greifen in einer Liquiditätsfalle ins Leere. Der Nachfragemangel wird chronisch, nur noch die Finanzpolitik kann mit schuldenfinanzierten Konjunkturprogrammen helfen.

Noch ein anderer prominenter US-Ökonom wirbt in diesen Jahren für massiven Stimulus: Ben Bernanke. Der Princeton-Professor, der später Chef der US-Notenbank wird, ist einer der besten Kenner der Großen Depression. Anfang 2000 empfiehlt er den Japanern die amerikanische Ankurbelungspolitik jener Zeit, rät zu »Roosevelt'scher Entschlossenheit« und Experimentierfreude. Japan, so Bernanke, müsse so radikal handeln wie einst die USA: »Whatever was necessary«.[64]

Nach seinem Einzug in die Fed unterstreicht Bernanke, dass die Aufgabe eines Notenbankers ganz verschieden sei, je nachdem, ob er es mit Inflation oder Deflation zu tun habe: »Bei Inflation, die oft mit einer übermäßigen Monetarisierung von Staatsschulden einhergeht, besteht die Tugend einer unabhängigen Zentralbank darin, dass sie gegenüber der Regierung Nein sagen kann«, erklärt er seinen japanischen Kollegen. Bei einer lang anhaltenden Deflation sei das aber anders: Eine übermäßige Geldschöpfung sei dann »wahrscheinlich nicht das Problem, und eine kooperativere Haltung seitens der Zentralbank kann angebracht sein«[65].

Die Bank of Japan hat diesen »kooperativen« Kurs tatsächlich radikal eingeschlagen. Bereits in den frühen 2000er-Jahren wird sie zum Pionier jenes Quantitative Easing (QE), das ein Jahrzehnt später auch in den USA und schließlich sogar in Europa eingesetzt wird: Die Notenbank kauft Staatsanleihen, finanziert also den Fiskus und zahlt dafür mit neu geschaffenem Geld. Für die Bankenwirtschaft ist dieses Geld der Rohstoff, mit dem sie ihrerseits neue Kredite schöpfen kann.

Ab 2013 geht die Bank of Japan »all-in«. Eine neue Regierung unter Shinzō Abe startet eine Vollgasstrategie, setzt auf einen Mix aus aggressiver Geld-, Fiskal- und Reformpolitik, um endlich aus der Stagnation auszubrechen. Als Teil dieser »Abenomics«, die der in Yale lehrende Ökonom Koichi Hamada entworfen hat, finanzieren die Notenbanker nun die Haushaltsdefizite in großem Stil.

Es ist der Bruch mit aller Orthodoxie, prominente Großspekulanten nehmen Japan ins Visier. George Soros etwa wettet gegen den Yen und warnt vor einer »Lawine«, die in Tokio niemand mehr stoppen könnte. Der US-Hedgefonds-Manager Kyle Bass, der einst die Subprimekrise rechtzeitig kommen sah, spricht von einer »Zeitbombe« bei den Schulden, Japans Finanzpolitik sei ein Schneeballsystem. Eine »ausgewachsene Krise«, in der Tokio die Kontrolle über Zinsen und Währung verliere, sei nur noch eine Frage der Zeit.

Der große Crash bleibt dennoch aus. Der Yen wertet gegenüber dem Dollar zwar kräftig ab, stabilisiert sich aber schließlich. Potenzielle »Bond-Vigilanten« bleiben immer machtlos gegen die Bank of Japan. Alle Wetten auf den scheinbar unvermeidlichen Absturz der japanischen Staatsanleihen (JGBs) gehen so regelmäßig schief, dass sie an den Finanzmärkten sprichwörtlich der »Witwenmacher-Trade« heißen.

Wie Japans Rekordverschuldung funktioniert

Japans Staatsschulden sind heute nicht nur wegen ihrer Höhe (brutto: rund 240 Prozent des BIP), sondern auch wegen ihrer Finanzierung einzigartig unter den Industrienationen. Geld- und Fiskalpolitik sind weitgehend verschmolzen, die permanenten Haushaltsdefizite der vergangenen Jahre wurden wesentlich durch die Geldschöpfung der Notenbank ermöglicht: Die Bank of Japan verwandelte sich in den ständigen Großaufkäufer von JGBs. War die Bilanzsumme der Notenbank, gemessen am BIP, zu Beginn der 2010er-Jahre noch ungefähr so groß wie die der EZB, so ist sie durch die »Abenomics« regelrecht explodiert: Bis 2020 wuchs sie von rund 30 auf rund 100 Prozent des BIP. In der Pandemie erhielt sie noch einen Extraschub, der nur langsam zurückgeführt wird. Anfang 2025 war die Bilanzsumme der BoJ mit rund 120 Prozent knapp dreimal so groß wie die der EZB und gut sechsmal so groß wie die der US-Fed.

Gut die Hälfte der japanischen Staatsverschuldung wird heute von der eigenen Notenbank gehalten. Rechnet man hinzu, dass ein weiterer substanzieller Teil der Staatsanleihen bei staatlichen Pensionsfonds liegt, dann ist die Nettoverschuldung des Staatssektors gegenüber Externen weniger als halb so groß wie seine Bruttoschulden.

2016 ging die Notenbank zusätzlich dazu über, die langfristigen Zinsen zu deckeln. Sie kündigte an, künftig an den Bondmärkten einzugreifen, um die Zinsen über alle Laufzeiten hinweg zu drücken und die Wirtschaft so weiter anzukurbeln. Mit diesem neuen Instrument der sogenannten »Yield Curve Control« (YCC) wurde der Zins für die zehnjährigen JGBs zunächst bei null fixiert.

Am verbliebenen unechten »Markt« für Anleihen konnte sich der Fiskus also kostenlos neu verschulden. Die Zinsen, die er auf die Papiere im Bestand der BoJ zahlt, fließen ohnehin an ihn selbst zurück. Schuldendienst gegenüber externen Gläubigern leistet der japanische Staat deshalb im Wesentlichen nur noch auf zwei Wegen: Die Regierung muss die zinstragenden Bonds bedienen, die noch von Privaten gehalten werden. Und die Bank of Japan muss gegebenenfalls einen Zins auf das von ihr erzeugte Zentralbankgeld zahlen: Das Geld, das für den Kauf der Staatsanleihen »gedruckt« worden ist, halten überwiegend die Banken in der Form von Guthaben bei der BoJ. Der Einlagesatz, den die BoJ auf diese Reserven gewährt, war von 2016 bis Anfang 2024 aber sogar negativ – die Banken mussten 0,1 Prozent Strafzins zahlen.

Unter dem Strich ist Japans Staatsverschuldung stabil, weil sie nominal fast kostenlos ist und schon eine geringfügige Inflation zu einem negativen Realzins führt – die Schulden also unsichtbar entwertet. Zentralbank und Pensionsfonds halten auf der anderen Seite Vermögenswerte, die sich attraktiv verzinsen. Das sind ausländische Anleihen, darunter die gigantischen Devisenreserven in US-Treasuries, aber auch große Positionen in heimischen und internationalen Aktien. So besaß die BoJ Anfang 2024 rund 80 Prozent aller japanischen ETFs mit einem Wert von rund 7 Prozent des gesamten japanischen Aktienmarkts.

Die Strategie der japanischen Regierung bestehe »im Kern darin, sich zu einem extrem günstigen Zinssatz zu verschulden und in risikoreiche, renditestarke Anlagen zu investieren«, urteilten 2023 zwei Ökonomen der US-Notenbank.[66] Dieser Faktor erkläre zumindest zum Teil, warum Japan trotz ständiger Defizite einen hohen Schuldenstand tragen könne.

Der kommende Drahtseilakt

Japans Stabilität wird in den USA und Europa manchmal als Beleg dafür herangezogen, dass der Verschuldungsspielraum der Politik um ein Vielfaches größer ist, als sich das »schwäbische Hausfrauen« vorstellen können. Formal ist dagegen einzuwenden, dass eine offene Monetisierung der Staatsschulden durch die europäische Notenbankverfassung (bisher) strikt verboten ist. Ökonomisch hat die superexpansive Geldschöpfung, die Politik des »Just print it!«, eine Voraussetzung, die inzwischen nicht einmal mehr in Japan gegeben ist. Nur in einem deflationären Umfeld, in dem Produktionsmöglichkeiten chronisch brachliegen, kann die Notenbank ohne Schaden beliebige Defizite finanzieren. Mittlerweile befinden sich die Geldpolitiker in der anderen Wirtschaftswelt, die Ben Bernanke in Tokio einst so beschrieb: »Bei Inflation besteht die Tugend einer unabhängigen Zentralbank darin, dass sie gegenüber der Regierung Nein sagen kann.«

Den Staatsfinanzen nützt die Inflation zunächst, denn das nominale Wirtschaftswachstum zieht an und die Zinsverpflichtungen werden durch die Teuerung ausgehöhlt. Die inflationsbereinigten Zinsen Japans verharrten sogar dann noch unter null, als die Realzinsen zunächst in den USA und später auch in Europa schon längst wieder deutlich positiv waren.

Auch das japanische Konstrukt wird aber brüchig, wenn das Geld für jeden spürbar seinen Wert verliert. Für die privaten Akteure wird es dann immer verlustreicher, ihr Vermögen in einem abrutschenden Yen oder in fast zinslosen JGBs zu halten. Umgerechnet etwa 9000 Dollar bewahren Japans Privathaushalte im Schnitt immer noch in der Form von Bargeld auf. Das entspricht zwar nur knapp 4 Prozent ihres Gesamtvermögens. Insgesamt halten sie aber gut die Hälfte ihres Vermögens in Bankeinlagen oder unverzinsten Scheinen. In Europa beträgt dieser Cash-Anteil nur gut ein Drittel, in den USA sogar nur ein Achtel. Seit einiger Zeit steigt das Interesse der Japaner an Wertpapieren und Auslandsinvestments merklich, getrieben auch durch ein neu geschaffenes, staatlich gefördertes Anlagekonto (NISA).

Die Bank of Japan hat vorsichtig begonnen, ihren ultralockeren Kurs zu straffen: Sie hob ihr Ziel für den Zehnjahreszins erst von 0 auf 1 Prozent, 2024 beendete sie dann die Politik der »Yield Curve Control« ganz. Gleichzeitig strich sie den Negativzins und kündigte an, den Einlagesatz schrittweise weiter anzuheben.

Verglichen mit den scharfen Leitzinserhöhungen in den USA und Europa waren das nur Mini-Manöver. Doch schon im Sommer 2024 zeigte sich, was für einen Drahtseilakt die BoJ vollführen muss. Damals ging der Yen auf Talfahrt, Japans Marktinterventionen verpufften und der Kurs brach schließlich durch die viel beachtete Marke von 160 Yen zum Dollar. Ende Juli griff die BoJ deshalb zur Schocktaktik: Überfallartig und so stark wie nie zuvor seit 2007 erhöhte sie ihren Leitzins, verkündete weitere monetäre Straffung und den Einstieg in ein Quantitative Tightening, sprich: den Abbau ihrer Bondbestände.

Der Coup stärkte sofort ihre Währung – löste aber zugleich einen heftigen Rumms an den weltweiten Finanzmärkten aus. Investoren, die in verschiedener Weise auf einen weiter schwachen Yen gewettet hatten, wurden kalt erwischt. Sofort tauchte die Frage auf, ob Japans Notenbank ihre harte Linie wirklich durchziehen kann. Der BoJ-Vizechef gab rasch Entwarnung: Man werde die Zinsen nicht erhöhen, »wenn die Finanzmärkte instabil sind«.

Die Verbindung zwischen Geld- und Fiskalpolitik ist in Japan so eng, dass die Regierung keinen »Liz-Truss-Moment« befürchten muss. Das Land ist durch seine immer noch hohen Ersparnisüberschüsse auch nicht von ausländischem Kapital abhängig. Die außenwirtschaftliche Leistungsbilanz Japans weist seit Mitte der 2010er-Jahre stabile Überschüsse in der Größenordnung von 3 Prozent des BIP aus. Lediglich 14 Prozent der Staatsschulden sind in der Hand von Ausländern, die den Yen als Reservewährung halten.

Die BoJ bewegt sich aber auf einem schmalen Pfad: Bleibt sie angesichts der Inflation zu zögerlich, dann droht eine Verselbstständigung der Teuerungsspirale. Jede Abwertung des Yen befeuert die Importpreise. Strafft die Notenbank dagegen zu rasch und schränkt ihre Anleihekäufe ein, dann droht ein Schock an den Bondmärkten. Die Furcht vor einer solchen Erschütterung des Finanzsystems ist in Japan auch Jahrzehnte nach dem großen Crash nicht verschwunden. Der Zins für langfristige Anleihen stieg zuletzt rasch, übertraf am sehr langen Ende teils sogar das Niveau Deutschlands. Als im Mai 2025 Forderungen nach Steuersenkungen aufkamen, verglich der Premierminister, Shigeru Ishiba, die Finanzlage seines Landes gar mit Griechenland.

Eine solche Gleichsetzung ist ökonomisch zwar in vieler Hinsicht unsinnig. Richtig ist aber, dass das rasch überalternde Japan aus seinen Schulden kaum noch herauswachsen kann. Um die realen Zinsen dauerhaft sehr niedrig oder sogar negativ zu halten, könnte es deshalb am Ende auch auf verstärkten Zwang gegenüber den Anlegern zurückgreifen. Schon lange stützt sich der Staat auf die Genügsamkeit seiner heimischen Kapitalsammelstellen. Japans Postbank, die noch immer mehrheitlich im Staatsbesitz ist, war historisch die wichtigste Spareinrichtung des Landes und zeitweise das größte Finanzinstitut der Welt. Die Postbank und andere institutionelle Anleger sind seit Jahrzehnten bereit, die JGBs auch bei negativen Realrenditen in ihr Portfolio zu nehmen. Sollten sie sich einmal abwenden, könnte der Staat sie mit verschärfter Regulierung wieder in die Pflicht nehmen.

Fall 3: Euro-Land – abgebrannt?

Riss-Management

Der 12. März 2020 wird ein XXL-Stresstag für Christine Lagarde. Weltweit breitet sich das neuartige Coronavirus aus. Die EZB-Chefin, die erst vor gut vier Monaten die Nachfolge Mario Draghis angetreten hat, berät an diesem Donnerstag mit ihren Kollegen und erklärt danach auf der Pressekonferenz in Frankfurt das Paket, mit dem die Währungshüter Europas Wirtschaft stabilisieren wollen.

Draußen auf den Straßen ist alles so wie immer, aber bei den Politikbeobachtern brodeln die Gerüchte. US-Präsident Donald Trump in Washington wird heute verkünden, dass die Pandemie ein nationaler Notstand sei, und er wird für alle Personen aus Europa und China eine sofortige Einreisesperre verhängen. Im Berliner Kanzleramt hat Angela Merkel einen Krisengipfel mit den Ministerpräsidenten einberufen, auch in Deutschland kommt der Lockdown: Die Behörden werden ab Freitag reihum die Schulen und Kindergärten schließen, alle öffentlichen Veranstaltungen absagen, selbst die Bundesliga fällt aus. »Gravierende Spuren in unserem Wirtschaftsgeschehen« wird die Kanzlerin ankündigen. In den kommenden Monaten müssen die Regierungen der Welt enorme Schulden machen.

Die berüchtigten »Bilder von Bergamo« gibt es noch nicht. Doch schon jetzt ist absehbar, dass das hoch verschuldete und vom Tourismus besonders abhängige Italien durch die Pandemie ins wirtschaftliche Mark getroffen werden könnte. Was also kann die EZB tun, wenn die Zinsen für Italiens Staatsanleihen steigen?, will ein Journalist in der Pressekonferenz von der EZB-Chefin wissen. Die Antwort Lagardes: »Nun, wir werden da sein, wie schon gesagt, und unsere Flexibilität nutzen. Aber wir sind nicht hier, um Spreads zu schließen.«

Der zweite Satz – »we are not here to close spreads« – schlägt an den zittrigen Märkten ein wie eine Bombe: Wird die EZB also Italien nicht helfen?! Die italienischen Zinsen schießen hoch, der Mailänder Aktienmarkt fällt an diesem Tag um 17 Prozent. Lagarde muss in höchster Eile noch am selben Nachmittag nachbessern. In einem Interview mit dem US-Wirtschaftssender CNBC versucht sie, die Panik mit dem richtigen Notenbanker-Sprech wieder einzufangen. »Ich bin fest entschlossen, eine Fragmentierung in einer für den Euro-Raum schwierigen Zeit zu vermeiden. Hohe Spreads aufgrund des Coronavirus beeinträchtigen die Übertragung der Geldpolitik. Wir werden die im Programm zum Ankauf von Vermögenswerten enthaltene Flexibilität nutzen, auch im Rahmen des Programms zum Ankauf von Staatsanleihen. Das heute verabschiedete Paket kann flexibel eingesetzt werden, um Verwerfungen auf den Anleihemärkten zu vermeiden, und wir sind bereit, die notwendige Entschlossenheit und Stärke an den Tag zu legen.«

Klartext: Selbstverständlich deckeln wir Italiens Zinsen! Dieser Nachtrag im TV-Interview ist so wichtig, dass er später sogar als Fußnote in das offizielle englische Wortprotokoll der Pressekonferenz eingefügt wird. Lagardes ursprüngliches Statement war an sich schon richtig: Ein Mandat, die »Spreads zu schließen«, hat die EZB nicht. Mit dem Argument, dass hohe Spreads »die Übertragung der Geldpolitik beeinträchtigen«, hatte sich aber bereits ihr Vorgänger Draghi freie Hand verschafft. In der Finanzszene wird das Signal sofort verstanden.

Lagardes Patzer wird ihrer Unerfahrenheit als Notenbankerin zugeschrieben. Sie kommt aus der Politik, war zuvor die Chefin des IWF. Die Märkte reagieren aber vor allem deshalb so scharf, weil einmal mehr der schwache Punkt der Währungsunion ins Scheinwerferlicht geraten ist: Was passiert, wenn ein großes und hoch verschuldetes Land keinen Kredit mehr bekommt? Wer stützt im Notfall Italien? Oder in Zukunft vielleicht Frankreich?

Die Schuldenquote der Euro-Zone als Ganzes ist geringer als die der USA. Mit knapp 90 Prozent 2024 liegt sie auch noch knapp in einem Bereich, in dem die Schuldenkritiker die Risiken und Nebenwirkungen für überschaubar halten.[67] Hinter der passablen Zahl verbergen sich aber zwei völlig verschiedene Welten:

- Acht der 20 Euro-Staaten hatten 2024 nach dem Urteil des Debt Sustainability Monitor der EU-Kommission ein mittelfristig »hohes« Risiko der Schuldentragfähigkeit; besonders problematisch ist die Lage in Italien, Frankreich, Spanien, Griechenland, Belgien und Portugal, auf die zusammen rund die Hälfte des Euro-Zonen-BIP entfällt. Die zusammengerechnete Schuldenquote dieser Sechsergruppe erreicht fast 120 Prozent, an der Spitze der Liste stehen Griechenland (158), Italien (136) und Frankreich (114). Die Länder in der Gruppe der europäischen Großschuldner zählen zu den am höchsten verschuldeten Staaten der Welt.
- »Niedrige« oder »mittlere« Tragfähigkeitsrisiken sieht die Kommission dagegen in zwölf Euro-Ländern, die meisten kleineren Staaten fallen in diese Kategorie. Ihre zusammengerechnete Schuldenquote beträgt nur 59 Prozent. Die Wirtschaftskraft dieses soliden Dutzend entfällt zu rund 80 Prozent auf Deutschland und die Niederlande. Allein der deutsche Anteil beträgt fast zwei Drittel.

Die Schuldenlast der fragilen Euro-Länder ist also fast doppelt so hoch wie die der stabilen. Deutlich erkennbar wird die Bedeutung Deutschlands, das als größte europäische Volkswirtschaft den Stabilitätsanker der Währungsunion bildet. Es selbst profitiert in Krisensituationen von seinem Status als der »sichere Hafen«: Das nervöse Kapital flieht dann stets in die Bundestitel und drückt deren Renditen. Der deutsche Anteil am BIP der Euro-Zone beträgt knapp 30 Prozent, die liquiden Bundesanleihen sind für den Kapitalmarkt das Euro-Papier mit dem geringsten Risiko. Alle anderen Staaten zahlen für ihre Schulden jeweils den deutschen Zins plus Aufschlag x.

Den höchsten Risikozuschlag muss das hoch verschuldete Italien zahlen: In ruhigen Zeiten bewegte sich »Lo Spread« in der Vergangenheit bei etwas über einem Prozentpunkt; brauten sich Krisen zusammen, sprang der Abstand zum deutschen Zins aber rasch auf 2 oder 2,5, in der Spitze der Eurokrise 2011 sogar auf gut 5 Punkte. Italiens Staatsfinanzen geraten dann ins Wanken, die Gefahrenzone für das Land beginnt nach Ansicht einiger Analysten schon bei einem Zinssatz von deutlich über 4 Prozent.

Abgesichert wird der schiefe Turm der Union seit der Euro-Krise durch fiskalische und monetäre Schutzzusagen. Für Schuldner in einer Notlage gibt es heute die Feuerwehrmittel des ESM-Fonds (European Stability Mechanism), der von den EU-Partnern garantiert wird und der unter Reformauflagen hohe Kredite bereitstellen kann. In der Pandemie wurde auch die Schlagkraft des gemeinsamen EU-Budgets gestärkt: Für das »Wiederaufbauprogramm« NextGenerationEU wurden erstmals in großem Stil gemeinschaftliche Schulden aufgenommen. Die entscheidende Deckung kommt aber immer von der EZB: Seit dem »Whatever it takes« Mario Draghis im Juli 2012 ist klar, dass die Notenbank die benötigten Mittel drucken wird, falls eine Staatsschuldenkrise anders nicht mehr zu beherrschen ist.

»Weil es Frankreich ist«

Der ursprüngliche Plan für den Euro war ganz anders gewesen. Destabilisierende Staatsverschuldung und inflationsgeneigte Geldpolitik sollten durch die Regeln der Maastricht-Verträge schon von vornherein ausgeschlossen werden. Einige der deutschen Befürworter der Währungsunion hatten gerade wegen dieses einzigartigen Regelwerks große Hoffnungen auf das Euro-Projekt gesetzt: Der alles verändernde Schritt liege darin, dass in dieser Währungsunion »der einzelne Staat seine Schulden mit Geld bezahlen muss, das er nicht selbst herstellen kann«, betonte etwa Olaf Sievert, der frühere

Vorsitzende des deutschen Sachverständigenrats.[68] Die Staaten verzichteten damit bewusst auf eigene Handlungsfreiheit und unterwürfen sich dem »Rationalitätsdruck einer konsequent stabilitätsbewussten Geldpolitik«; sie akzeptierten »mehr Objektivierung, als je für eine Papierwährung geschaffen worden ist, mehr auch als in der Bundesrepublik«.

Auch diese neue Währung werde zwar »Menschenwerk bleiben«, so Sievert. Doch das europäische Vertragskorsett, mit einer unabhängigen, eng auf die Preisstabilität verpflichteten Notenbank, sei »nach menschlichem Ermessen praktisch unabänderbar«. Der stabile Euro werde als Band halten, »solange der grundlegende ordnungspolitische Konsens hält, der einen Staatenbund tragen muss«.

Selbst in der Euro-Krise schien dieser Konsens noch durchsetzbar. Damit weitere Krisen definitiv nicht mehr entstehen können, wurde 2011 der »Stabilitäts- und Wachstumspakt« noch einmal verschärft: Die Regierungen sind zur jährlichen Vorlage eines »Nationalen Stabilitätsprogramms« verpflichtet. Das soll zusätzliche Disziplin, Prävention und wechselseitige Abstimmung gewährleisten.

Die Finanzen einiger Länder laufen trotzdem aus dem Ruder, das Großrisiko heißt inzwischen nicht mehr nur Italien. Europas zweite Schuldenbombe tickt in Frankreich, der neben Deutschland wichtigsten Euro-Volkswirtschaft. Noch Anfang der 1980er-Jahre lag die französische Schuldenquote unter der deutschen, sie betrug damals rund 20 Prozent. Seither steigt sie fast ununterbrochen: Bis zum Einstieg in die Währungsunion hatte sie sich schon verdreifacht, mit der Weltfinanzkrise folgte dann der nächste große Schub. Laut IWF-Prognosen wird sie 2027 das Doppelte des Maastricht-Limits von 60 Prozent erreichen.

Frankreich ist zudem auf Kapitalzuflüsse aus dem Ausland angewiesen. Während Italien im Außenhandel leichte Überschüsse erwirtschaftet, ist die französische Leistungsbilanz seit Jahren tendenziell im Defizit. Etwa die Hälfte der französischen Staatsschulden wird von Ausländern gehalten.

Der wichtigste Treibsatz der Verschuldung sind Frankreichs außergewöhnlich hohe Staatsausgaben: Sie sind, gemessen am BIP, höher als in jedem anderen Land der Welt (abgesehen von einigen Südseeinseln), 2024 betrugen sie gut 57 Prozent des BIP. Ausgabenquoten von regelmäßig weit über 50 Prozent erreichen in Europa sonst nur Belgien, Finnland und Italien, die ebenfalls in chronischen Haushaltsnöten sind.

Immer mehr für den Etat

Staatsausgaben in Prozent des BIP			
	2024	2000	Anstieg in Punkten
Frankreich	57,2	51,7	5,5
Belgien	54,3	49,1	5,2
Italien	50,6	45,9	4,7
Deutschland	49,5	45,1	4,4
Schweden	49,3	53,1	-3,8
Niederlande	44,1	44,2	-0,1
UK	44,0	36,8	7,2
Kanada	44,7	41,1	3,6
Japan	39,4	36,0	3,4
USA	37,6	31,7	5,9

Quelle: IWF

Den bewussten Schwenk zu einer Politik der hohen Ausgaben und der hohen Defizite begann einst François Mitterand, der sozialistische Präsident, der als linker Hoffnungsträger ab 1981 einen radikal expansiven »dritten Weg« versuchte. Mitterand musste sein Experiment zwar schon nach kurzer Zeit abbrechen. Weichenstellungen wie eine strategische Arbeitszeitverkürzung, die Rente mit 60 und der starke Ausbau des öffentlichen Dienstes wirken aber bis heute.

Frankreich habe damals »die Verschuldung entdeckt, um ein Sozialmodell zu finanzieren, das es sich durch Wettbewerbsfähigkeit nicht leisten kann«, sagt der frühere EU-Kommissar Thierry Breton, der als französischer Finanzminister von 2005 bis 2007 vorübergehend einmal eine Reduktion der Schulden durchsetzte. Nach Ansicht Bretons braucht sein Land dringend einen Mentalitätswechsel: Frankreich habe auf die Verschuldung ein politisches Modell gebaut, das zum »Credo einer ganzen Generation« geworden sei.

Europas Fiskalregeln wurden gegenüber Frankreich in der Vergangenheit oft nur abgeschwächt angewendet. Auf die Frage, warum das so sei, gab der damalige EU-Kommissionspräsident Jean-Claude Juncker im Mai 2016 die berühmt gewordene Antwort: »Weil es Frankreich ist.« Er selbst kenne das Land sehr gut, »seine Reflexe, seine internen Reaktionen, seine vielen Facetten«. Die Fiskalregeln sollten daher nicht »blind« angewendet werden.[69]

Der Pragmatismus im EU-Alltag und vor allem die Rettungspolitik in den Krisenphasen haben die Struktur der Währungsunion über die Jahre gründlich verändert. Ursprüngliche Prinzipien wie das Verbot einer Kollektivhaftung für nationale Schulden (No-Bail-Out-Klausel, Artikel 125 AEUV) und das Verbot einer monetären Staatsfinanzierung (Artikel 123 AEUV) werden in der Praxis stark relativiert. Das Urteil der Kapitalmärkte, die mit differenzierten Zinsaufschlägen schlechte Politik bestrafen und gute Politik belohnen können, ist nur noch ansatzweise wirksam.

Seit den innenpolitischen Krisen 2024 muss Paris zwar erstmals seit Jahrzehnten höhere Zinsen für neue Schulden zahlen als Deutschland. Der Spread zu den Bundesanleihen sprang seinerzeit rasch auf das Niveau von Spanien. Die schützende Hand der EZB dämpft solche Signale aber systematisch. Spekulierende »Bond-Vigilanten« sind in Europa heute eng angeleint.

Christine Lagarde hat im Juni 2022 noch einmal demonstrativ nachgelegt. Die Inflation war damals außer Rand und Band geraten, in den USA wurde abrupt klar, dass die Fed nun endlich mit aller Macht den Kampf dagegen aufnehmen würde. Italiens Staatsanleihen knickten weg, ihre Verzinsung schoss erstmals seit 2014 über die 4-Prozent-Marke. In einer kurzfristig improvisierten Videokonferenz aus dem Untergeschoss eines Londoner Hotels verabredete die EZB-Chefin mit ihren Kollegen ein neues Beruhigungssignal und Präventions-Tool, das sogenannte Transmission Protection Instrument (TPI): Selektive Bondkäufe durch die Notenbank sind damit möglich, falls eine »ungerechtfertigte, ungeordnete Marktdynamik« einmal die »reibungslose Übertragung der Geldpolitik auf alle Euro-Länder« bedrohen sollte.

Richtung Verschuldungsunion

Seit der Einführung des Euro ist sein Zerfall immer wieder vorhergesagt worden. Die ökonomische Logik spricht dafür: In einem Verbund aus einem Hart- und einem Weichwährungsraum sind die Fliehkräfte auf die Dauer kaum zu beherrschen. Der Block um Deutschland, auch die »Frugalen« oder die »Hanse« genannt, beharrte in der Vergangenheit typischerweise auf Stabilität und Austerität. Die hoch verschuldeten Länder des Südens benötigten dagegen Abwertung und Inflation. Eine zentralisierte Finanzpolitik mit einem Transfersystem, das diese Kluft auf Dauer überbrücken könnte, war in den Plänen für den Euro nicht vorgesehen und in der benötigten Größe auch nie politisch durchsetzbar.

Die Regierungen und die europäischen Institutionen haben ihr politisches Projekt aber immer mit höchstem Einsatz verteidigt. Die Krise in Griechenland wurde 2015 zur Nagelprobe: Der damalige Bundesfinanzminister Wolfgang Schäuble (»isch over«) drängte auf den »Grexit« – doch die Kanzlerin Angela Merkel entschied sich für die Einheit der Euro-Union (und verdeckte Schuldenhilfen für Griechenland).

Seit dem russischen Angriff auf die Ukraine und dem radikalen »America first« der Trump-Revolution sind die geopolitischen Argumente für den Zusammenhalt stärker denn je: In der neuen Welt der Bedrohungen ist der Euro Staatsräson geworden.

Die ursprünglichen Stabilitätsregeln verblassen damit noch weiter. Die verbliebenen fiskalischen Reserven werden bis ans Limit mobilisiert: Nach der großen Finanzkrise ab 2008 und der Pandemie ab 2020 folgt nun der nächste Ausgabenschub von historischen Dimensionen. Der Aufbau eines eigenständigen, von den USA unabhängigen Militärapparats wird die Staatshaushalte in der Größenordnung von mehreren Prozentpunkten des BIP belasten. Rechnet man die geplanten Infrastrukturinvestitionen hinzu, dann wird dieser fiskalische Stimulus nur noch von den Rekordausgaben während der Covid-Pandemie übertroffen.

Mit der »Merz-Wende« haben die Deutschen sich einen neuen Schuldenspielraum von rund 1000 Milliarden Euro geschaffen. Sie haben allerdings zunächst auch die Krise ihrer Nachbarn verschärft. Denn die neue deutsche Schuldenwelle schwappt auf alle Europäer über: Für die kommende Flut neu emittierter Staatsanleihen müssen schließlich Käufer gefunden werden.

Der Sprung der deutschen Zinsen, der nach der Aushebelung der Schuldenbremse Anfang März 2025 zu beobachten war, übertrug sich sofort auf die Partner, die für ihre Anleihen jeweils den deutschen Zins »plus x« zahlen. Für die hoch Verschuldeten ist jeder Anstieg ihrer Kreditkosten überproportional schmerzhaft: Während der deutsche Staat 2024 nur etwa 1 Prozent des BIP für seine Zinsen aufbringen musste, war die Zinslastquote Frankreichs bereits gut doppelt so groß. In Italien betrug sie mehr als das Vierfache.

Den bekannten alten Forderungen, das Korsett des Stabilitätspakts zu lockern, wird sich Deutschland deshalb künftig noch weniger widersetzen können. Zugleich wächst der Druck auf die EZB, das Geld billig zu halten und gefährdeten Staaten aus der Bredouille zu helfen. Im sicherheitspolitischen Ausnahmezustand entwickelt sich die Währungs- noch stärker zu einer Schuldenunion. Die finanziell angeschlagenen Staaten müssen zunehmend durch einen – wenigstens indirekten – Bonitätstransfer stabilisiert werden: Übernimmt Deutschland einen überproportionalen Teil der neuen Verteidigungsausgaben, dann entlastet das seine hoch verschuldeten Nachbarn.

Die deutsche Rolle als der wirtschaftliche Anker der Union erscheint vorerst noch ungefährdet. Die erhöhten deutschen Defizite werden erst einmal für mehr Nachfrage sorgen und das nominale Wachstum vorübergehend beschleunigen. Die Ratingagenturen sahen deshalb auch nach der spektakulären »Merz-Wende« keine Gefahr für das deutsche Triple-A.

Die dauerhafte Tragfähigkeit der europäischen Schulden hängt allerdings an einer entscheidenden Voraussetzung: Das Wachstum muss zurückkehren und sich nachhaltig beschleunigen. Ob das mit der jüngsten Schuldenoffensive gelingt, ist keineswegs sicher. Die neuen Ausgaben für Rüstung oder auch »Investitionen in die soziale Infrastruktur« sind aus volkswirtschaftlicher Sicht Konsum. Arbeitskräfte und Kapital werden dafür aus anderen Projekten abgezogen. Steigende Zinsen verdrängen private Investitionen, das sogenannte Crowding-out schwächt die Wachstumskräfte.

Das bisherige große Projekt der Europäer, die beschleunigte grüne Transformation, ist zunächst einmal kein Wachstumstreiber, sondern eine Belastung für die Staatsfinanzen. So rechnen die Ökonomen, die für Frankreichs Regierung die Folgen der Klimapolitik analysierten, für die Phase des Übergangs zur CO_2-Neutralität mit zusätzlichen Ausgaben, sinkenden Staatseinnahmen und einem langsameren Wachstum.[70] Bei dem notwendigen grünen Umbau entstünden zunächst kaum zusätzliche Kapazitäten oder wirtschaftliche Effizienzvorteile. Das Produktivitätswachstum werde deshalb sinken. Frankreichs Schuldenquote könne durch die Klimapolitik bis 2030 um bis zu 10, bis 2035 um bis zu 15 und bis 2045 um bis zu 25 Prozentpunkte ansteigen.

Auch der Teuerungsdruck werde in dieser Phase steigen. Die Währungshüter sollten daher »ihren geldpolitischen Ansatz klären«, schreiben die französischen Ökonomen. Ihre Empfehlung mit Blick auf die EZB und Christine Lagarde: Wahrscheinlich werde man das Inflationsziel »vorübergehend anheben müssen«.

Frankreichs Präsident hat sich diese These entschieden zu eigen gemacht: In einer programmatischen Rede vor der Pariser Sorbonne, die er im Juni 2024 unter den dramatischen Titel »Europa – es kann sterben« stellte, hat Emmanuel Macron unterstrichen, dass es »überholt« sei und nicht länger angehe, die Geldpolitik ausschließlich an der Inflationsrate auszurichten.[71] Es brauche eine »theoretische und politische Debatte« darüber, wie in die Ziele der EZB zumindest ein Wachstumsziel und ein Klimaziel aufgenommen werden können. Diese Änderung, so Macron, sei »absolut unerlässlich«.

Ihr bisheriges Ziel, die Sicherung der Preisstabilität, hatte die EZB nach der heftigen Inflation ab 2021 noch einmal energisch bekräftigt. Auch aus ihrer Rolle als Staatsfinanziers wollten sich die Notenbanker eigentlich nach der Pandemie wieder herausziehen: Mitte 2025 hielt die EZB zwar noch immer ein gutes Viertel aller Staatsschulden der Euro-Länder; sie hatte aber alle Anleihekaufprogramme beendet und ließ ihre Bestände dadurch abschmelzen. Die Staatsräson der Schuldenunion wird den Spielraum der Notenbanker künftig stark einschränken: Der Finanzbedarf der Staaten hat in den Zeiten großer Bedrohungen immer Vorrang.

Unter dem Druck der äußeren Gefahren könnte die europäische Wirtschafts- und Finanzarchitektur noch einmal grundlegend verändert werden. Schon jetzt zeichnet sich ab, dass die gemeinsame Verteidigung zu dem Klebstoff werden soll, der die »Frugalen« und die Ausgabefreudigen dauerhaft verbinden und zusammenhalten kann. Gemeinschaftliche EU-Anleihen, die 2020 von den Regierungen nur als einmalige Ausnahme für den »Wiederaufbau« nach der Pandemie bewilligt wurden, werden künftig wieder oben auf der Agenda stehen. Mehr dazu im Teil 4.

Fall 4: The Big One – Amerika

»Der Tag, an dem der Dollar starb«

Im Weißen Haus nannten sie ihn »The Blade«: die Klinge. Mitch Daniels war der erste Budgetdirektor des Präsidenten George W. Bush, später stutzte er auch als Gouverneur von Indiana und als Präsident der Purdue University Ausgaben konsequent und geschickt. Daniels gilt als freundlich, bodenständig und unaufgeregt. In Sachen Staatsschulden setzt der erfahrene Kostensenker inzwischen auf bissigen Sarkasmus: Im Wahlkampfherbst 2024 veröffentlichte er einen Gastbeitrag in der *Washington Post*, in dem er dazu aufrief, einen Notfallplan für die kommende Fiskalkatastrophe zu erarbeiten.[72]

In seiner früheren Karriere als Pharmamanager sei es Standard gewesen, sich für Krisenszenarien zu rüsten, so Daniels. In der linken unteren Schublade seines Schreibtisches habe er immer mehrere solcher »Red Book«-Pläne aufbewahrt. Angesichts der Rekordschulden der USA müsse sich nun auch die Politik auf den Vertrauensverlust und den abrupten Rückzug ihrer Kreditgeber vorbereiten. Die »kataklysmische« Fiskalkrise sei kaum noch abwendbar, deshalb solle man zumindest überlegen, was am »Tag des Jüngsten Gerichts« zu tun sei. Denn der Crash komme immer plötzlich: »Das wäre dann kein guter Zeitpunkt, um mit dem Denkprozess zu beginnen.«

»Vorbereitung auf das Armageddon«, »Aufsteigen aus der Asche« oder »Der Tag, an dem der Dollar starb« schlug Daniels als mögliche Titel für die Planungskonferenzen vor. Dort sei dann zu klären, welche Staatsleistungen man sofort streichen könne und wie die Verteidigung aufrechtzuerhalten sei. Welche Steuern man erhöhen und welches Staatseigentum man verkaufen müsse. Und welcher »Haircut«, also welches Ausmaß an Verzicht, von den Gläubigern im In- und Ausland gefordert werden kann.

Gefährlicher noch als die leere Kasse sei die soziale Explosion, so Daniels: Schwere Unruhen drohten in dem Moment, »wenn (nicht falls) Millionen von Amerikanern erklärt werden muss, dass auf ihre Trust Funds kein Verlass mehr ist und die Leistungen daraus gekürzt, teilweise drastisch gekürzt werden«. Das »Gefühl des gesellschaftlichen Verrats« und der damit einhergehende Wirtschaftskollaps könnten zu massiven Gewaltausbrüchen führen. Auch für diesen Fall müsse ein Plan her: Welche Notstandsklauseln greifen? Und wie wird eigentlich das Kriegsrecht verhängt?

Die Schockszenarien des Spar-Veteranen aus dem Mittleren Westen waren vor allem ein politischer Weckruf. Den beschriebenen Zahlungsausfall könnten die USA schließlich stets vermeiden, indem sie die benötigten Dollar einfach drucken. Daniels' Befund ist aber unbestritten: Fast alle Analysten sind sich heute einig, dass die Staatsverschuldung der führenden Wirtschaftsmacht der Welt auf lange Sicht nicht mehr tragfähig ist: Amerikas Schuldenquote wächst seit Jahren ungebremst in historisch nie gekannte Höhen.

Da die USA zugleich das globale Finanzzentrum sind und ihre Dollar-Papiere als das krisensichere »Safe Asset« schlechthin gehandelt werden, tickt hier eine Schuldenbombe für die ganze Weltwirtschaft. Eine Lira-isierung des Dollar würde den Gläubigern der USA erhebliche Verluste aufzwingen und die internationale Ordnung nicht nur finanziell, sondern auch politisch erschüttern.

Die fiskalischen Kennziffern der USA sind durchgängig alarmierend: Nach den offiziellen Prognosen wird das jährliche Haushaltsdefizit auch auf mittlere Frist rund 5 Prozent des BIP erreichen. Die Brutto-Schuldenquote übersteigt inzwischen die Marke von 125 Prozent des BIP und steuert auf das Niveau des ewigen europäischen Schuldenpatienten Italien zu.

In der engeren Berechnungsweise des Congressional Budget Office (CBO) ist die sogenannte »debt held by the public« inzwischen ungefähr so hoch wie das BIP. Diese Kennzahl lässt Kredite innerhalb des US-Staatsapparats außer Acht, Anleihebestände der Rentenversicherung (Social Security) etwa werden nicht eingerechnet. Die Bonds, die bei der Fed liegen, werden aber als »debt held by the public« mitgezählt. Projektionen des überparteilichen CBO zeigen einen steilen Anstieg der Schuldenquote in den kommenden Jahrzehnten. Die neuen Steuersenkungen unter Trump werden das Problem noch verschärfen.[73]

Außer Kontrolle – Staatsschulden der USA in Prozent des BIP

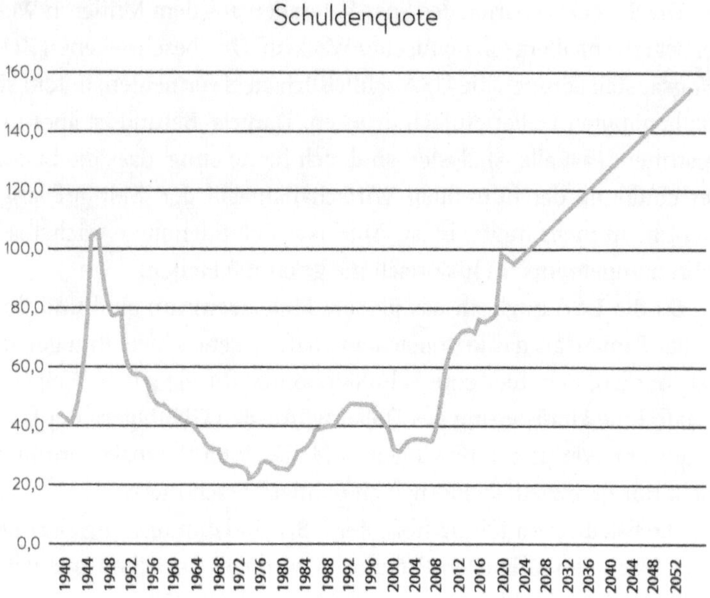

In der Abgrenzung »debt held by the public«, d.h. ohne internen Schuldendienst des Staates. Ab 2025: Projektion.
Quelle: Congressional Budget (CBO)

Der Anteil der Zinsausgaben am US-Bundeshaushalt beträgt heute etwa ein Siebtel, er ist damit so hoch wie in den 1980er- und 1990er-Jahren. Damals waren allerdings zum Teil zweistellige Zinssätze fällig, denn die Inflationswelle der 1970er hatte die Investoren aufgeschreckt und die Fed hatte die Zinsen drastisch erhöht. Als die Inflation schließlich verschwand, fielen auch die Zinssätze deutlich. Heute geht der Trend in die Gegenrichtung: Der Zinsanstieg der frühen 2020er-Jahre frisst sich erst noch in den Haushalt. Weil zugleich der Schuldenberg ständig wächst, wird der Zinsdienst Mitte der 2050er-Jahre knapp ein Viertel des US-Staatshaushalts verschlingen, projiziert das CBO.

Eskalierende Folgekosten

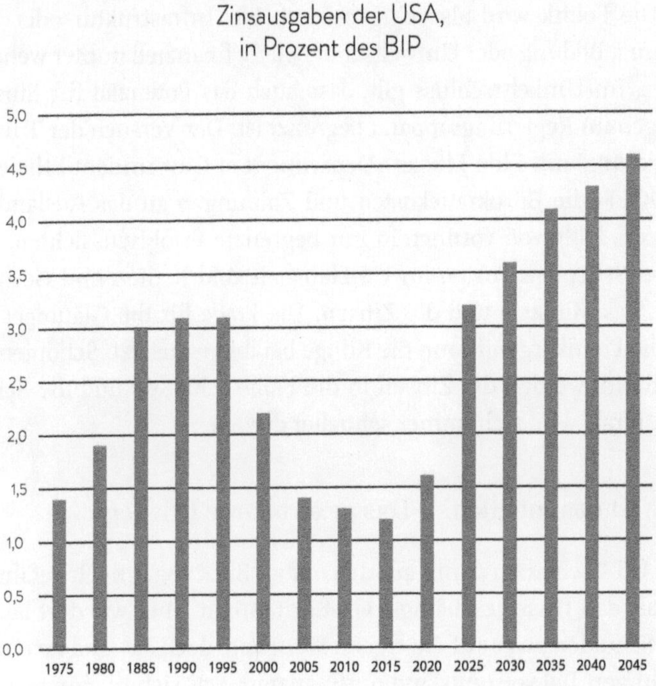

In der Abgrenzung »debt held by the public«, d.h. ohne internen Schuldendienst des Staates. Ab 2025: Projektion.
Quelle: Congressional Budget Office (CBO)

Obendrein werden auch die staatlichen Ausgaben für das Gesundheits- und das Rentensystem in der alternden Gesellschaft rasant steigen. Rechnet man die Zahlungspflichten aus Verschuldung und Sozialstaat zusammen, dann bleibt der Politik kaum noch Gestaltungsspielraum. Schon heute machen die sogenannten »diskretionären«, also nicht durch Zinspflicht oder Sozialgesetze vorgegebenen Ausgaben, lediglich knapp 30 Prozent des US-Bundeshaushalts aus. Davon fließt wiederum fast die Hälfte in das Militär. In 30 Jahren wird der »diskretionäre« Ausgabenanteil nach den CBO-Projektionen weit unter 20 Prozent liegen.

Die Politik wird also eingemauert: Für Infrastruktur oder Forschung, Bildung oder Umweltschutz bleibt finanziell immer weniger Platz. Im Umkehrschluss gilt, dass auch das Potenzial für Einsparungen im Regierungsapparat begrenzt ist. Der Versuch der Trump-Regierung, mit Elon Musks »Department of Government Efficiency (DOGE)« die Bürokratiekosten und Zahlungen an das Ausland zu kürzen, hatte von vornherein nur begrenzte Erfolgsaussichten. Die beherrschenden Posten im US-Haushalt sind Renten und Gesundheit, das Militär – und die Zinsen. Die Frage für die Gläubiger ist, ob die Politik irgendwann die Klinge bei ihnen ansetzt. Schöpfen sie Verdacht, werden die Zinsen in die Höhe schießen und die Schuldenspirale wird sich immer schneller drehen.

Wie ist das möglich? – Das »exorbitante Privileg«

Die USA scheinen damit auf den ersten Blick sogar noch gefährdeter als das Truss-geschädigte Großbritannien. Hier wie dort lauten die Schulden zwar auf die eigene Währung; doch sie sind zu einem wichtigen Teil vom Ausland mitfinanziert, was sich in einem strukturellen Defizit der Leistungsbilanz spiegelt. Die US-Schulden sind obendrein noch höher und sehr viel kurzfristiger finanziert. Während die durchschnittliche Laufzeit der britischen Schuldtitel rund 15 Jahre beträgt, sind es in den USA nur etwa sechs Jahre. Rund ein Drittel der US-Papiere sind T-Bills mit einer Laufzeit von weniger als einem Jahr, sie müssen also fast ständig erneuert werden.

Möglich wird Amerikas Schuldenpolitik allein durch seinen Sonderstatus, der oft auch als sein »exorbitantes Privileg« bezeichnet wird. Der Begriff, den der französische Politiker (und spätere Präsident) Valéry Giscard d'Estaing in den 1960er-Jahren prägte, beschreibt Amerikas Rolle als Herausgeber und Verwalter der führenden Reservewährung: Im Dollar will die ganze Welt ihre Rücklagen halten, der US-Finanzmarkt ist breiter gefächert und liquider als jeder andere. Die Schuldtitel der US-Treasury gelten als das »Safe Asset«, auf das man sich zu allen Zeiten verlassen kann. Der Zins für die kurzfristigen T-Bills dient den Finanzmärkten denn auch als der sogenannte »sichere Zins«: der zentrale Referenzpunkt, aus dem alle anderen Zinsen und Preise für riskantere und länger laufende Papiere abzuleiten sind.

Ein »Safe Asset«, so formuliert es der Princeton-Ökonom Markus Brunnermeier, sei »wie ein guter Freund: Es ist immer da, wenn man es braucht«. Es ist der Zufluchtspunkt in Krisen und Zeiten großer Unsicherheit, gerade dann gewinnt es an zusätzlichem Wert. Investments in Dollar liefern deshalb neben ihrem Zins auch einen nichtmonetären Ertrag, eine Art »Verfügbarkeitsprämie« *(convenience yield)*. Wird es unruhig in der Welt, flüchtet das Kapital in den »sicheren Hafen« der amerikanischen Staatspapiere – paradoxerweise meist selbst dann, wenn die Unruhe von der Politik in Washington ausgeht.

Als der US-Anleihemarkt im April 2025 nach den Zolldrohungen von Donald Trump in unerwartete Turbulenzen geriet, zeigte sich auch der Bundesbankpräsident besorgt. Obwohl die deutschen Anleihen in dieser Phase besonders gefragt waren und geradezu zum Krisengewinnler wurden, warnte Joachim Nagel: »Unter dem Strich brauchen wir den US-Anleihemarkt als einen guten, stabilen Markt, der viel Sicherheit bietet.« Es sei »nicht gut, dass der sichere Hafen angezweifelt wird«.

Obwohl die Dominanz des Greenback seit einiger Zeit auffallend bröckelt, halten die Staaten der Welt noch immer fast 60 Prozent ihrer offiziellen Devisenreserven in Dollar, sprich: in US-Staatspapieren. Geschätzt etwa die Hälfte des internationalen Handels wird in

Dollar abgewickelt, obwohl der eigene Anteil der USA am Welthandel nur noch gut ein Zehntel ausmacht. Der Dollar habe Glück mit seinen Konkurrenten, konstatiert der Harvard-Ökonom und Ex-US-Finanzminister Larry Summers: »Europa ist ein Museum. Japan ist ein Altenheim. China ist ein Gefängnis. Und Bitcoin ist ein Experiment.« Die USA seien dagegen »der Platz, wo alle sein wollen«, so Summers: »Wir haben die Reservewährung. Wir haben die Institutionen, die Technologie, die neuen Ideen.« Betrachte man die Schulden und die Vermögenswerte der USA zusammen, dann sei dieses Paket immer noch besser als jedes andere.

Warum das Privileg fallen könnte

Ein abruptes Ende des amerikanischen Sonderstatus ist sehr unwahrscheinlich, zumal die möglichen Herausforderer ihrerseits mit Schulden und Stagnation kämpfen. Unumstößlich ist das »exorbitante Privileg« aber nicht. Die Geschichte zeigt, dass eine Weltreservewährung ihre Sonderrolle auch verlieren und abgelöst werden kann. So trat der Dollar selbst einst an die Stelle des zuvor dominierenden britischen Pfunds.

Die Wachablösung folgt in der Regel auf eine politische Machterosion. Kostspielige Kriege und innere Kämpfe befördern den schleichenden Niedergang. Das britische Pfund verlor seine Vormachtstellung durch den Ersten Weltkrieg. Endgültig vom Thron gestoßen wurde es am Ende des Zweiten Weltkriegs, als in Bretton Woods ein neues Weltwährungssystem rund um einen ans Gold gebundenen Dollar gebaut wurde. Die USA haben dieses System Anfang der 1970er-Jahre, in der Folge des teuren Vietnamkriegs, wieder aufgekündigt, es folgte eine heftige weltweite Inflation. Innenpolitisch wurde Amerika in dieser Zeit von schweren Krisen und Konflikten zerrissen. Am Ende behielt der Dollar aber auch ohne die Goldbindung seine Rolle als die führende Reserve- und Handelswährung.

Als historischer Einschnitt könnten sich die Finanzsanktionen erweisen, die 2022 gegen Wladimir Putins Russland verhängt wurden. Nach dem russischen Überfall auf die Ukraine haben die westlichen Staaten große Teile der staatlichen Devisenreserven Moskaus eingefroren. Die Reserven könnten am Ende sogar beschlagnahmt und für den Wiederaufbau der Ukraine ausgegeben werden. Der präzedenzlose Schritt war angesichts der aggressiven Völkerrechtsverletzung gut begründbar – für alle Gegner des Westens war er aber auch ein Alarmsignal: Wer das Finanzsystem nutzt, das von den USA gesteuert wird, macht sich abhängig und höchst verwundbar.

China, Russland und einige Länder des globalen Südens versuchen ohnehin schon länger, den Status des Dollar zu untergraben und eigene internationale Zahlungssysteme aufzubauen. Ein eher technisch getriebenes Pilotprojekt ist die Plattform mBridge, die den direkten Austausch digitaler Zentralbankwährungen (sogenannter CBDCs) mithilfe der Blockchain-Technologie ermöglicht. China kooperiert dazu mit den Vereinigten Arabischen Emiraten, Thailand und Saudi-Arabien. Eine strategische Neuordnung des Weltwährungssystems wäre aber vor allem politisch unterlegt. Der Star-Analyst Zoltan Pozsar, der früher für die Großbank Credit Suisse arbeitete, hat für die Zukunft bereits eine neue multipolare Weltfinanzordnung skizziert, in der China einen eigenen Währungsblock aufzieht. Innerhalb dieses chinesischen Orbits würden dann Rohstoffe als das neue Reservemedium und Pfand genutzt.

Vorerst bleibt das Zukunftsmusik. In Anlehnung an die Science-Fiction-Literatur hat der Wirtschaftshistoriker Adam Tooze solche Szenarien für die Währungszukunft als »Finance-Fiction« (»FinFi«) bezeichnet. Der Vordenker Pozsar sei der brillante »Jules Verne« dieses Genres: Seine FinFi zeige visionär und plastisch die möglichen Entwicklungen, so wie Vernes Erzählungen im späten 19. Jahrhundert die technologischen Durchbrüche der Moderne vorwegnahmen.

Ein allmählicher Rückzug Chinas aus den amerikanischen Staatspapieren ist allerdings schon zu erkennen. Lange hatte die Volksrepublik Dollar aufgekauft, um die eigene Währung zu schwächen und ihr Exportgeschäft zu stützen. Chinas Bestände an US-Staatsanleihen wuchsen so in der ersten Dekade der 2000er-Jahre von unter 100 auf über 1300 Milliarden Dollar. Von 2008 bis 2018 war die kommunistische Supermacht sogar meist der größte Gläubiger der USA. Seit etwa zehn Jahren zieht sich Peking in immer schnellerem Tempo zurück. Anfang 2025 betrugen die Bestände noch rund 760 Milliarden Dollar – ein Minus von gut 40 Prozent gegenüber dem Höchststand. Der größte staatliche US-Gläubiger ist inzwischen wieder Japan.

Wer kauft künftig die Treasury Bonds?

Für das US-Finanzministerium wird es langfristig schwieriger werden, seine Anleihen am Markt unterzubringen. Es ist in Zukunft noch mehr auf private und heimische Käufer angewiesen. Diese Anleger sind zinssensibel, sie entscheiden stärker anhand der Renditeaussichten der Papiere als jene – teilweise staatlichen – ausländischen Investoren, die in der Vergangenheit eine Möglichkeit suchten, sichere Guthaben in den USA aufzubauen. Kauft die US-Notenbank im Rahmen ihres QE aus geldpolitischen Gründen Staatsanleihen, spielen die Konditionen der Papiere ohnehin keine Rolle.

Die Fed hat ihren Bestand an Treasuries im Zuge ihres »Quantitative Tightening« (QT) erst einmal deutlich verringert. Im Frühjahr 2025 hielt sie nur noch etwas mehr als 10 Prozent der amerikanischen Staatsschulden. Der Anteil der ausländischen Gläubiger stagniert bei etwa einem Viertel. Der größte Teil der US-Staatsanleihen befindet sich in den Händen von heimischen Institutionen, hinter denen letztlich amerikanische Privathaushalte stehen: Anleihefonds, Pensionsfonds, Versicherungen und die Vorsorgefonds von Bundesstaaten und Kommunen halten zusammen mehr als 40 Prozent der US-Staatsanleihen. Weitere 20 Prozent der Schulden gehören »Agencies« der US-Regierung selbst, darunter die Rentenversicherung (Social Security) und der Pensionsfonds für Bundesangestellte.[74]

Für die renditeorientierten Anleger sind die Treasuries nach dem Zinsanstieg der vergangenen Jahre wieder interessanter geworden. Auch die Zuflüsse aus dem Ausland haben angehalten. Um dieses Kapital auch in Zukunft mobilisieren zu können, muss der US-Fiskus aber ständig attraktive Konditionen bieten. Auf der heimischen Seite könnte das Unfallrisiko noch dadurch steigen, dass ein Teil der Anleger gar nicht am langfristigen Investment interessiert ist. Die Statistik verzeichnete zuletzt einen auffälligen Bedeutungszuwachs der Investorengruppe »Privathaushalte«. Dahinter stecken mutmaßlich nicht nur »Average Joe« und »Average Jane«, sondern auch Hedgefonds, die gehebelte Arbitragegeschäfte betreiben.

Der Anteil der ausländischen Investoren an den US-Staatsschulden ist seit der Weltfinanzkrise zunächst jahrelang gefallen. Er hatte in der Spitze, Anfang 2008, fast 50 Prozent erreicht, maßgeblich getrieben durch die Käufe aus China. Heute bewegt sich der Anteil der ausländischen Anleger wieder auf dem Niveau der späten 1990er-Jahre.

Doch nicht nur der Käufer China zieht sich zurück. Auch in den verbündeten Ländern wächst der staatliche Kapitalbedarf, es ist daher möglich, dass sogar die Partner den Kapitalabfluss in die USA eines Tages beschränken werden. Entscheidend ist am Ende nicht, wie viel die Ausländer direkt in US-Staatsanleihen stecken. Sondern wie viel Kapital sie den USA insgesamt zur Verfügung stellen.

Dass jede US-Regierung alles tun wird, um die internationale Sonderrolle ihrer Währung und ihrer Wertpapiere zu verteidigen, schien bis vor Kurzem eine Selbstverständlichkeit. Schließlich ist der Reservestatus des Dollar ein einzigartiger Vorteil, insbesondere für die US-Finanzwirtschaft. Seit der Rückkehr Donald Trumps in das Weiße Haus stehen aber auch an dieser Stelle plötzlich Fragezeichen. Für das Lager der Trumpisten ist Amerikas Führungsrolle unter dem Strich nur eine teure Last: Der Job als Weltpolizist und als wichtigster Träger der globalen Regeln und Institutionen gilt als ein Zuschussgeschäft auf Kosten der einfachen US-Bürger. Auch der starke Dollar ist demnach ein Fluch, weil er der eigenen Wettbewerbsfähigkeit schade und den Niedergang der US-Industrie forciere. Der Titel eines Kultromans der libertären US-Ikone Ayn Rand scheint das Denken zu beherrschen: *Atlas Shrugged (1957)* – Atlas wirft die Welt ab.[75]

Dass die Pax Americana und der »Almighty Dollar« die entscheidenden Voraussetzungen dafür sind, dass die USA sich ihre chronischen Haushalts- und Leistungsbilanzdefizite leisten können, wird dagegen gerne übersehen. Die Trumpsche Agenda des »America First« oder gar »America Alone« zielt auf Rückzug und einen fundamentalen Umbau der amerikanischen Wirtschaftsstruktur.

Das »exorbitante Privileg« könnte damit ausgerechnet vom US-Präsidenten selbst abgeräumt werden. Treten die USA als globale Garantiemacht ab, meint etwa Jim O'Neill, der frühere Chefvolkswirt von Goldman Sachs, dann »werden andere gezwungen sein, für sich selbst einzustehen, und die unangefochtene Dollar-Dominanz könnte endgültig zu Ende gehen«[76]. Für den US-Ökonomen Barry Eichengreen, einen der besten Kenner der internationalen Währungsgeschichte, hat die selbst verschuldete Talfahrt schon begonnen: »Zentralbanken, Regierungen und andere Investoren schauen sich jetzt weltweit intensiver nach Alternativen um. Es ist klar: Alles, was Trump tut, wird den Verfall des Dollar beschleunigen.«[77]

Symptome der Krise

Die großen Ratingagenturen haben auf das wachsende amerikanische Risiko jahrelang nur vorsichtig reagiert. S&P hatte dem Schuldner USA zwar schon 2011 das Triple-A-Rating entzogen, geriet danach aber prompt unter massiven juristischen Druck der amerikanischen Behörden. Fitch setzte erst 2023 das Rating von AAA auf AA+ herab; Moody's blieb damals als letzter der »Big Three« bei der Bestnote, versah sie allerdings mit »negativem Ausblick«. Wie politisch diese Urteile sein können, zeigt eine Entscheidung aus dem Frühjahr 2021, wenige Wochen nachdem Trump-Anhänger am 6. Januar gegen die Anerkennung des Wahlsiegs von Joe Biden protestiert hatten und in das Washingtoner Kapitol eingedrungen waren: S&P hob damals die Teilnote für die Qualität der US-Institutionen auf den Bestwert an. Eine Abstufung des Gesamtratings, die aufgrund der reinen Finanzdaten fällig gewesen wäre, wurde so vermieden, analysiert der Ratingspezialist Moritz Kraemer, der bis 2018 für die Länderbewertungen von S&P zuständig war.[78]

An den Finanzmärkten zeigen sich aber längst erste Symptome einer neuen Schuldenwelt. »Wir können sehen, dass das exorbitante Privileg der US-Staatsanleihen langsam verschwindet«, sagt der Stanford-Ökonom Hanno Lustig, der in einer viel beachteten Studie die Marktreaktionen am Beginn der Pandemie aufgedröselt hat.[79] Der aus Belgien stammende Finanzmarktforscher und seine beiden Co-Autoren stellten fest, dass die Kapitalmarktzinsen im Frühjahr 2020 immer dann stiegen, wenn die US-Regierung unter Donald Trump neue teure Hilfsprogramme in Aussicht stellte. Die Investoren, die in solchen Krisen früher fast blind in die Sicherheit der US-Bonds geflüchtet waren, wurden offenbar misstrauisch angesichts des absehbaren Schuldentsunamis.

Lustig und seine Kollegen sehen darin einen »Regimewechsel« am Markt für die US-Treasuries: Im bisherigen »Regime sicherer Schulden« galten die Papiere als das sicherste Investment überhaupt. Das Stabilitätsversprechen der Fed war so glaubwürdig, dass mit einer schleichenden Enteignung durch spätere Inflation nicht gerechnet wurde. In einem neuen »Regime riskanter Schulden« preisen die Investoren dagegen ein, dass politische Interessen übermächtig werden. Sie schrecken zurück, wenn die Gefahr von realen Verlusten durch Geldentwertung wächst.

Der gefürchtete »Truss-Moment« könnte also auch die USA künftig treffen. Prominente Warner zitieren das alte Bonmot, wonach jeder Bankrotteur zweimal pleitegehe – zuerst langsam und dann plötzlich.

Es sind vor allem die älteren und unabhängigen Großinvestoren, die vor einem kommenden Crash warnen. Hedge-Fonds-Legende Ray Dalio, inzwischen ausgeschiedener Gründer von Bridgewater Associates, hat 2025 ein ganzes Buch über die fatale Dynamik des Schuldenstrudels veröffentlicht (*How Countries Go Broke. The Big Cycle;* dt.: *Wie Staaten bankrott gehen. Der große Schuldenzyklus*). Dalio spricht vom »finanziellen Herzinfarkt«, auf den das Land zusteuere. Da es absehbar immer schwieriger werde, Käufer für die Staatsanleihen zu finden, sei mit »schockierenden Maßnahmen« zu rechnen: entweder Umschuldung (sprich: Schuldenschnitt) oder Zwangsanleihen.

Jeffrey Gundlach, der seit dem Absturz von Bill Gross als Amerikas »Bond King« gilt, warnt schon lange vor dem drohenden Vertrauensverlust. Nach der Präsidentschaftswahl 2024 schrieb der Gründer des Vermögensverwalters DoubleLine in einem Gastbeitrag für den *Economist*: »Rechnen Sie mit einer Entwertung des Dollars, einer Umschuldung oder beidem.« Stanley Druckenmiller, einst Manager des Quantum Fund von George Soros und danach selbst ein legendärer Hedgefonds-Gründer, ist sich sicher, dass »die Abrechnung kommen wird«. Sollte die Inflation erneut anziehen, dann könnten auch die Zinsen plötzlich und sehr heftig in Bewegung kommen – so wie schon einmal in den 1970er-Jahren.

Druckenmiller ist ein alter Mentor von Scott Bessent, den Donald Trump 2025 als Finanzminister in sein Kabinett holte. Die beiden Investmentprofis kennen sich seit gemeinsamen Tagen beim Quantum Fund und blieben in regelmäßigem Kontakt. Auch Bessent gründete später seinen eigenen Hedgefonds. Als Trumps erster Kassenwart machte er zu Beginn seiner Amtszeit eine klare Ansage: Das Ziel der neuen Regierung sei es, das Wachstum auf 3 Prozent zu beschleunigen und das Defizit im Haushalt auf 3 Prozent zu senken. Die Aufmerksamkeit des Finanzministers gelte nun in erster Linie dem Zehn-Jahres-Zins der Staatsanleihen.

»SENKE DIE ZINSEN, JEROME!«

Die Trump/Bessent-Strategie setzt auf Entfesselung von Wachstumskräften (Steuersenkungen, Deregulierung), Streichung unnützer Ausgaben (»DOGE«) und höhere Einnahmen, möglichst zulasten des Auslands (Zölle!). Ob das allein reichen wird, um die Fiskalkrise zu entschärfen, ist fraglich. Eine Schlüsselrolle fällt deshalb der Notenbank Fed zu: Macht sie am Ende den Weg frei für eine höhere Inflation? Oder beharrt sie auf einem Stabilitätskurs, der die Regierung mit schmerzhaft höheren Zinsen unter Druck setzt?

Sobald klar wurde, dass der Präsident Trump nach seinem eindeutigen Wahlsieg 2024 erst einmal »durchregieren« kann und will, richteten sich alle Augen auf den »letzten Nein-Sager« *(Die Zeit)* von Washington: Der Fed-Chef Jerome Powell kann mit seinen Kollegen von der unabhängigen Notenbank und im Zusammenspiel mit der anonymen Kraft der »Bond-Vigilanten« auch die Trump-Regierung jederzeit auflaufen lassen. Lässt die Fed den Kapitalmarkt gewähren und verzichtet auf Interventionen, dann werden die Investoren exzessive Schulden nicht finanzieren und die Anleiherenditen damit in die Höhe treiben. Wie einst in der Ära Bill Clinton – damals zum Schrecken des Beraters James Carville – würde der Bondmarkt das Weiße Haus disziplinieren.

Der Trump-Vize JD Vance hatte im Wahlkampf sogar schon eine Verschwörung des internationalen Kapitals an die Wand gemalt: Er mache sich »wirklich Sorgen«, unkte er in einem Interview mit dem Trump-nahen Journalisten Tucker Carlson, ob »die Leute, die durch die Globalisierung (...) und durch viele Kriege reich geworden sind, versuchen werden, die Trump-Präsidentschaft zu stürzen, indem sie die Anleihezinsen hochtreiben?« Vance verwechselte offenbar die rationalen Marktreaktionen, die durch die personifizierende Chiffre der »Bond-Vigilanten« beschrieben werden, mit einem realen Wall-Street-Kartell.

Die Position der Notenbank ist allerdings politisch stark geschwächt. Donald Trump hatte die Fed schon in seiner ersten Amtszeit immer wieder unter Druck gesetzt, von der Autonomie der Geldpolitik hält er aus Prinzip wenig. Als etwa die Notenbanker der G20-Staaten bei einem Meeting im Pandemie-Jahr 2020 die Bedeutung ihrer Unabhängigkeit betonten, verhinderte die Trump-Regierung den entsprechenden Passus in der Abschlusserklärung.[80] Trump hat auch schon früh signalisiert, dass er den Fed-Chef Powell nach Ablauf von dessen Amtszeit im Mai 2026 austauschen werde. Seine Drohungen gegen die Notenbanker sind völlig unverblümt, er verkündet regelmäßig, dass er selbst der bessere Zinsexperte sei.

Als seine drastischen Zollerhöhungen Anfang April 2025 zum weltweiten Börsensturz führten, machte der Präsident auf seinem persönlichen sozialen Netzwerk Truth Social sofort in Großbuchstaben Alarm: »Dies wäre ein PERFEKTER Zeitpunkt für Fed-Chef Jerome Powell, die Zinsen zu senken. Er ist immer ›spät dran‹, aber jetzt könnte er sein Image ändern, und zwar schnell. SENKE DIE ZINSEN, JEROME, UND HÖR AUF, POLITIK ZU SPIELEN!« Wiederholt legte er giftig nach: »Powells Vertragsende [im O-Ton: ›termination‹ – das englische Wort wird meist sogar als ›Kündigung‹ verstanden] kann nicht schnell genug kommen!« – »Die Fed schuldet es dem amerikanischen Volk, die Zinsen zu senken.« – Der »Mr. Too late« sei ein »krasser Verlierer«, Powell werde handeln, denn »er wird eine Menge politischen Druck kriegen«. Die leise Verteidigung der unabhängigen Notenbank übernahm derweil nur der US-Finanzminister Scott Bessent: Die Geldpolitik sei »ein Schmuckkästchen, das erhalten werden muss«.

Erst als die Meldungen über Powells Entlassung schon die Wall Street bewegten und auch das anstehende Treffen der internationalen Finanzminister und Notenbanker bei der IWF-Frühjahrstagung in Washington zu bestimmen drohten, zog Trump zurück: Die Zinsen müssten zwar runter, aber er habe »keinerlei Absicht«, Powell zu feuern; die Presse habe das alles wieder mal übertrieben. Der Fed-Chef selbst zeigte sich demonstrativ unbeeindruckt: Er und seine Kollegen verweigerten in diesen Wochen nicht nur die Zinssenkung und erklärten, die Zollpolitik habe neue wirtschaftliche Risiken geschaffen. Powell stellte auch klar, dass er noch nie um ein Treffen mit Trump gebeten habe – »und ich kann mir nicht vorstellen, dass ich das tue«. Ende Mai 2025 wurde er dann zum ersten Mal in der zweiten Amtszeit Trumps vom Präsidenten einbestellt.

Das Verhältnis zwischen dem Weißen Haus und der Notenbank wird sich unter dem Druck der Verschuldung stark verändern. Wohin es gehen dürfte, zeigt eine Studie des Ökonomen Thomas Drechsel[81], der die Beziehungen zwischen den US-Präsidenten und den Fed-Chefs über Jahrzehnte im Detail ausgewertet hat. In der Ära des Schuldenabbaus der 1990er traf sich der Präsident Bill Clinton während seiner achtjährigen Amtszeit insgesamt nur sechsmal mit dem damaligen Notenbank-Chef Alan Greenspan. In den frühen 1970ern dagegen waren Treffen zwischen Präsident Richard Nixon und dem damaligen Fed-Chef Arthur Burns nahezu Alltag.

Der Wirtschaftsprofessor Burns führte die Notenbank in einer schwierigen Zeit. Der Inflationsdruck war hoch, der Präsident mischte sich massiv in die Geldpolitik ein. Richard Nixon traf den Währungshüter Burns in den nur fünfeinhalb Jahren seiner Präsidentschaft insgesamt 160-mal, in der zweiten Jahreshälfte 1971 sprach er durchschnittlich alle fünf Tage mit dem Fed-Chef. Und wie die Tagebücher Burns' zeigen, ging es alles andere als freundlich zu.

Nixon war besessen von der Geldpolitik, seit er die Wahl 1960 als amtierender Vizepräsident gegen den jungen Herausforderer John F. Kennedy verloren hatte. Seine damalige Niederlage führte er auch auf die Fed zurück, deren Kurs zu strikt gewesen sei. Kennedys raubeiniger Nachfolger Lyndon B. Johnson, der als Präsident den Vietnamkrieg und zugleich einen ehrgeizigen Ausbau des Sozialstaats (Great Society) finanzieren wollte, setzte bereits auf ständige Pressionen gegen die Notenbank. 1965 zitierte Johnson den damaligen Fed-Chef William McChesney Martin auf seine private Ranch in Texas, wo er ihn sogar angebrüllt und im Wohnzimmer herumgeschubst haben soll: »In Vietnam sterben Jungs, und Bill Martin ist das egal.«[82] Die Inflation, die in der ersten Hälfte der 1960er-Jahre unter 2 Prozent gelegen hatte, kletterte zum Ende des Jahrzehnts auf weit über 5 Prozent.

Richard Nixon gelang 1968 im zweiten Anlauf dann doch noch der Einzug ins Oval Office, ab 1971 begann er, sich intensiv um seine Wiederwahl 1972 zu sorgen. Presseberichte über offenen Streit zwischen Nixon und Burns häuften sich nun. Im März 1971 notierte der Notenbankchef: »Ich bin überzeugt, dass der Präsident alles tun wird, um wiedergewählt zu werden.« Im August 1971 schockierte Nixon die ganze Welt, indem er nicht nur einen 90-tägigen Preis- und Lohnstopp und einen 10-prozentigen allgemeinen Importzoll verhängte. Er setzte auch die Bindung des Dollar an das Gold aus, die den Kern der Weltwährungsordnung der Nachkriegszeit gebildet hatte. In scharfem Ton verlangte das Weiße Haus immer wieder eine monetäre Expansion, im November 1971 hielt Burns fest: »Ich bekam einen strengen Brief vom Präsidenten, in dem er mich drängte, mit der Ausweitung der Geldmenge zu beginnen, und eine Katastrophe voraussagte, wenn dies nicht geschehe.«

Dem bedrängten Notenbankchef Burns gelang es nicht, die Entwertung des Geldes unter Kontrolle zu halten. Erst sein Nachnachfolger Paul Volcker ging ab 1979 brachial und erfolgreich gegen die Inflation vor, die in der Spitze zweistellige Raten erreicht hatte.

Endspiele

In einem optimistischen Szenario könnten die USA ihr inzwischen unbestrittenes Schuldenproblem graduell und geordnet entschärfen. Die Nachfrage nach US-Staatspapieren bleibt strukturell hoch, eine selbstbewusste Fed garantiert den Wert des Dollar. Amerikas Wachstumskräfte sind robust und im Notfall gibt es auch noch Spielraum für höhere Steuern. Die Staatseinnahmen in den USA liegen mit rund 30 Prozent des BIP ganz erheblich unter denen Deutschlands (47) oder gar Frankreichs (51). Nur ein Teil der Differenz erklärt sich daraus, dass ein größerer Teil der Krankenversicherung in den USA privat finanziert wird.

Einen Riss in dieser beruhigenden Story können sich die USA allerdings nicht mehr leisten. Ein wirtschaftlicher Schock, der durch das zuletzt schon chronische politische Chaos verstärkt wird, könnte auch hier den gefürchteten Käuferstreik am Bondmarkt auslösen. Weil Amerikas Finanzsystem eine so zentrale Rolle spielt, kann dieser Fiskal-GAU die gesamte Welt treffen.

Das gängige Szenario für einen solchen Schock ergab sich über viele Jahre aus dem sogenannten Schuldenlimit: Die US-Verschuldung ist formal eigentlich gedeckelt, immer dann, wenn die Kreditobergrenze erreicht wird, muss sie in zähen Kämpfen vom US-Kongress weiter angehoben werden. Stößt das Finanzministerium an das Limit (seit der Erhöhung im Juli 2025: 41,1 Billionen Dollar), dann ist es rechtlich gelähmt. Wiederholt mussten deshalb schon Behörden in einem »Government Shutdown« schließen, ein Zahlungsausfall bei den Bonds ist nie völlig auszuschließen. Auch wenn es sich um ein rein formales Problem handelt, könnte der Ausfall von »Safe Assets« theoretisch eine Kernschmelze im Finanzsystem auslösen.

2011 war es der dramatische Washingtoner Showdown um das Schuldenlimit, der zum Entzug des Triple-A durch S&P führte. Seither haben sich die Märkte allerdings an dieses wiederkehrende Polit-Drama gewöhnt. Ein rein technisches Zahlungsproblem ließe sich schnell entschärfen. Viel gefährlicher sind die neuen Schocks, mit denen inzwischen gerechnet werden muss: Fiskalische Puffer für Mega-Krisen wie eine Pandemie oder gar einen Krieg haben die USA nicht mehr. Die Regierung Trump stellt zudem Amerikas Rolle als Garant der internationalen Ordnung und als »sicherer Hafen« für das Kapital immer wieder ausdrücklich und mutwillig infrage.

Als Retter in der Not bleibt zwar noch die Fed, die beliebig viele Dollar aus dem Nichts schöpfen kann. Eine Spirale der Geldentwertung ist dann jedoch absehbar.

TEIL 4

LEBEN MIT DER SCHULDENBOMBE – AUSWEGE UND IRRWEGE

»Wir werden private Ersparnisse in dringend benötigte Investitionen umwandeln.«

Ursula von der Leyen, Präsidentin der Europäischen Kommission, 10. April 2025

Eine Flucht nach vorn?

Gemeinsame Schulden für Europa

Dieses Papier sei mündelsicher und bringe dabei 5 Prozent Zinsen. Es sei die »sicherste Kapitalanlage der Welt!«. So warb die deutsche Reichsbank im Herbst 1914 bei den Sparern für die Kriegsanleihe. Auf dem alten Plakat, das heute im Museum im Kornhaus Bad Waldsee aufbewahrt wird, illustrieren Zeichnungen von Menschen und Maschinen die starken Wirtschaftsdaten, die »Gewähr für eine gesicherte Zukunft« bieten: Der Schuldner Deutschland verfügte in jener Zeit über eine große Bevölkerung mit kräftigem Geburtenüberschuss, die Produktion in der Landwirtschaft und im Bergbau wuchs seit Jahren kräftig und die Industrieproduktion explodierte geradezu. Einer guten Sache diente diese Geldanlage ohnehin: »Wer Kriegsanleihe zeichnet, verkürzt den Krieg.«

Mit der Fortdauer des Krieges schwanden die wirtschaftlichen Argumente, die Werbung um die Sparguthaben verwandelte sich zunehmend in propagandistische Appelle. Etwa mit Postkartenbildern der »Deutschen Schuljugend«: »Alle bis zur letzten Reihe / zeichnen freudig Kriegsanleihe. / Klüger als manch' große Leute / zeigen sich die Kleinen heute.« In der Schlussphase des Krieges wurde sogar ein kleiner Schülerumzug mit Plakaten inszeniert: »Wer Kriegsanleihe zeichnet, verkürzt den Krieg«. Heute wirken diese Bilder makaber – nicht nur, weil die beworbenen Anleihen in der Hyperinflation von 1923 fast komplett entwertet wurden.

Manche martialischen Überschriften der Gegenwart erinnern allerdings wieder daran: »Markets are hungry for EU war bonds« – »Die Märkte sind hungrig nach EU-Kriegsanleihen«, verkündete der Informationsdienst *Politico Pro Central Banker*, ein Finanznewsletter für Anlageprofis, kurz nachdem die angehende Koalition in Berlin Anfang März 2025 ihre Schuldenoffensive beschlossen hatte. Unbestritten ist, dass Europa vor existenziellen Herausforderungen steht: Es ist wirtschaftlich ausgelaugt und es muss auf die Brüche in der bisherigen Weltordnung reagieren. Die öffentlichen Investitionen, die dafür notwendig sind, hat Ex-EZB-Chef Mario Draghi 2024 in einem Report für die EU-Kommission auf 750 bis 800 Milliarden Euro geschätzt. Benötigt werde dieses Geld für dreierlei: um technologisch wieder aufzuschließen, die Dekarbonisierung zu finanzieren und das Militär zu stärken.

Die eigene Rüstung ist seit Draghis Report sogar noch dringlicher geworden. Es geht glücklicherweise bisher nicht um die eigene Kriegsführung, sondern nur um die Wiederherstellung einer Abschreckungsfähigkeit gegenüber Russland, die nicht mehr allein von den USA abhängen soll. Neue und gemeinschaftliche Schulden seien für diesen Zweck geboten, hat Draghi argumentiert.

Mit solchen Gemeinschaftsanleihen würden die Europäer auch an den Finanzmärkten in die Offensive gehen. Da die Vormacht der amerikanischen Treasury Bonds so sichtbar angeschlagen ist, erscheint es aussichtsreich wie nie, dagegen ein eigenes Produkt mit hoher Bonität zu setzen. Die US-Staatspapiere und der Dollar sind im Chaos des Trump'schen Zollkriegs abgestürzt, anstatt – wie früher üblich und allgemein erwartet – von einer brenzligen Weltlage zu profitieren. Spiegelbildlich zur US-Schwäche legten die Bundesanleihen und der Euro in dieser Krise zunächst zu. Die verfügbare Menge an sicheren Staatspapieren aus Deutschland, den Niederlanden oder Österreich ist aber bisher viel zu klein, um als dauerhaft verfügbarer »sicherer Hafen« für das weltweite Kapital infrage zu kommen. Der Markt für Staatsanleihen mit einem Rating oberhalb von AA erreicht in den USA mehr als 100 Prozent des BIP. In Europa hat er nur eine Größe von knapp unter 50 Prozent der Wirtschaftsleistung, schätzt die EZB.

Ein Markt für gemeinsame EU-Bonds könnte langfristig in die Dimension eines »sicheren Hafens« hineinwachsen, so hoffen manche. Damit würde dann auch der Euro als eine echte Alternative zur Reservewährung Dollar gestärkt. Schon bisher ist er – mit deutlichem Abstand – die Nummer zwei hinter dem Greenback. Baut er seine Position nachhaltig aus, dann könnte auch Europa an dem »exorbitanten Privileg« teilhaben, das bisher nur die USA genießen: Kapital aus aller Welt strömt regelmäßig zu und ermöglicht es auch, hohe Defizite zu finanzieren.

EZB-Chefin Christine Lagarde hat im Mai 2025 in Berlin von einem Moment der historischen Chance gesprochen, einem »globalen Moment des Euro«.[83] Den Status als breit akzeptierte Reservewährung müsse der Euro sich allerdings erst noch verdienen: durch geopolitische Stärke, eine dynamische Wirtschaft mit einem gemeinsamen Kapitalmarkt sowie den Ausbau der gemeinschaftlichen Institutionen. Die gemeinsame Rüstungspolitik ist ein zentraler Baustein in dieser Strategie, denn das Vertrauen in den Dollar beruht zu einem Teil auch auf der »hard power«, die ihm Geltung sichert. Europa ist dagegen heute militärisch schwach und verwundbar.

Die Verteidigung sei eines der öffentlichen Güter, von denen Zahler wie Nichtzahler profitieren, die aber deshalb auf der europäischen Ebene bisher in zu geringem Maße bereitgestellt würden, so Lagarde. Das müsse sich ändern: »Die wirtschaftliche Logik sagt uns, dass öffentliche Güter gemeinsam finanziert werden müssen. Und diese gemeinsame Finanzierung könnte die Grundlage dafür sein, dass Europa sein Angebot an Safe Assets schrittweise erhöht.«

Nach einer Schätzung der Brüsseler Denkfabrik Bruegel sollte Europa bis 2030 jährlich etwa 250 Milliarden Euro zusätzlich für Rüstung ausgeben. Wird die Hälfte davon über Gemeinschaftsschulden mit »EU Defense Bonds« finanziert, ergibt das bis zum Ende des Jahrzehnts ein Emissionsvolumen von 625 Milliarden Euro. Für das »Wiederaufbauprogramm« NextGenerationEU hatten die Staaten in der Pandemie bereits gemeinsame EU-Anleihen im Volumen von bis zu 800 Milliarden Euro beschlossen. Diese Gemeinschaftsschulden waren die ersten nennenswerten überhaupt, sie wurden 2020 allerdings nur als einmalige Ausnahme in Notzeiten bewilligt.

Ihre Tilgung soll eigentlich ab 2028 beginnen: Etwa die Hälfte muss dann aus dem EU-Haushalt bezahlt werden, die andere Hälfte ist von den Staaten aufzubringen, die erhaltene Kredite zurückzahlen müssen. Wer neue Spielräume für die gemeinsame Rüstung schaffen will, könnte diese Tilgung aber auch immer weiter aufschieben. In der Kombination mit neuen gemeinschaftlichen Rüstungsanleihen könnte der Markt für EU-Bonds so auf über 1000 Milliarden Euro anwachsen. Dem Markt für Bundesanleihen (2025: rund 1900 Milliarden Euro) würde er sich damit immerhin annähern.

Für die Investoren wären die neuen Eurobonds eine weitere liquide und sichere Anlage, die – zumindest bisher – ein Triple-A-Rating genießt. Ihre Verzinsung war in der Vergangenheit etwas höher als die der Bundesanleihen. Sie lag aber deutlich unter dem Zins, den die hoch verschuldeten EU-Staaten zahlen müssen. Deutschland und die »Frugalen« leisten bei diesen Papieren also einen unmittelbaren Bonitätstransfer. Für die Regierungen sind die EU-Bonds deshalb auch eine Möglichkeit, die anstehenden fiskalischen Lasten breiter zu verteilen.

Die EU-Länder im Osten, die in unmittelbarer Nachbarschaft zu Russland leben, haben ihre Verteidigungsausgaben in den vergangenen Jahren bereits stark erhöht. In Italien oder Spanien ist dagegen die politische Bereitschaft, aber auch die fiskalische Fähigkeit zu einem solchen Ausgabenschub deutlich kleiner. Mithilfe von EU-Rüstungsanleihen ließe sich eine Form des finanziellen Ausgleichs organisieren. Frankreich, das keinen Weg aus seiner Schuldenkrise findet und sich eine kräftige Aufrüstung ebenfalls nicht leisten kann, könnte irgendwann den nuklearen Schutzschirm seiner »Force de Frappe« auf die Partner ausdehnen. Es könnte dafür im Gegenzug die Zusage erhalten, dass auch ein Teil der Kreditaufnahme vergemeinschaftet wird. Wolfgang Schäuble, der europapolitische Kopf der CDU, hat eine finanzielle Beteiligung Deutschlands an der »Force de Frappe« kurz vor seinem Tod 2023 in die deutsche Debatte gebracht. Sein politischer Vertrauter Friedrich Merz führt das Thema heute als Bundeskanzler weiter.

»Europa – es kann sterben« hat Emmanuel Macron 2024 in seiner Sorbonne-Rede gewarnt.[84] Um den neuen Aufbruch zu finanzieren, forderte der französische Präsident eine expansive Neuausrichtung der Geldpolitik der EZB (»das ist absolut unerlässlich«) und eine Stärkung der gemeinsamen Budgets. Weitere EU-Bonds sind Teil einer solchen Vision. Sie wären der Einstieg in eine echte politische Union: in die »Vereinigten Staaten von Europa«, die als unabhängige Macht mit einer zentralen politischen Führung über Atomwaffen ebenso verfügen wie über ein weltweit akzeptiertes »Safe Asset«. Die institutionellen Regeln dieser politischen Union müssten allerdings völlig neu ausgehandelt werden. Die bisherige Konstruktion der EU und der Währungsunion ist weit entfernt von einer bundesstaatlichen Ordnung, wie sie die Vereinigten Staaten von Amerika haben.

Ökonomisch bleibt die Frage, zu welchen Bedingungen die neue Kollektivverschuldung möglich ist. Bisher war es kein Problem, die EU-Anleihen unterzubringen: Institutionelle Anleger nahmen die vergleichsweise seltenen Gemeinschaftspapiere mit dem hervorragenden Rating gerne; auch die Idee der neuen Rüstungsbonds stieß deshalb prompt auf »hungrige Märkte« *(Politico)*. Doch die Anleihekäufer müssen in Zukunft voraussichtlich eine Rekordflut von Emissionen aufnehmen. Durch die deutsche Schuldenwende wird auch das Angebot an Bundesanleihen mit erstklassiger Bonität erheblich steigen. Zugleich hat die EZB ihre jahrelangen Anleihekaufprogramme beendet, die Notenbank fällt also als Finanzier erst einmal aus. Es wächst das Risiko, dass das große Zusatzangebot an sicheren Papieren alle Anleihekurse nach unten zieht, sprich: die Zinsen für alle erhöht. Für die schon hoch verschuldeten und angeschlagenen Länder würde das rasch gefährlich.

Wenn eine neue Euro-Krise vermieden werden soll, dann müssen die Gemeinschaftsbonds dazu führen, dass die angeschlagenen Länder durch den Bonitätstransfer der »Frugalen« unter dem Strich finanziell entlastet werden. Nutzt Deutschland seine Bonität und seine Kreditspielräume dagegen in großem Stil nur für sich selbst, dann wird es für Partner wie Frankreich oder Italien am Kapitalmarkt eng.

Aus der deutschen Perspektive ist die Frage, ob es gelingen kann, mit der eigenen Kreditkarte die Schuldenbombe zu entschärfen. In einem Positivszenario verschaffen die frischen Mittel Europa den Neuanfang: mit einer revitalisierten und wachstumsstarken Wirtschaft, mit einer stabileren Währungsunion und einer eigenständigen Sicherheitsstruktur. Als strategischen Extra-Bonus könnte der Euro sich sogar noch den Status einer gesuchten Reservewährung vom Rang des US-Dollar erarbeiten: das »exorbitante Privileg«, das dauerhaften Zugang zu zinsgünstigem Kapital verschafft und die Unabhängigkeit in Finanz- und Handelsfragen stärkt.

Wenn diese »Flucht nach vorn« allerdings misslingt, dann sitzt nicht nur Deutschland auf teuren alten Rechnungen. Die europäische Wirtschaft verliert dann ihren fiskalischen Garanten und Stabilitätsanker. Die gesamte EU und die Euro-Zone geraten in die Falle, in der Italien bereits seit Jahrzehnten steckt: Ein hoher Schuldenberg lässt sich nur noch mit der ständigen Hilfe der Notenbank unter Kontrolle halten.

Immerhin sind die Europäer – anders als die USA – bisher nicht auf ausländisches Kapital angewiesen. Im Gegenteil: Vor allem Deutschland exportiert in hohem Umfang Ersparnisse. Im Zeitraum 2015 bis 2024 lag der Überschuss in der europäischen Leistungsbilanz im Schnitt bei deutlich über 2 Prozent des BIP. Der deutsche Leistungsbilanzüberschuss war mit annähernd 7 Prozent einer der höchsten der Welt. Das damit aufgebaute deutsche Nettoauslandsvermögen betrug Ende 2024 knapp 3,5 Billionen Euro, Deutschland lag damit weltweit an der Spitze, knapp vor Japan (3,3 Billionen).

Realwirtschaftlich bedeutet das, dass ein erheblicher Teil der hiesigen Ressourcen für die Herstellung von Exportgütern eingesetzt wird. Würden diese Arbeitskräfte und Produktionsmittel künftig umgelenkt – also etwa Autozulieferer zu Rüstungszulieferern umgebaut –, dann hätte Europa genügend eigene Kapazitäten für seine neuen Aufgaben. Es könnte außerdem auf seine Auslandsvermögen zurückgreifen und daraus höhere Importe finanzieren. Auch der Aufbau Ost nach der deutschen Einheit wurde zum Teil über diesen Mechanismus finanziert: Die Leistungsbilanz der Bundesrepublik, die sonst typischerweise Überschüsse auswies, drehte im Boom für einige Jahre tief ins Minus. Aus dem Netto-Exporteur Deutschland wurde ein Netto-Importeur, Ressourcen aus dem In- und Ausland flossen in die ostdeutsche Wirtschaft.

Ob die Investoren auch das neue Europa-Projekt mitmachen und ihr Kapital im Vertrauen auf einen kommenden Boom freiwillig umlenken, ist noch offen. Auf den unbedingten Patriotismus, mit dem in früheren Zeiten Kriegsanleihen oder »War Bonds« gezeichnet wurden, können die Regierungen heute kaum zählen. Der Blick der Politik geht deshalb vorsorglich auch schon einmal auf die Mittel, die von den heimischen Privatanlegern bisher im Ausland, vor allem in den USA, investiert werden. Für eine europäische »Spar- und Investitionsunion« wirbt der frühere italienische Premier Enrico Letta, der für die EU einen Bericht zur Fortentwicklung des Binnenmarkts erarbeitet hat.[85] Es sei, so Letta, ein »besorgniserregender Trend, dass jährlich rund 300 Milliarden Euro an Ersparnissen europäischer Familien ins Ausland abgezweigt werden«, statt für die »strategischen Bedürfnisse« der EU genutzt zu werden. Emmanuel Macron griff das in seiner Sorbonne-Rede ebenfalls auf: »Jedes Jahr fließen 300 Milliarden Euro unserer Ersparnisse ab, um die Amerikaner zu finanzieren. Das ist eine Verirrung.«

Deutschland macht sich locker

Gemeinschaftliche Eurobonds oder eine »europäische Fiskalkapazität« wurden in der Vergangenheit von den deutschen Regierungen stets abgelehnt. Vor allem Union und FDP beharrten darauf, dass Europa zu den ursprünglich verabredeten und rechtlich bindenden Konstruktionsprinzipien der Währungsunion zurückfinden müsse: Die Geldpolitik ist Aufgabe einer unabhängigen und strikt auf Preisstabilität verpflichteten EZB; die Finanzpolitik bleibt Sache der Mitgliedsstaaten und wird durch gemeinsame Regeln, Koordinierungsrunden und die Sanktionskräfte des Bondmarkts auf Stabilitätskurs gehalten. Die gemeinsame Haftung für Schulden ist grundsätzlich ausgeschlossen.

Immer neue Ausnahmen und Ergänzungen haben dieses Modell allerdings zerrieben, schon lange bevor Friedrich Merz die große Schuldenwende vollzog. Die ordnungspolitischen Argumente haben auch in der deutschen Wirtschaftspolitik ihren Rückhalt verloren. Als der damalige SPD-Finanzminister Olaf Scholz in der Pandemie 2020 die französische Initiative aufgriff, gemeinsame EU-Schulden zu machen, tat er das keineswegs entschuldigend, aus der Notlage heraus, sondern aus Überzeugung. Scholz präsentierte die europäischen Bonds für den »Wiederaufbaufonds« als den »Hamilton«-Moment Europas: den historischen Durchbruch zu einem gemeinsamen Fiskus nach dem Vorbild der Vereinigten Staaten von Amerika.

Die neue Strategie hatte er lange vorbereitet. Sein Vertrauter Wolfgang Schmidt und sein Chefökonom Jakob von Weizsäcker pflegten einen regelmäßigen Austausch mit Wirtschaftswissenschaftlern aller Couleur. In der Anfangsphase der Pandemie versammelten sie sogar wöchentlich per Video eine bunt gemischte Ökonomenrunde. Über diese Fäden entstand 2025 auch die Schuldenwende. Von Weizsäcker, seit 2022 Finanzminister des Saarlands, holte nur wenige Tage nach der Bundestagswahl vier alte Diskussionspartner zu einer Videoschalte zusammen: Jens Südekum, Ökonom aus Düsseldorf mit guten Kontakten in der SPD; Michael Hüther, Direktor des industrienahen IW; Moritz Schularick, Präsident des Kiel Instituts für Weltwirtschaft, und Clemens Fuest, Präsident des Münchener ifo Instituts, einigten sich auf ein kurzes Papier, das für zwei neue gewaltige Sondervermögen warb.[86] Die Empfehlung fand zu den Koalitionsverhandlern von Union und SPD, die im Blitztempo die Verfassungsänderung und das faktische Aus der Schuldenbremse beschlossen. Als Friedrich Merz nur zwei Wochen später im Bundestag seinen Kurswechsel erklärte, berief er sich ausdrücklich auf die wissenschaftlichen Impulsgeber: »Das sagen uns die vier namhaftesten Ökonomen unseres Landes.«

Die neue Koalition hat sich damit gleich zu Beginn aus der finanziellen Kalamität befreit, an der ihre Vorgänger gescheitert waren. Die Ampel-Koalitionäre hatten sich strategisch darauf verlassen, ungenutzte Kreditermächtigungen aus der Pandemiezeit für ihren »Klima- und Transformationsfonds« zu nutzen. Als das Verfassungsgericht 2023 die Umwidmung dieser 60 Milliarden Euro verbot, entfiel das finanzielle Fundament der selbst ernannten »Fortschrittskoalition«: Sie hatte plötzlich nur noch die Optionen, Ausgaben radikal umzuschichten, weitere Sondervermögen aufzulegen oder eine erneute »außergewöhnliche Notsituation« gemäß Artikel 109 GG auszurufen. Der Kanzler Olaf Scholz feuerte schließlich seinen FDP-Finanzminister Christian Lindner, weil der zusätzliche Schulden ablehnte.

Die Beschlüsse zur Reform respektive Aushebelung der Schuldenbremse verschaffen der neuen Berliner Regierung nun reichlich Luft:

- Ausgaben für die äußere Sicherheit oberhalb von einem Prozent des BIP (2025: circa 44 Milliarden Euro) können jederzeit über Schulden finanziert werden. Dazu zählen nicht nur alle Verteidigungsausgaben in einem sehr weit gefassten Sinne, sondern auch die Unterstützung der Ukraine. Als »Hilfe für völkerrechtswidrig angegriffene Staaten« im Sinne des neu formulierten Artikels 115 GG unterliegt diese ebenfalls keiner Verfassungsgrenze mehr. Wird das Ziel für die nationalen Verteidigungsetats in der NATO und in Europa künftig von 2 auf weit über 3 Prozent des BIP angehoben, dann ergibt die neue Regel zusätzliche Schuldenspielräume von gut 100 Milliarden Euro jährlich. Bei Ausgaben von 5 Prozent des BIP, die ebenfalls schon diskutiert wurden, wären es weit über 170 Milliarden Euro pro Jahr.

- Auf Drängen der SPD wurde zugleich ein Sondervermögen für zusätzliche Infrastrukturinvestitionen im Umfang von 500 Milliarden Euro eingerichtet (Artikel 143 h GG). Aus diesem neuen Schuldentopf können – auf Drängen der Grünen – auch »zusätzliche Investitionen zur Erreichung der Klimaneutralität bis zum Jahr 2045« finanziert werden. Insgesamt 100 Milliarden Euro sind dafür vorgesehen. Der Topf ist auf zwölf Jahre befristet, die Schulden müssen danach wieder abgetragen werden.
- Auch die Bundesländer, denen seit 2020 nur noch konjunkturbedingte Defizite erlaubt waren, haben künftig mehr Schuldenspielraum. Sie dürfen sich regelmäßig in Höhe von 0,35 Prozent des BIP verschulden (Artikel 109 GG). Diese Freigrenze galt bisher nur für den Bund.

Die neue finanzielle Beinfreiheit der Regierung Merz wird auf insgesamt rund eine Billion Euro geschätzt. Der Parteienstreit um die Kasse lässt sich damit auf Jahre finanziell dämpfen. Der Bruch mit der Schuldenbremse sendet zugleich eine große Botschaft nach außen: In der veränderten Welt entscheidet sich die deutsche Politik zu einem historischen Paradigmenwechsel und verändert demonstrativ ihre Prioritäten. Die Verteidigungs- und Abschreckungsfähigkeit erhält Vorrang vor allem anderen; der Umbau der Wirtschaft wird mit erheblichen staatlichen Mitteln gefördert. Öffentliche Investitionen sollen die Dauerstagnation überwinden. Zugleich wird Spielraum geschaffen, um gemeinsame europäische Projekte zu unterstützen.

Die Kosten der Wende

Eine Strategie, die zuerst die Schulden plant und erst danach genauer klären will, wofür die Mittel eigentlich verwendet werden, ist politisch und ökonomisch riskant. Das gilt erst recht, wenn übersehen wird, dass die geopolitische Zeitenwende auch zur Zeitenwende an den Kapitalmärkten geführt hat. Auf die Rückkehr höherer Zinsen und einer verschärften Konkurrenz um das Kapital ist die deutsche Politik heute so wenig vorbereitet wie seinerzeit die »schwäbische Hausfrau« auf die Weltfinanzkrise. Damals waren es die alten, scheinbar selbstverständlichen Rezepte der Sparsamkeit, die plötzlich aus der Zeit gefallen waren und sich als kontraproduktiv erwiesen. Heute sind es die so plausibel erscheinenden Lehren von den »billigen Schulden« aus den 2010er-Jahren, die sich als trügerisch herausstellen könnten.

Dass Staatsschulden Folgekosten haben, ist in einem hoch verschuldeten Land wie Italien ständig präsent. Aus der öffentlichen Debatte Deutschlands ist das Problem über die Jahre weitgehend verschwunden. Die hohen impliziten Zukunftslasten bei Renten und Pensionen, Kranken- und Pflegeversicherung sind ohnehin unsichtbar. Doch auch die Kosten der expliziten Kreditaufnahme waren zuletzt kaum noch ein politisches Thema. In den öffentlichen Haushalten schlagen diese Kosten nicht mehr nennenswert zu Buche: Dank der Konsolidierungspolitik sind sie im Laufe der Jahre gleichsam unbemerkt verdunstet.

Als die Schuldenbremse 2009 im Bundestag beschlossen wurde, begründete sie der damalige SPD-Finanzminister Peer Steinbrück noch so[87]: »Wir stecken in einem Schraubstock der Verschuldung. Der steigende Schuldenstand und die steigende Zinslastquote verkarsten den Bundeshaushalt zusammen mit anderen Komponenten immer mehr.« Die neue Schuldenbremse solle den Staat nicht fesseln, sondern es gehe gerade im Gegenteil darum, seine »Handlungsfähigkeit und Reichweite zu vergrößern, indem wir die Zinslastquote und die Schuldenlastquote deutlich senken«.

Dass den Bundesländern damals keine eigene Freigrenze für die regelmäßige Verschuldung eingeräumt wurde, lag an der begründeten Sorge der reicheren Länder, für die Schulden der ärmeren in Haftung genommen zu werden. Bremen und das Saarland, die in Haushaltsnotlagen geraten waren, erhielten nach einem Urteil des Verfassungsgerichts seit den frühen 1990er-Jahren Sanierungshilfen vom Bund und den anderen Ländern. Im ursprünglichen Entwurf für die Schuldenbremse war für die Bundesländer noch eine Verschuldungsfreigrenze von 0,15 Prozent des BIP vorgesehen. Zusammen mit den 0,35 Prozent des Bundes hätte das einen gesamtstaatlichen Spielraum von 0,5 Prozent jährlich ergeben. Es war Bayerns CSU-Ministerpräsident Horst Seehofer, der mit seinen Unionskollegen die Regel einer strukturellen Null-Verschuldung für die Länder durchsetzte.

Von Steinbrücks »Schraubstock der Verschuldung« sprach ein Jahrzehnt später keiner mehr. Die perfekte Kombination aus stark sinkenden Zinsen einerseits, einer wachsenden Wirtschaft und einem schrumpfenden Berg an zu bedienenden Altschulden andererseits hatte das möglich gemacht. Nach Berechnungen der Bundesbank summierte sich die Zinsersparnis von der Finanzkrise bis 2019 auf 436 Milliarden Euro. Diese Summe ist deutlich größer als ein kompletter Jahreshaushalt des Bundes in jener Zeit.

2019, im Jahr vor der Pandemie, flossen gerade noch 1,5 Prozent des Bundeshaushalts in die Zinsausgaben. In den späten 1990ern hatte dieser Anteil bei fast 7, bei der Verabschiedung der Schuldenbremse immerhin noch bei knapp 5 Prozent gelegen. Die gesamten Zinslasten des deutschen Staates betrugen Ende der 1990er rund 3,5 Prozent des BIP, bei der Debatte um die Schuldenbremse immer noch 2,7 Prozent. Zu jener Zeit waren die Ausgaben für Zinsen damit annähernd doppelt so hoch wie der Verteidigungsetat. Im Jahr vor der Pandemie betrugen die staatlichen Zinskosten dagegen gerade noch 0,8 Prozent des BIP.

Am Wendepunkt

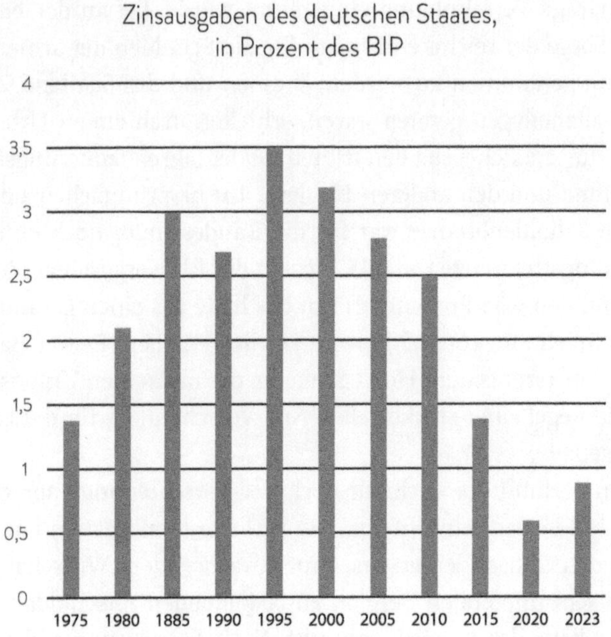

Quelle: IWF

Im Kreis der G7-Länder blieb das ein Sonderfall, die anderen Staaten haben ihren Schuldenberg in den 2010er-Jahren nicht verkleinert. Auch sie profitierten allerdings von der Entlastung durch die niedrigen Zinsen. Besonders in Europa war dieser Effekt sehr ausgeprägt. So konnten auch Italien und Frankreich den Anteil der Zinsausgaben an ihren Budgets deutlich senken. In den angelsächsischen Staaten blieben die Zinsen etwas höher, die Schuldendienstquote sank deshalb nicht so ausgeprägt. Nach der Schuldenoffensive gegen den Corona-Schock explodieren nun die Zinskosten in den USA und in Großbritannien.

Die deutsche Politik hatte sich durch die Schuldenbremse selbst gezwungen, den wirtschaftlichen Aufschwung nach dem Weltfinanzcrash und der Euro-Krise für die Haushaltskonsolidierung zu nutzen. Eine andere Möglichkeit hätte darin bestanden, das weltweit noch immer überreichliche Kapitalangebot und die daraus folgenden Mini-Zinsen für eine staatliche Investitionsoffensive zu nutzen. Viele Ökonomen hatten dafür geworben. Langfristig hätten auch solche Investitionen die Schuldenquote verringert, sofern sie das Wirtschaftswachstum gestärkt hätten.

Mängel in der deutschen Infrastruktur oder im Bildungswesen waren schon damals nicht mehr zu übersehen. Der reale Zins für deutsche Staatsanleihen war seit der Weltfinanzkrise negativ. Ein exakt ausgeglichener Haushalt – die »schwarze Null« – war unter diesen Bedingungen ein Ziel, das ausschließlich politisch begründbar war. Ging man davon aus, dass die Kapitalschwemme dauerhaft sein würde – etwa weil dahinter eine »säkulare« Stagnation steckte –, dann konnten auch die Ansprüche an die Rentabilität von Projekten deutlich zurückgenommen werden. Allerdings eben nur unter dieser Annahme.

Als die Renditen deutscher Staatstitel, die inflationsbereinigt schon länger negativ waren, 2016 auch erstmals nominal unter null fielen – der Bund also sogar noch Geld für neue Schulden bekam –, da warnte der Chefökonom des Bundesfinanzministers Wolfgang Schäuble, man dürfe nicht dem »Sirenengesang der billigen Finanzierung« verfallen. Es drohe die Gefahr, so Ludger Schuknecht, dass der ultraleichte Kredit vor allem in »politisch motivierten, schlecht vorbereiteten und ineffizienten Projekten« verbrannt werde. Doch je länger die Ära des superbilligen Kapitals anhielt, desto mehr sprach dafür, die Ansprüche zu lockern. Jakob von Weizsäcker, der Chefökonom von Olaf Scholz, warb ausdrücklich für ein Umdenken in der Finanzpolitik, weil sich nun »viele öffentliche und private Investitionen lohnen könnten, die sich in der Vergangenheit vielleicht nicht gelohnt hätten«.

Am Ende fiel der deutsche Realzins durch die Inflation ab 2021 noch einmal ganz tief ins Minus, je nach Berechnungsweise auf minus 3 Prozent oder sogar noch darunter. Auch die riesigen Ausgabenprogramme in der Corona-Krise waren dadurch leicht verkraftbar. Als die Wirtschaft nach der Pandemie wieder in Gang kam, bildete sich der Schuldenstand fast geräuschlos zurück. Denn der Zinssatz war zunächst noch niedrig und das Nominalwachstum zeitweise stark inflationär aufgebläht.

Wenn die Ära der Kapitalschwemme allerdings heute vorbei ist, dann sind »Wummse« keine Selbstläufer mehr. Liegt der Realzins künftig wieder merklich über null, dann müssen auch die Anforderungen an schuldenfinanzierte Projekte steigen. Einige Vorhaben, die sich zum früheren Billigzins vielleicht gerechnet hätten, lohnen sich dann nicht mehr. Kreditfinanzierung hat wieder einen Preis, der langfristig fühlbar wird.

Der Bundesrechnungshof schätzte in seiner kritischen Stellungnahme zur Lockerung der Schuldenbremse, dass die Zinsverpflichtungen des Bundes im Jahr 2035 mit dann über 70 Milliarden Euro mehr als doppelt so hoch sein werden wie heute.[88] Kumuliert über die Dekade bis dahin ergäben sich durch die Ausgaben für die Rüstung und das Sondervermögen rund 200 Milliarden Euro zusätzliche Zinsausgaben. Ein möglicher weiterer Anstieg der Zinssätze ist in dieser Schätzung nicht berücksichtigt. Die konservativen Rechnungsprüfer unterstellten für ihre Schätzung einen Nominalzins von 2,4 Prozent, was ungefähr der Verzinsung der zehnjährigen Bundesanleihen am Jahresbeginn 2025 entsprach.

Steigen die realen Zinsen und bleibt das Wirtschaftswachstum schwach, dann kommt eine Schuldenlawine in Gang, die sich nur aufhalten lässt, indem die Regierungen ständig dagegen ansparen – sprich: sogenannte Primärüberschüsse erzielen und ihren Steuerzahlern mehr abnehmen, als sie im Gegenzug an öffentlichen Leistungen bereitstellen. Weil das langfristig kaum durchzuhalten ist, wird die Politik irgendwann auch nach anderen Auswegen suchen – etwa einer höheren Inflation.

Der Wachstumseffekt der neuen Schulden ist in der Zukunft deshalb nicht mehr nur ein »nice to have«, nicht bloß eine nette, aber optionale Zugabe. Er ist entscheidend, wenn diese Schulden dauerhaft tragbar bleiben sollen. Die Qualität der finanzierten Projekte wird künftig so wichtig wie seit Jahrzehnten nicht. Dass grundsätzlich jede Art von kreditfinanzierten Staatsausgaben erst einmal Kaufkraft erzeugt und die Nachfrage kurzfristig anheizt, reicht als Nutzen nicht aus. Es kommt vielmehr darauf an, dass daraus früher oder später neue Einkommensströme entstehen, aus denen sich die Schulden bedienen und die Verpflichtungen der Sondervermögen wieder tilgen lassen, so wie das die Verfassung vorschreibt.

Misst man die Merz-Wende in der Schuldenpolitik an diesem Maßstab, dann sind die entscheidenden Fragen noch völlig offen. Die Optimisten setzen darauf, dass die geliehenen Milliarden der Türöffner für produktive Investitionen, Reformen und eine überfällige »Wirtschaftswende« sein werden. Andere sehen darin einen zwar wichtigen, aber nur allerersten Schritt: Strategische und schuldenfinanzierte Investitionen in Infrastruktur und Verteidigung seien »notwendig, aber nicht ausreichend«, um die stagnierende deutsche Wirtschaft wieder auf einen nachhaltigen Wachstumspfad zurückzubringen, urteilten etwa die Chefvolkswirte des Deutsche Bank Research Institute am Tag der Verfassungsänderung.[89] Im schlimmsten Fall erweisen sich die neuen Kredite lediglich als der Kitt für eine anders nicht zusammenzuhaltende Koalition.

Superbonus, oder: Wie man 220 Milliarden verbrennt

Mario Draghi wählte für seine erste große Wortmeldung nach dem Abschied von der EZB ein traditionsreiches katholisches Laienfestival. Beim »Treffen für Völkerfreundschaft/Meeting per l'amicizia fra i popoli)« im Adria-Badeort Rimini sprach der einstige Jesuitenschüler im August 2020 über die Ethik des wirtschaftlichen Wiederaufbaus nach der Pandemie.[90] Die hohen und rasant gestiegenen Schuldenstände würden die Politik von nun an für eine lange Zeit begleiten, so sein Befund. Die (damals noch) niedrigen Zinsen seien »an sich keine Garantie für Nachhaltigkeit«.

Ebenso wichtig sei »die Wahrnehmung der Qualität der aufgenommenen Schulden«. Denn je schlechter das Bild hier werde, desto größer werde die politische Unsicherheit und desto bedrohter seien Arbeitsplätze, Investitionen und Konsum. Der Schuldenanstieg, so Draghi, lasse sich nur dann nachhaltig über die europäischen Institutionen, die Sparer und die Märkte finanzieren, wenn das aufgenommene Geld tatsächlich für »produktive Zwecke« verwendet werde: für Investitionen in die Bildung, in wichtige Infrastrukturen, die Forschung. Solche Kredite könnten als »gute Schulden« gelten. Solche für unproduktive Ausgaben seien dagegen »schlechte Schulden«, die Nachhaltigkeit der Staatsfinanzen werde dadurch untergraben.

Zum Zeitpunkt dieser Mahnung verhandelten die europäischen Regierungen bereits über den »Wiederaufbaufonds«, der zum Teil mit gemeinschaftlichen EU- Schulden die Folgen der Corona-Pandemie abmildern sollte. Im Februar 2021, am Tag nach der formellen Gründung dieses EU-Fonds, wurde Draghi selbst zum Premier einer technokratischen Übergangsregierung in Rom gewählt.

In seinem Land war da allerdings schon etwas aus dem Ruder gelaufen, das auch die neue Regierung nicht mehr eingefangen bekam. Es war, in den Worten seines Wirtschaftsministers Daniele Franco, »eine der größten Betrügereien in der Geschichte der Republik«[91].

Die Idee war radikal und sie klang so gut, dass sie politisch nicht mehr zu bremsen war: »Jeder kann sein Haus renovieren, um es grüner zu machen. Sie werden keinen Cent dafür ausgeben«, hatte Draghis Vorgänger Giuseppe Conte versprochen, der als Parteiloser eine Koalition aus der populistischen Fünf-Sterne-Bewegung und den Sozialdemokraten führte. Mit dem sogenannten »Superbonus« übernahm der italienische Staat nicht nur sämtliche Kosten für energiesparende Renovierungen in den Privathaushalten – er legte sogar noch ein Zehntel obendrauf.

Diese Über-Subvention wurde allerdings nicht einfach in Euro ausbezahlt, sondern in Form von übertragbaren Steuergutschriften. Die Kosten des Programms schlugen sich deshalb nicht sichtbar auf der Ausgabenseite des Staatshaushalts nieder, sondern nur indirekt in Form von verringerten Einnahmen. Die übertragbaren Steuergutschriften entwickelten sich gleichzeitig zu einer Art Parallelwährung, zirkulierten im Land und wurden für Transaktionen aller Art eingesetzt. Die Regierung setzte eine quasi-monetäre Expansion in Gang, die an der EZB vorbeilief.

Der Preis für diesen ungewöhnlichen Stimulus war enorm. Der 110-prozentige Zuschuss lud zu Schummeleien geradezu ein, denn die Auftraggeber verloren jedes finanzielle Interesse daran, Kosten zu begrenzen oder auch nur zu kontrollieren. So wurden die Rechnungen aufgebläht, Leistungen gar nicht erst erbracht oder für nicht vorhandene Gebäude abgerechnet. Über 10 000 neue Bauunternehmen wurden gegründet und nach dem Auslaufen des Programms wieder geschlossen. Handwerker boten ihren Kunden Prämien an, um an Aufträge zu kommen. Die Preise in der Bauwirtschaft zogen an. Der Schaden durch Betrug wird auf 15 Milliarden Euro geschätzt.

Die Wirkung auf das Wachstum blieb dagegen hinter den hohen Erwartungen zurück. Der Effekt für die Umwelt wurde extrem teuer erkauft. Ökonomen schätzen, dass mit dem Programm für jede eingesparte Tonne CO_2 über 1000 Euro ausgegeben wurden. Im System des europäischen Emissionshandels betrug der CO_2-Preis je Tonne zur gleichen Zeit etwa 80 Euro. Hätte man die entsprechenden Zertifikate gekauft und stillgelegt, dann hätten beispielsweise Kohlekraftwerke ihre Emissionen reduzieren müssen. Die CO_2-Einsparungen wären erheblich kostengünstiger erfolgt.

Obwohl der Missbrauch und die Ineffizienz des Superbonus bald erkennbar waren, gelang es der Politik nicht, das populäre Programm schnell wieder zu stoppen. Die Kosten waren wenig transparent und die Lobbyisten der begünstigten Branchen kämpften für die Subvention. Das Kabinett Draghi verlor im Sommer 2022 seine Parlamentsmehrheit, erst die nachfolgende Regierung unter Giorgia Meloni reduzierte den Subventionssatz ab 2023. Im Mai 2024 wurde die Nutzung der Steuergutschriften schließlich stark eingeschränkt, teilweise sogar rückwirkend. Das Programm sei für die Staatsfinanzen »verheerend« gewesen, erklärte die Regierung. Die Einnahmeverluste in der vierjährigen Laufzeit beliefen sich am Ende auf rund 220 Milliarden Euro. Der spanische Ökonom Luis Garicano, der an der London School of Economics (LSE) lehrt, nennt den Superbonus deshalb »eines der teuersten Fiskalexperimente der Geschichte«. Er kritisiert allerdings auch die europäischen Institutionen, die das Treiben widerstandslos laufen ließen.

Die europäischen Institutionen nahmen die faktische Verletzung der Fiskalregeln hin, weil sie die Idee des Stimulus in den Zeiten der Pandemie unterstützten. Auch die Kapitalmärkte ignorierten das gigantische Finanzleck in Rom, weil Italiens Staatsanleihen durch die EZB faktisch abgesichert werden. Die »Bond-Vigilanten« sind in der EU nach der Euro-Krise entmachtet worden. Für die Politik werden Ausgaben damit zunehmend zu einem »Free Lunch«: einer Einladung zum kostenlosen Konsum. Die Gratisschulden befeuern den Gratismut.

Für den LSE-Ökonomen Garicano steht der Superbonus prototypisch für das vorherrschende Denken am Beginn der 2020er-Jahre: Verschuldung galt per se als Wachstumsmotor. Die Ideen hinter dem italienischen Programm ähnelten denen der etwas später einsetzenden Bidenomics in den USA: Ein gewaltiger schuldenfinanzierter Nachfragestimulus wurde mit den Zielen des grünen Umbaus und der sozialen Gerechtigkeit verknüpft. Den damaligen Zeitgeist charakterisiert Garicano so: »Die bisherige Politik war immer nur zu zaghaft, die traditionellen Budgetbeschränkungen können deshalb getrost ignoriert werden, wenn es um größere soziale Ziele geht.«

Schulden zum Investieren – Lorenz von Stein revisited

Mario Draghi warb in seiner Rimini-Rede 2020 besonders nachdrücklich für Investitionen in die Bildung. Diese seien nicht nur entscheidend für das Wachstum, die anstehenden Transformationen und die grundlegende Fähigkeit einer Gesellschaft, mit Ungewissheit und Wandel umzugehen. Massive Investitionen in die Bildung seien auch ein »moralischer Imperativ«. Denn die beispiellosen Schulden müssten künftig vor allem von den jungen Menschen zurückgezahlt werden, die durch die Pandemie bereits wichtige Berufserfahrungen und Qualifikationen verloren hätten.

Eine Art »kollektiver Egoismus« habe bisher immer dazu geführt, dass Regierungen ihre Mittel in Vorhaben steckten, die sich politisch garantiert und kurzfristig auszahlten. Das sei »nicht mehr akzeptabel«. Vielmehr sei es eine Pflicht, die junge Generation mit den Mitteln auszustatten, die sie brauche, um die Schulden zu bedienen und zugleich in einer besseren Gesellschaft zu leben.

Das Argument der Generationengerechtigkeit muss für die neue Welt der hohen Schulden zweifellos neu gedacht werden. Die alte Warnung vor den »Steuern von morgen« hat sich zu einem großen Teil schon erübrigt, denn die Entscheidung, hohe finanzielle Lasten in die Zukunft zu verschieben, ist von der Politik längst getroffen worden. Sie ist auch nicht mehr rückholbar, solange es keine Zeitmaschine in die Vergangenheit gibt. Die junge Generation wird Staatsschulden (und auch die entsprechenden Papierforderungen in Gestalt von Staatsanleihen) in gewaltiger Höhe erben. Die entscheidende Frage bleibt, auf welches reale Kapital sie sich dann stützen kann.

In der politischen Rhetorik werden Schulden und Investitionen heute fast durchgängig gleichgesetzt. Weil der Wunsch nach Aufbauprojekten groß ist, wirkt der Ruf nach Krediten nur folgerichtig. Im langen deutschen Streit um die Schuldenbremse kehrte auch die berühmte alte These des Staatswissenschaftlers Lorenz von Stein zurück, wonach ein Staat, der keine Schulden macht, stets »zu wenig für die Zukunft tut«. Der schöne Satz suggeriert allerdings eine Deckungsgleichheit, die weder logisch zwingend noch historisch belegt ist: Investitionen gibt es auch ohne Staatsschulden; und vor allem gibt es Staatsschulden auch ohne Investitionen.

Die deutsche Politik hat über die Jahrzehnte mit stark wechselndem Erfolg versucht, die staatlichen Kredite auf »gute Schulden« zu beschränken. In der ursprünglichen Fassung des Grundgesetzes von 1949 (Artikel 115) kam das Prinzip zwar nur kurz und untechnisch, dafür aber sehr klar zum Ausdruck: Kredite des Staates sollten nur zulässig sein »bei außerordentlichem Bedarf« und in der Regel nur für Ausgaben »zu werbenden Zwecken«. Die Formulierung folgte der Weimarer Reichsverfassung von 1919 (Artikel 87). »Werbende Zwecke« meinte im damaligen Sprachgebrauch »Erwerbszwecke«, also Investitionen, die künftige wirtschaftliche Erträge generieren würden – im Gegensatz zu rein ideellen oder immateriellen Zwecken. Die Weimarer Republik überging diese Regel angesichts der Lasten des verlorenen Krieges immer wieder. In den Wirtschaftswunderjahren der jungen Bundesrepublik wurde sie aber eingehalten.

Die Modernisierung der Vorschrift 1969 war getragen vom keynesianischen Geist einer besseren Konjunktursteuerung. Kredite durften seither die »veranschlagten Ausgaben für Investitionen nicht überschreiten«; Ausnahmen davon waren zulässig für die »Abwehr einer Störung des gesamtwirtschaftlichen Gleichgewichts«. Die frustrierenden Ergebnisse dieser Formel führten 40 Jahre später zur Einführung der Schuldenbremse durch die Große Koalition. Von einem dreifachen »Strickfehler« sprach der damalige SPD-Bundesfinanzminister Peer Steinbrück bei der Verabschiedung der Verfassungsänderung.[92] Man habe sich bisher nur »im Kabinett auf die Apfelsinenkiste stellen« und das gesamtwirtschaftliche Ungleichgewicht ausrufen müssen – »schwuppdiwupp« seien höhere Kredite möglich geworden. Zudem sei diese Art der Konjunkturpolitik immer asymmetrisch geblieben: »Wir haben in schlechten Zeiten Schulden gemacht, diese aber in guten nie zurückgezahlt.«

Fatal sei schließlich der »falsche Investitionsbegriff« dieser Regel, so Steinbrück: »Wir haben die Situation, dass jeder Euro in Beton als Investition und jeder Euro in die Köpfe der Menschen als konsumtiv definiert ist.« Der Stuttgarter Ministerpräsident Günther Oettinger, der die Schuldenbremse federführend für die CDU aushandelte, formulierte diesen Punkt im Bundesrat noch plastischer. In der privaten Wirtschaft seien fremdfinanzierte Investitionen in den Hochbau meistens auch mit mehr Umsatz und Ertrag verbunden. Das erlaube es dann, die Kredite zu beherrschen und zu tilgen. Im Falle des Staates komme aber meistens nicht eine zusätzliche Steuerkraft heraus, sondern das Gegenteil: ein Anstieg der laufenden Ausgaben.

Baue eine Kommune etwa ein neues Bürgerhaus oder Stadtmuseum, sei das zwar formal eine Investition, die ohne Zweifel auch die Lebensqualität verbessere. Finanziell sei es aber ein Desaster, so beklagte Oettinger: »Im Haushalt schlägt dies mit einem Hausmeister mehr und mit steigendem Heizölverbrauch zu Buche. Das bedeutet, dass die Finanzkraft der Gemeinde sinkt.«

Die Schuldenbremse verbot seit 2009 keineswegs jede Verschuldung, sie ist nicht identisch mit dem rein politischen Ziel einer »schwarzen Null« im Haushalt. Sie schreibt allerdings detailliert vor, dass die Schulden zu kontrollieren und abzubauen sind, die in einer Rezession gemacht werden dürfen. Außerdem regelt sie eng, wann Kredite wegen einer Notlage ausnahmsweise erlaubt und wie sie später wieder zu tilgen sind. Die alte Klausel zugunsten von – wie auch immer zu definierenden – »Investitionen« wurde von der Großen Koalition bewusst gestrichen. Übrig blieb nur die pauschale Verschuldungsfreigrenze von 0,35 Prozent des BIP.

Die These, dass die Infrastruktur und das Bildungssystem seither nur deshalb verfallen, weil dem deutschen Staat das Geld fehlt, ist wenig überzeugend. Länder wie die Schweiz oder Schweden schaffen es, trotz strikter gesetzlicher Grenzen für ihre Staatsverschuldung eine leistungsfähige Infrastruktur aufzubauen und zu erhalten.

Auch die Niederlande haben ihren Haushalt immer wieder konsolidiert, ohne gravierende Infrastrukturmängel in Kauf zu nehmen.

Schon allein die gut 340 Milliarden Euro, die der deutsche Fiskus in den 2010er-Jahren durch die niedrigeren Zinsen einsparte, hätten reichlich Zusatzspielraum für höhere Investitionen eröffnet. Diese Mittel wurden teilweise für den Schuldenabbau genutzt. Sie gingen aber auch in höhere Konsumausgaben, die den Koalitionsparteien einfach politisch wichtiger waren. Die vorhandenen Mittel flossen in den vergangenen Jahren zudem oft zäh ab, weil Bau- und Verwaltungskapazitäten fehlten oder bürokratische Hindernisse im Weg standen. Teilweise wurden die Budgets auch durch überproportionale Preisanstiege aufgefressen. So kam die Studie eines Beratungshauses 2025 zu dem alarmierenden Ergebnis, dass der starke Aufwuchs der Bahninvestitionen in den vergangenen Jahren überhaupt nicht dazu führte, dass mehr gebaut wurde.[93] Es habe lediglich »explosionsartige Preissteigerungen« gegeben. Deutliche Hinweise sprächen dafür, dass der Treiber dieses branchenspezifischen Inflationsschubs »die Bereitstellung von (zu viel) staatlichem Geld« gewesen sei. Das werfe auch die grundsätzliche Frage auf, »ob und wie staatliche Konjunkturprogramme in spezialisierten Branchen wie dem Bahnbau Preistreiber sind«.

Der neue Kanzler Merz hat in seiner ersten Regierungserklärung immerhin darauf hingewiesen, dass die künftigen Schulden auch Zinslasten nach sich ziehen werden. Sie seien daher nur zu legitimieren, wenn sie auch das Leistungsvermögen des Landes steigerten: »Dann lässt es sich rechtfertigen, aber nur dann.« Die Schulden, die Merz durch die jüngsten Grundgesetzänderungen möglich gemacht hat, werden aber zu einem großen Teil den ökonomischen Charakter von Konsumschulden haben.

Für die schnelle Aufrüstung und die Unterstützung der Ukraine in ihrem Verteidigungskrieg gibt es starke sicherheitspolitische Argumente. Eine Investition in dem Sinne, dass daraus einmal künftige Zahlungsströme erwachsen werden, sind diese Ausgaben aber nicht. Möglicherweise werden sie einige Spillover-Effekte haben: Sie könnten technische Innovationen hervorbringen, die in der Wirtschaft auch breiter anwendbar sind. Wichtige Erfindungen der US-Tech-Industrie haben bekanntlich ihre Wurzeln in der Grundlagenforschung für das Pentagon – vom Internet bis zur KI. Die Politik sollte versuchen, dafür die richtigen Anreize zu setzen.

Die Rüstungsausgaben könnten auch die Krise der deutschen Industrie abpuffern und einen Konjunkturimpuls geben. Solche Effekte dürften aber insgesamt überschaubar sein. Das vordringliche Ziel der Ausgaben, bei dem auch keinerlei Abstriche gemacht werden können, ist schließlich ein anderes: Bereits bekannte Militär- und Sicherheitstechnik muss in kurzer Zeit und in großem Umfang beschafft werden. Das Argument dafür, zu diesem Zweck jetzt Schulden zu machen, lautet nur, dass der abrupte Ausgabenanstieg anders nicht zu verkraften ist. Die Last wird also zeitlich gestreckt. Sie finanziert sich aber nicht selbst und muss später getragen werden. Grundsätzlich bleibt die Verteidigung eine elementare Staatsaufgabe, die aus den laufenden Einnahmen finanziert werden muss.

Etwas besser stehen die Chancen bei dem neuen Infrastrukturfonds, der zu einem Fünftel auch »Investitionen zur Erreichung der Klimaneutralität bis 2045« speisen soll. In der Verfassung ist festgeschrieben, dass diese Projekte »zusätzlich« sein müssen. Der Investitionsbegriff ist allerdings auch hier sehr vage. Möglicherweise werden aus dem Fonds auch »soziale Infrastrukturen« oder »Investitionen in den sozialen Zusammenhalt« finanziert – Ausgaben, die eher der Sozial-, Gesellschafts- und Umweltpolitik zuzurechnen sind und die bestenfalls sehr indirekt dazu beitragen können, dass die Schulden künftig leichter bedient werden können.

Gerade die Jüngeren, denen die künftige Steuerlast bereits zugeschoben worden ist, sollten das höchste Interesse daran haben, dass mit den neuen Krediten tatsächlich ein produktives Vermögen finanziert wird. Dieses Kapital muss nicht zwingend die Gestalt von neuen Bauten und Anlagen annehmen. Schon die Investitionen in

Instandhaltung und Pflege der vorhandenen Infrastruktur zahlen sich aus: Ökonomische Studien deuten darauf hin, dass die Renditen auf diesem Feld, das von der Politik typischerweise vernachlässigt wird, ganz besonders hoch sind. Eine Offensive für die Bildung und Ausbildung, wie sie auch Mario Draghi gefordert hat, würde es den Jüngeren zudem ermöglichen, das langfristig wichtigste Kapital für sich selbst aufzubauen. Schulden für Konsum sind aber das Letzte, was sie gebrauchen können.

Populäre Illusionen

Kostenlose Schulden: Modern Monetary Theory

Die Erfinder des italienischen Superbonus waren 2020 auch inspiriert von einer neuen Denkschule, die als »Modern Monetary Theory« (MMT) populär geworden ist. Die zunehmende Verschmelzung von Geld- und Fiskalpolitik wird von dieser Bewegung radikal zu Ende gedacht: Staaten, die sich ihr eigenes Geld drucken, können niemals zahlungsunfähig werden. Ergo, so die These, werden Schuldenprobleme bloß ideologisch aufgebauscht und überbewertet. Die Politik braucht sich überhaupt nicht um einen Haushaltsausgleich zu sorgen. Sie kann ihre Projekte jederzeit über Geldschöpfung finanzieren und sollte dabei nur im Auge behalten, dass sie die realwirtschaftlichen Möglichkeiten des Landes nicht überfordert. Denn in diesem Fall droht Inflation.

Bestätigt fühlten sich die MMT-Anhänger durch den schwachen Aufschwung nach der Weltfinanzkrise, der aus ihrer Sicht die Folge einer überängstlichen Finanzpolitik war. Die konservativen Warner vor Inflation und Staatsbankrott hatten offenkundig falschgelegen. Und der Fall Japan zeigte doch, dass selbst dauerhafte Riesenschulden ganz geräuschlos finanzierbar sind. »Der Staat kann seine künftigen Verpflichtungen immer erfüllen, weil ihm das Geld nie ausgeht«, erklärt die US-Ökonomin und prominente MMT-Evangelistin Stephanie Kelton in ihrem populären Buch *The Deficit Myth*[94]. Die einzig relevante Grenze sei das Teuerungsproblem: »Das Geld wird immer da sein. Die Frage ist: Was kann man dafür kaufen?«

Nach der Erfahrung der Dauerflaute in den 2010er-Jahren interessierte das Inflationsrisiko die MMT-Anhänger kaum. Ihre Standarddiagnose ist die chronische Unterauslastung der Wirtschaft, das japanische Szenario, für das selbst der Fed-Chef Ben Bernanke einst »eine kooperativere Haltung seitens der Zentralbank« empfahl. »Normalerweise gibt es genügend ungenutzte Kapazitäten (slack) in der Wirtschaft«, lehrt Kelton.[95] Die Budgetdefizite seien deshalb in der Regel zu klein und nicht zu groß. Welche Ausgaben sinnvoll, welche Schulden »gut« und welche »schlecht« sind, ist allein nach politischen Wünschen und Maßstäben zu entscheiden. Da die Schulden nichts kosten und per se gut und wirtschaftsbelebend sind, braucht auf eine produktive Verwendung nicht mehr gesondert geachtet zu werden. MMT rechtfertigt den Traum vom Primat der kreativen Politik über die trostlose Ökonomie.

In der Wissenschaft blieben die MMTler stets Außenseiter. Selbst die keynesianisch geprägten Ökonomen, die in den 2010er-Jahren am vehementesten für mehr Schulden warben, lehnten den monetären Radikalismus scharf ab: Paul Krugman nannte Keltons Argumente »offensichtlich unhaltbar« und »ein Durcheinander«, Larry Summers sprach von »Voodoo-Ökonomie« und einem »Rezept für eine Katastrophe«.

Im Praxistest der frühen 2020er scheiterte die MMT krachend: Die Inflation geriet im Nachgang der Pandemie und der gewaltigen, teilweise von den Notenbanken finanzierten Stimulusprogramme außer Kontrolle. Die MMT lehrt zwar, dass jede Geldentwertung durch gezielte Steuererhöhungen zu verhindern ist. Dieser Teil der Theorie spielte in den Debatten jener Zeit aber nie eine Rolle.

Unabhängige Notenbanken können bei drohender Inflation Nein sagen und schnell handeln. Genau deshalb ist ihnen in den Demokratien ein rechtlicher Sonderstatus zugestanden worden. Ein rechtzeitiges Drosseln der Nachfrage mithilfe der Steuergesetzgebung ist dagegen schon aus politischen Gründen fast unmöglich: Präventive Belastungen des Massenkonsums sind unpopulär – ziehen die Preise dann später davon, finden Steuererhöhungen erst recht keine Mehrheit.

Das Stabilitätsversprechen einer Politik, die sich auf MMT berufen würde, wäre damit von vornherein unglaubwürdig. Langfristiges Vertrauen in die Staatsanleihen und die Währung gäbe es nicht mehr. Länder, die auf Kapitalzuflüsse angewiesen sind, können sich solche Experimente nicht leisten. Und nicht einmal Japan, das hohe Reserven und Handelsüberschüsse hat, kann einen Crash des Yen riskieren.

Wenn die Politik sich aller Budgetgrenzen entledigt, wie es die MMT nahelegt, hat das im Übrigen auch noch einen langfristigen Preis: Auf Prioritätensetzung und Effizienz kann dann eben einfach verzichtet werden. Ein solches »Anything goes« bei den Staatsausgaben fördert eine Schwindsucht der Produktivität, die auf Dauer jede Volkswirtschaft zermürbt.

MMT verheißt der praktischen Politik ein Schlaraffenland, das dadurch möglich sein soll, dass bisher brachliegende Ressourcen über Geldschöpfung mobilisiert werden. Schulden sind hier ein »Free Lunch«, es gibt sie gratis. Wird die Rechnung doch fällig, ist sie über progressive Steuerpolitik zu begleichen. Idealerweise werden dann die Vermögenden zur Kasse gebeten. Manche mögen das für eine kluge gesellschaftspolitische Strategie halten. Ökonomisch ist es ein Vabanque-Spiel.

Alternativlose Schulden: Not kennt kein Gebot

Das politisch stärkste Argument für die hohen neuen Schulden ist sehr einfach: Sie sind alternativlos. Not kennt kein Gebot, und jeder Kredit rechnet sich, wenn damit eine existenzielle Gefahr abgewendet wird. Die schnelle Wiederherstellung der militärischen Abschreckungsfähigkeit ist notwendig, weil sonst Frieden und Freiheit in Europa verloren gehen könnten. Der grüne Umbau ist notwendig, weil sonst die natürlichen Lebensgrundlagen der Menschheit gefährdet werden.[96]

Im Fall der Rüstungsausgaben kommt hinzu, dass die Umstände sich abrupt verändert haben. Es ist sinnvoll, einen plötzlichen massiven Bedarf nicht allein durch plötzliche massive Steuererhöhungen zu finanzieren. Das war schon immer der Grund für Katastrophen- und Kriegskredite. Auch in den Fiskalregeln der EU und in der deutschen Schuldenbremse gibt es seit jeher Ausnahmeregeln für solche existenziellen Notlagen.

Schulden können aber gleichzeitig alternativlos und ruinös sein. Es ist ein Kurzschluss, zu argumentieren, dass alle Schulden, die notwendig sind, sich deshalb auch schon automatisch finanziell rechnen. Wenn ihre Verwendung kein zusätzliches Einkommen schafft, dann können Zins und Tilgung später immer nur durch Verzicht aufgebracht werden. In Extremfällen, etwa nach einem verlorenen Krieg, sind die zukünftigen Steuerzahler damit überfordert.

Kredite für Investitionen nimmt ein privates Unternehmen oder ein Staat auf, um – plakativ gesagt – Schritt für Schritt reicher zu werden; Notlagenkredite nimmt man auf, wenn man schockartig ärmer geworden ist und der Verlust nun begrenzt werden muss. Die Last dieser Schulden ist deshalb sehr viel drückender – selbst wenn sie alternativlos sind.

Investitionskredite generieren neues Kapital, etwa Gebäude, Infrastruktur, Bildung oder Erfindungen. Die Kreditgeber finanzieren das gerne, solange sie die künftigen Erträge für plausibel halten und ausreichende Sicherheiten sehen. Am Anfang eines Notlagenkredits steht dagegen die bittere Erkenntnis, dass ein gewaltiger, bisher nicht einkalkulierter Schaden droht: Das vorhandene Kapital ist gefährdet, vielleicht sogar bereits zerstört oder wirtschaftlich entwertet. Die Rendite der Schulden besteht darin, dass dieser Schaden gemildert oder vielleicht doch noch vermieden wird. Ein solcher Nutzen kann enorm sein. Einen neuen Wohlstandssprung bringt er aber nicht.

In einer echten Krisensituation müssen deshalb zunächst auch die Wirtschaftspläne und die Prioritäten verändert werden: Auf welche Ausgaben und Projekte lässt sich verzichten, um freie Mittel für die Gefahrenabwehr zu gewinnen? Welche Vermögenswerte können womöglich flüssiggemacht werden, um den Handlungsspielraum zu vergrößern? Wenn die einzige Reaktion darin besteht, die Kreditkarte zu zücken, werden alle finanziellen Risiken in die Zukunft verlagert.

Nach der Qualität der schuldenfinanzierten Ausgaben muss im Übrigen auch, ja gerade dann hart gefragt werden, wenn Notlagenkredite aufgenommen werden. Weil sich die wirtschaftliche Ausgangslage verschlechtert hat, kommt es umso mehr darauf an, dass die schuldenfinanzierten Maßnahmen den drohenden Schaden auch tatsächlich mindern. Wenn es durchs Dach regnet, muss das Dach abgedichtet werden. Für Aktionen, die das Dach gar nicht schützen, darf der Kredit nicht verschwendet werden.

Das jeweilige Für und Wider von Maßnahmen kann nur für jedes Feld einzeln diskutiert werden. Wie beispielsweise eine wirksame und wirtschaftlich effiziente Sicherheits- oder Umweltpolitik aussehen müsste, ist an dieser Stelle nicht das Thema. Wichtig ist aber das Prinzip: Die Alternativlosigkeit eines Ziels bedeutet nicht, dass jegliche Ausgabe unter diesem Etikett alternativlos und wirtschaftlich sinnvoll ist. Um die Formulierung des Ex-Finanzministers Peer Steinbrück aus der Debatte um die Schuldenbremse zu aktualisieren: Gerade in einer Notlage darf es nicht reichen, sich »im Kabinett auf die Apfelsinenkiste zu stellen« und »Verteidigung« oder »Klima« auszurufen, damit »schwuppdiwupp« höhere Schulden möglich werden.

Weil durch Notkredite keine zusätzlichen verteilbaren Einkommen entstehen, ist auch die Lastenverteilung zwischen den Generationen problematischer. Das übliche Argument, dass der jüngeren Generation mit den »guten« Schulden zugleich ein produktiverer Kapitalstock hinterlassen wird, greift in diesem Fall nur sehr bedingt. Die Steuerzahler der Zukunft müssen bei Notlagenkrediten dafür zahlen, dass die Politik in der Gegenwart Gefahren abwehren will. Diese Lastenverschiebung lässt sich umso besser rechtfertigen, je zielführender die kreditfinanzierten Maßnahmen sind. Sie wird höchst fragwürdig, wenn die Jüngeren nur dafür zur Kasse gebeten werden, dass ihre Vorgänger sich selbst mehr finanzielle Beinfreiheit und ein gutes Gefühl verschafft haben.

Ausstieg aus den Schulden: De-Growth

MMT soll die Wirtschaft ankurbeln. Im Fall der Notlagenkredite für die Rüstung oder die Klimaneutralität hofft die Politik zumindest auf einen solchen Nebeneffekt. Aus den Schulden kann ein Land dann – zumindest theoretisch – wieder herauswachsen. Teile der grünen Bewegung lehnen ein weiteres Wirtschaftswachstum aber grundsätzlich ab. Sie sind überzeugt, dass die Wirtschaftsaktivität zum Zweck des Klimaschutzes bewusst gedrosselt werden muss. Verschiedene Varianten dieser Idee haben in den vergangenen Jahren wachsenden Einfluss in der politischen Öffentlichkeit gewonnen. 2023 fand im Europaparlament auf Initiative einiger Abgeordneter eine große Konferenz zum Thema »Beyond Growth« statt. Rund 2500 Teilnehmer versammelten sich für drei Tage, um über gesellschaftliche Transformation und Alternativen zur Steigerung des BIP zu diskutieren. Vom »Woodstock des Post-Growth« sprach eine Referentin.

Für das Schuldenproblem hätte eine gezielte Abkehr vom Wirtschaftswachstum dramatische Konsequenzen: »De-Growth« würde wie ein Brandbeschleuniger für die Verteilungskämpfe und einen künftigen Finanzcrash wirken. Auf der politischen Linken verbindet sich zwar zum Teil der Ruf nach größerer Verschuldung mit Sympathien für die Post- oder De-Growth-Ideen. Schulden und gleichzeitige Schrumpfung der Wirtschaft sind aber innerhalb der bestehenden Verfassung auf die Dauer unvereinbar.

Die radikalökologische Publizistin Ulrike Herrmann hat das in ihrem Bestseller *Das Ende des Kapitalismus* (2022) sehr prägnant herausgearbeitet: Ein Staat, der seine Wirtschaft auf Schrumpfungskurs zwingt, zerstört bewusst auch das Finanzsystem.

Herrmann hält die Abkehr vom Wachstum für zwingend notwendig. Das Wirtschaftssystem des Kapitalismus, das aus sich heraus immer zum Wachstum drängt, habe zwar einen historisch beispiellosen Massenwohlstand hervorgebracht. Dieser Weg sei unbestritten erfolgreich gewesen, er könne heute aber aus ökologischen Gründen nicht mehr weitergegangen werden, argumentiert Herrmann. Die einzig mögliche Lösung besteht nach ihrer Auffassung darin, den Kapitalismus durch politischen Befehl zu beenden. Um das Überleben der Menschheit zu sichern, soll das freiheitlich-marktwirtschaftliche System weitgehend beseitigt und stattdessen in eine Ordnung ähnlich einer Kriegswirtschaft umgebaut werden: Alle ressourcenintensiven Güter würden rationiert und von der Politik gesteuert.

Die konkreten Folgen für das Finanzsystem führt Herrmann in ihrem Buch nicht aus. Sie habe nicht gewollt, »dass alle Leser total erschrecken«, hat sie in einer öffentlichen Diskussionsveranstaltung einmal erklärt.[97] Denn in einer schrumpfenden Wirtschaft verliere nun einmal auch das Finanzvermögen seinen Wert: »Die Ersparnisse sind dann zu einem großen Teil weg.« Das Vermögen liege zwar vor allem bei den Reichen. Aber auch die obere Mittelschicht – »die jetzt hier sitzt – akademisch gebildet« – habe Ersparnisse, die dann verloren gingen. Banken werde es nicht mehr geben, denn deren Geschäft, die Kreditvergabe, breche zusammen. Das Geld an sich habe nur noch »mittelbare Bedeutung«, weil viele Güter nur noch auf Bezugsschein verfügbar sein würden: »Was nutzt mir Geld, wenn ich an Wasser nur rankomme, wenn ich einen Bezugsschein habe.«

Diese Zukunftsvision ist zutiefst autoritär. Wer sie umsetzen will, muss die Gewaltmethoden der Diktatur anwenden. Die ökonomische Analyse ist aber richtig: In einer dauerhaft auf Schrumpfung und spätere Stagnation ausgerichteten Wirtschaft kann es kein funktionierendes Kreditsystem mehr geben. Auch der Staat verliert sehr schnell seine Kreditwürdigkeit, denn die Schuldenlawine kann er mit den normalen Mitteln der Finanzpolitik nicht mehr aufhalten.

Erklärungsbedürftig bleibt, warum die privaten Kapitalgeber eines solchen Staates überhaupt seelenruhig ihre faktische Enteignung abwarten sollten. Kapital gilt zu Recht als »scheues Reh«: Es würde sich eher Fluchtwege suchen, als die Staatsanleihen einer angehenden De-Growth-Regierung zu finanzieren. Eine Schuldenpolitik, die bereits im Ansatz darauf hinausläuft, ja womöglich sogar ausdrücklich verkündet, ihre Gläubiger auf indirektem Wege zu enteignen, kann nur funktionieren, wenn sie auf ruppige staatliche Machtmittel setzt. Der Unterschied zur offenen Enteignung ist allenfalls kosmetisch. Die Regierung müsste schon im allerersten Schritt drastische Maßnahmen ergreifen, um Kapitalflucht zu unterbinden und die politisch noch gewünschten Investitionen zu erzwingen.

Die radikalökologische Bewegung stößt hier an eine harte ökonomische Grenze: Wer den »Wachstumszwang« ablehnt, Nullwachstum oder sogar wirtschaftliche Schrumpfung will, kann nicht zugleich in die Staatsverschuldung ausweichen. Nachhaltiges Wirtschaften in einem so strikten Sinn erfordert auch strikt ausgeglichene Etats: De-Growth braucht im Finanzministerium eine rigide »schwäbische Hausfrau«. Wer andererseits den grünen Umbau über eine große Schuldenoffensive finanzieren will, muss plausibel machen können, wie die Kredite in der Zukunft bedient werden sollen.

Schuldenabbau. The Good, the Bad and the Ugly

Welche Hebel bleiben

Der deutliche Abbau der Schuldenlast nach 1945 wäre ohne das außergewöhnlich kräftige Wirtschaftswachstum nicht möglich gewesen. Im langen Nachkriegsboom übertraf die Wachstumsrate in vielen Fällen den Zins, sodass die Schulden wie von selbst immer leichter tragbar wurden. Weitere Faktoren mussten allerdings noch hinzukommen[98]: So wurde die Expansion in der Wirtschaftswunder-Ära begleitet von einer überwiegend konservativen Finanzpolitik. Primärüberschüsse in vielen Staatshaushalten trugen ihren Teil zur Senkung der Schuldenquoten bei. Zudem profitierten die Regierungen immer wieder auch von der Inflation.

Eine Neuauflage dieser Erfolgsgeschichte erscheint in der heutigen Situation nahezu unmöglich. Drastische Verbesserungen sind weder bei der Wirtschaftsdynamik noch bei den Budgets absehbar. Wachstumsförderung und Haushaltssanierung sind in vielen Ländern auch keine politischen Gewinnerthemen.

Vor allem in Europa ist die Wachstumsskepsis groß. Die Salon-Idee der aktiven Wirtschaftsschrumpfung ist zwar nirgendwo Regierungsprogramm. EU-Kommissionspräsidentin Ursula von der Leyen erläuterte in ihrer Rede auf der »Beyond Growth«-Konferenz im Europäischen Parlament nur, wie die EU gesellschaftliche Ziele besser in ihre Wachstumspolitik integrieren will. Auch Robert Habeck, der frühere grüne Bundeswirtschaftsminister, hat sich die radikale De-Growth-Rhetorik nie zu eigen gemacht.

Weitverbreitet ist allerdings die Auffassung, dass der Fokus auf das Wachstum im Grunde nur die Obsession von Wirtschaftsfetischisten sei. Das Problem in Großbritannien sei, dass »fast jeder behauptet, Wachstum sei seine Priorität, und fast niemand es ernst meint«, schrieb der *Financial-Times*-Kolumnist Janan Ganesh, als die Labour-Regierung 2025 ihre neue Wachstumspolitik vorstellte.

Am Ende gebe es eben immer Argumente, die noch Vorrang hätten, seien es geopolitische, ökologische, kulturelle oder egalitäre. Das Ergebnis, so Ganesh, »ist die schlechteste aller Welten: kein ernsthaftes Streben nach wirtschaftlichem Erfolg, aber auch keine stillschweigende nationale Übereinkunft, dass wir uns auf ein Leben ohne großes Drama in der Stagnation einrichten sollten«.[99]

Der Befund lässt sich auf die meisten europäischen Länder übertragen. Die strukturellen Treiber des Wachstums (Demografie, Investitionen, Innovation) sind hier notorisch schwach. Eine konsequent auf die Stärkung dieser Kräfte ausgerichtete Politik – wie sie in den USA zumindest versucht wird – gibt es in Europa (bisher) auch nicht.

Bleibt die Rate des Einkommenswachstums unter dem Zins, dann lässt sich eine Schuldenlawine nur durch strikte Haushaltsdisziplin aufhalten. Die Regierungen sind dann gezwungen, regelmäßig Primärüberschüsse zu erwirtschaften. Das hoch verschuldete Italien lebt schon seit Langem unter diesem Joch: Bereinigt um die Zinskosten für die bereits aufgelaufenen Altschulden müssen die Budgets schwarze Zahlen erreichen. Eine solche Politik ist nicht nur höchst mühsam, sondern kann auch die Wachstumskräfte noch weiter beschädigen. Lähmende Steuerlasten und abrupte Ausgabenkürzungen, insbesondere bei den Investitionen, bremsen die Wirtschaftsdynamik.

Die Länder mit einer hohen Staatsausgabenquote werden ihre Haushalte deshalb nicht sanieren können, ohne ihre umfangreichen öffentlichen Leistungen einzuschränken. Frankreich etwa, das mit einer Ausgabenquote von regelmäßig über 55 Prozent des BIP an der Weltspitze liegt, kann die Einnahmen des Staates nicht mehr substanziell steigern: Auch die Abgabenquote ist hier bereits eine der höchsten der Welt. Die Debatten im Land kreisen denn auch schon seit Jahren eher um Steuerentlastungen. Wenn die ständig wachsende Staatsschuldenquote wieder auf das Vor-Pandemie-Niveau von knapp 100 Prozent sinken solle, gebe es »nur eine Lösung«, hat der Notenbankchef François Villeroy de Galhau gemahnt: Die öffentlichen Ausgaben, die vor allem bei der sozialen Sicherung weit über dem EU-Durchschnitt liegen, müssten inflationsbereinigt »stabilisiert«, sprich: eingefroren, werden.

Auch in den USA war die jüngste Explosion der Defizite vor allem eine Folge von stark steigenden Ausgaben. Da die Abgabenquote im internationalen Vergleich niedrig ist, besteht hier immerhin noch die Möglichkeit, den Haushalt über Steuererhöhungen zu sanieren. Politische Mehrheiten dafür sind allerdings nicht absehbar. Die Regierung Trump setzt sogar auf weitere Steuersenkungen und hat zur Gegenfinanzierung erst einmal eine Effizienzoffensive gegen »Verschwendung, Betrug und Missbrauch« in den Bundesbehörden gestartet. Selbst die radikalen und heftig umkämpften Einschnitte, die Elon Musk mit dem Department of Government Efficiency (DOGE) durchgesetzt hat, verringern das hohe Haushaltsdefizit nur geringfügig. Das US-Budget bestand 2025 zu fast 90 Prozent aus den Ausgaben für Gesundheit (26 Prozent), Rente (22), Zinsen (14), dem Verteidigungsetat (13) und Hilfen für Geringverdiener (11). An diese heiklen Posten muss heran, wer den Haushalt über Einsparungen konsolidieren will.

Für die Anleiheinvestoren sind das schlechte Nachrichten. Wenn das Wachstum nicht ausreicht und für die Etatsanierung die Mehrheiten fehlen, dann ist unklar, wie die Schulden dauerhaft bedient werden sollen. Als letzte Möglichkeit bliebe den Regierungen noch der Zugriff auf private Vermögen, die zu einer einmaligen Sonderabgabe herangezogen werden könnten. Absehbar ist aber, dass in einem solchen Umfeld auch die Gläubiger der Staaten zu einem Verzicht gezwungen werden dürften.

Die Ultima Ratio wäre ein spektakulärer Zahlungsausfall, der dramatische wirtschaftliche und politische Verwerfungen zur Folge hätte. Ein offener Staatsbankrott ist in den Industrieländern deshalb kaum vorstellbar. Eine Umschuldung, bei der die vertraglichen Ansprüche der Gläubiger unter dem Druck einer Notlage de facto gekürzt werden, wäre einem solchen Ausfall schon ähnlich. Das Instrument, das viel näher liegt, ist deshalb die Inflation: Sie wirkt schleichend, ist nur indirekt zu spüren und kann niemandem präzise zugerechnet werden.

Dauerhaft lässt sich ein Schuldenberg allerdings nur dann weginflationieren, wenn die Gläubiger auf die unerwartete Teuerung nicht reagieren können. Antizipieren die Investoren künftige Inflation, dann kaufen sie die Bonds nur noch bei entsprechend höherer Nominalverzinsung. Neue Schulden werden für den Staat also teurer. Je kurzfristiger er verschuldet ist und je häufiger er die Altschulden refinanzieren muss, desto schneller wird er selbst von der Inflation eingeholt.

Einen deutlichen Effekt bringt die Entwertung des Geldes lediglich bei den langfristigen Schulden, für die ein fester Zins vereinbart wurde. Die Ökonomen Barry Eichengreen und Rui Esteves stellten denn auch in einer historischen Studie fest, dass Inflation dem Fiskus seit dem frühen 19. Jahrhundert keineswegs immer geholfen hat: Berücksichtigte man die steigenden Zinskosten, dann ergab sich nur in der Hälfte der untersuchten Phasen eines deutlichen Schuldenabbaus, dass die Inflation per saldo dazu beigetragen hatte.[100]

Die Kombizange: Inflation plus Repression

Das Szenario einer Geldentwertung ist für viele Deutsche bis heute verbunden mit dem Drama der Hyperinflation von 1923. Staatliche und private Schulden wurden damals in kurzer Zeit faktisch ausgelöscht, aus Finanzvermögen wurde wertloses Papier. Zuvor war die Politik in Kriegszeiten finanziell aufs Ganze gegangen: Deutschland hatte bereits den Weltkrieg mit Schulden finanziert, die hohen Folgekosten des Krieges kamen hinzu – das Land hatte seine fiskalischen Ressourcen nahezu erschöpft. 1923 eskalierte dann der Konflikt um die Reparationen: Frankreich und Belgien besetzten das Ruhrgebiet, die deutsche Regierung rief zu Streiks und passivem Widerstand auf.

Für den ohnehin schon schwindsüchtigen Geldwert bedeutete diese Krise den Todesstoß. Im patriotischen »Ruhrkampf« traf ein drastisch eingeschränktes Güterangebot auf eine ungebremste Defizitpolitik: Eine Herzkammer der deutschen Wirtschaft stand rund acht Monate lang still; die ausfallenden Löhne für rund zwei Millionen Arbeiter übernahm der Staat. Zahlungsfähig war er in dieser Notlage nur noch durch Geldschöpfung. Der »Ruhrkampf« musste schließlich abgebrochen werden, weil er ökonomisch nicht mehr durchzuhalten war. Das Geld war vom Wertspeicher zu einem Wertvernichter geworden, die Bürger verstießen es panisch: Es wurde möglichst rasch ausgegeben, dadurch zirkulierte es schneller und schneller, was den Inflationsirrsinn immer weiter befeuerte.

Hyperinflationen sind traumatisch und brennen sich in das gesellschaftliche Gedächtnis ein. Sie sind aber nicht typisch für den Mechanismus der Schuldenentwertung durch Inflation. Denn die Überwältigung der Gläubiger durch eine rasant eskalierende Teuerung ist immer nur in Ausnahmesituationen möglich: Im Krieg oder in einem Notstand sind die wirtschaftlichen Freiheiten der Geldanleger ohnehin schon stark eingeschränkt. Wenn Bürger und Unternehmen aus den Anleihen und der eigenen Währung nicht mehr in stabilere Anlagen flüchten können, dann bleibt ihnen nur noch der möglichst schnelle Kauf von Sachwerten oder der nächstverfügbaren Konsumgüter.

Der übliche, ganz unspektakuläre Schleichweg zum Aushöhlen von Schulden und Geldwert führt über eine Kombination aus leicht erhöhter Inflation und Regulierungen, die sogenannte finanzielle Repression. Die US-Ökonomin Carmen Reinhart, die diese Entschuldungsmethode zusammen mit einigen Kollegen besonders intensiv erforscht hat, definiert sie sehr weit, als alle politischen Maßnahmen, die es Regierungen erlauben, »Gelder, die in einem deregulierten Marktumfeld anderswo hingehen würden, für sich selbst zu verwenden«.[101]

Der Staat kann seine Bürger in bestimmte Anlageformen und Finanzinstitutionen locken oder nötigen. Typischerweise zwingt er diese Institutionen dann, die Staatsschulden oder staatliche Aufgaben zu besonders niedrigen Zinsen zu finanzieren. Für die privaten Akteure werden Kreditmittel entsprechend knapper und teurer. Lässt die Notenbank zugleich eine etwas höhere Teuerung zu, dann wird der Realzins – die Spanne zwischen Nominalzins und Inflation – von beiden Seiten in die Zange genommen. Ein negativer Realzins sorgt dafür, dass die Schulden unspektakulär wegschmelzen. Die fiskalisch günstige »r < g«-Konstellation wird gleichsam administrativ erzwungen.

Es gab in der Geschichte ungezählte Spielarten dieser Technik, kreative Regulierer können sie immer wieder neu abwandeln. Auch das Ausmaß des staatlichen Drucks variiert: Es reicht vom direkten oder indirekten gesetzlichen Zwang bis zum politischen »Angebot, das man nicht ablehnen kann«. Eine klassische Methode der finanziellen Repression besteht darin, dass Pensionsfonds, Versicherungen oder inländische Banken gehalten sind, Kredite an den eigenen Staat zu vergeben. Steuervorteile können daran geknüpft werden, dass ein Mindestanteil des Kapitals in heimische Staatsanleihen gesteckt wird. Zinsen können explizit oder implizit gedrückt werden. So waren die Zinsen auf Bankeinlagen in den USA nach der Großen Depression jahrzehntelang gesetzlich gedeckelt.

Wenn der Staat seine Regulierungsmacht nutzt, um für sich günstigere Kreditkonditionen zu erzwingen, dann ist das eine verdeckte Form der Besteuerung. Die finanzielle Repression funktioniert am besten, wenn das Finanzsystem und der internationale Kapitalverkehr ohnehin streng reglementiert sind. In den ersten Jahrzehnten nach dem Zweiten Weltkrieg war die Methode allgegenwärtig: In vielen Industrieländern wurden die Nominalzinsen damals administrativ niedrig gehalten, Inflationsschübe sorgten für negative Realzinsen und damit Entschuldung. Nach den Berechnungen von Carmen Reinhart und ihren Co-Autoren war die reale Verzinsung von Schatzanweisungen der Industriestaaten von 1945 bis 1980 im Durchschnitt negativ. Die Anleger konnten kaum ausweichen, denn die Geldanlage im Ausland war nicht einfach und die Politik ohnehin überall recht ähnlich. Erst ab den 1980er-Jahren wurden die Finanzsysteme und der Kapitalverkehr umfassend liberalisiert.

Deutschland hat die Methode nach 1945 kaum benötigt, seine inländischen Staatsschulden wurden nach dem verlorenen Krieg durch die Währungsreform 1948 einfach gestrichen. In einigen anderen Ländern sorgte bereits die unkontrollierte Inflation in der unmittelbaren Nachkriegszeit für rasche Entschuldung. So schoss die Inflation in Japan zeitweise auf weit über 500 Prozent, während alle Sparguthaben eingefroren waren. Auch Frankreich erlebte zeitweise Inflationsraten von gut 50 Prozent.

In etlichen Ländern reichten aber schon weit weniger spektakuläre Teuerungsraten aus, um die Schulden auszuhöhlen. Die US-Inflation etwa sprang nur kurz auf knapp 20 Prozent und fiel dann wieder in den einstelligen Bereich; auch in Großbritannien wurde die Teuerung unter Kontrolle gehalten. Der nominale Langfristzins in den USA und in Großbritannien betrug aber stets nur 2 bis 3 Prozent. So erlitten dann beispielsweise auch die Amerikaner, die Kriegsanleihen gezeichnet hatten, spürbare reale Einbußen: Zehnjährige US-Bonds aus dem Jahr 1944 brachten über ihre gesamte Laufzeit ein reales Minus von mehr als 10 Prozent.

Hohe reale Verluste mussten die Bondkäufer der Industrieländer auch in der unerwartet heftigen Inflationswelle der 1970er-Jahre einstecken. Weil die Investoren damals immer stärker zurückscheuten, stiegen die Nominalrenditen auf deutlich über 10 Prozent. Selbst das reichte aber zunächst nicht, um die Geldentwertung auszugleichen. Das Bild von den »Bond-Vigilanten«, die mit Käuferstreiks gegen unsolide Politik kämpfen, entstand aus den Erfahrungen in der Spätphase dieser Inflationszeit. Das Vertrauen in die Bonds kehrte erst zurück, nachdem die Notenbanken die Inflation in den frühen 1980er-Jahren hart und nachhaltig zurückgedrängt hatten. Von da ab warfen die Anleihen auf einmal unerwartet hohe reale Renditen ab. Ein langer Trend ständig sinkender Zinsen und steigender Anleihekurse begann, der erst mit dem Inflationsschock der frühen 2020er-Jahre endete.

Über längere Zeiträume kann das Zusammenspiel von leicht erhöhter Inflation und regulatorisch gedrückten Zinskosten die Staatsverschuldung substanziell verringern. Nach den Schätzungen von Reinhart und ihren Co-Autoren wurden die Schuldenquoten der USA und Großbritanniens in der Nachkriegsära durch die finanzielle Repression um mindestens 3 bis 4 Prozentpunkte jährlich verringert. In anderen untersuchten Ländern, darunter Italien, war der Effekt sogar noch etwas größer.

Ein problemloses Allheilmittel ist diese Technik allerdings auch nicht. Das heutige Schuldenproblem vieler Länder wird sich auf diese Weise nicht lösen, sondern allenfalls abmildern lassen. Die Risiken und Nebenwirkungen sind beträchtlich, denn der Begünstigung des Schuldners Staat steht immer die Benachteiligung der privaten Akteure gegenüber. Sparen wird dadurch unattraktiver, die Mittel für die privaten Investitionen werden knapper und teurer. Diese indirekten Effekte können das BIP-Wachstum schwächen und am Ende sogar dazu führen, dass die Schuldenquote gar nicht sinkt, sondern weiter steigt. Eine Studie deutscher Ökonomen kam jüngst zu dem Ergebnis, dass in den USA während der Nachkriegsära diese unsichtbaren Negativeffekte überwogen haben.[102]

Rein praktisch stellt sich die Frage, ob die repressiven Methoden der Nachkriegszeit heute überhaupt noch wiederbelebt werden könnten. Die alte Welt der Kapitalverkehrskontrollen, festen Wechselkurse und staatlich dominierten Sparinstitutionen gibt es längst nicht mehr. Frühere Regeln sind durch Finanzinnovationen hinfällig geworden. Die Deckelung der Zinsen für Bankeinlagen führte beispielsweise in den USA zur Popularisierung von Geldmarktfonds. Bereits Kleinanleger können heute aus einer immer weiter wachsenden Fülle von konkurrierenden Investmentprodukten auswählen. Sie empfinden es auch als selbstverständlich – und als ihr gutes Recht –, ihr Geld international zu investieren. Die »Krypto-Revolution« wird künftig noch einmal völlig neue Möglichkeiten eröffnen, Finanzgeschäfte außerhalb der traditionellen Großinstitutionen abzuwickeln.

Wenn nichts mehr geht: Letzte Mittel

In einem Szenario des Durchwurstelns schaffen es die hoch verschuldeten Länder, ihre Staatsfinanzen durch etwas mehr Wachstum, etwas mehr Sparsamkeit und ein bisschen sanfte Enteignung via Inflation stabil zu halten. Einen Schutzschirm gegen akute Krisen stellen ihre Notenbanken bereit. Die Unfallgefahr bleibt dann allerdings hoch, denn die fiskalischen Sicherheitsmargen sind erschöpft. Einen weiteren schweren Schock wie die Pandemie, eskalierende militärische Konflikte oder auch nur eine besonders schwere Rezession könnten viele Länder heute nicht mehr verkraften.

In einem solchen Fall dürften deshalb auch drastischere politische Eingriffe auf die Tagesordnung kommen. Auf der staatlichen Einnahmenseite stehen dann Vermögensabgaben zur Debatte. Auf der Ausgabenseite dürfte es an die Zinsansprüche der Gläubiger gehen.

Nach der Weltfinanz- und der Euro-Krise wurden Vermögensabgaben zeitweise schon einmal intensiv diskutiert.[103] Die Schuldenquoten einiger Euro-Staaten waren so stark gestiegen, dass ihre weitere Kreditwürdigkeit an den Märkten infrage stand. Zudem war der Schuldenanstieg zu einem großen Teil Folge der Bankenrettungen. Dass die Gemeinschaft der Steuerzahler für private Fehlspekulationen einstehen musste, war offenkundig ungerecht. Innerhalb Europas zeigte sich, dass einige der Krisenländer, die gerettet werden mussten, über höhere Vermögen verfügten als diejenigen, die für die Hilfspakete herangezogen wurden.

Mit einer einmaligen Abgabe, die Privatvermögen auf den Staat überträgt, lässt sich der Netto-Schuldenstand schlagartig senken.

Selbst wenn ein Staat dadurch keine flüssigen Mittel gewinnt, verbessert er sofort seine Bilanz und kann seine Kreditwürdigkeit zurückgewinnen. In einer »absoluten Ausnahmesituation« wie der sonst drohenden Staatspleite könne diese Option deshalb womöglich noch die beste aller verbleibenden Alternativen sein, analysierte 2014 die Bundesbank.[104] Allerdings bleibe das Verfahren riskant: Mutiert die einmalige Abgabe zu einer dauerhaft höheren Besteuerung laufender Einkommen, dann bremst sie das Wachstum und treibt Investoren in die Flucht.

Obwohl das Krisenmanöver der Vermögensabgabe häufig mit dem »Lastenausgleich« der jungen Bundesrepublik gleichgesetzt wird, ist es mit dem historischen Vorbild lediglich verwandt. Damals wurden nach langer Debatte vermögensabhängige Sonderabgaben eingeführt, um die sehr ungleich verteilten Kriegsschäden teilweise auszugleichen und fast zehn Millionen Vertriebene und Flüchtlinge einzugliedern. Diese Abgaben wurden über 30 Jahre hinweg ratenweise aus den laufenden Einkommen bezahlt. Das Vermögen selbst wurde weder umverteilt noch verstaatlicht.

Gerät ein Staat in eine akute Finanzklemme, dann müssen sich auch die Gläubiger darauf einstellen, dass ihre Ansprüche drastisch gekürzt werden könnten. Der amerikanische »Bond-König« Jeffrey Gundlach warnt bereits seit Längerem davor, sich einfach auf die bestehende Rechtslage zu verlassen. Wie schnell sich Regeln ändern könnten, habe nicht erst die Pandemie gezeigt. In der Finanzgeschichte gebe es zahlreiche Fälle, in denen auch die USA in bestehende Verträge und Gläubiger-Schuldner-Beziehungen eingegriffen haben. Gundlach hält es für möglich, dass die US-Regierung in einer Krise die Zinsansprüche einfach deckele, beispielsweise alle höher verzinsten Bonds auf einen Coupon von einem Prozent zurücksetze. Das träfe vor allem die langlaufenden Titel mit hohen regelmäßigen Zinszahlungen, die für Pensionsfonds wichtig sind. »Es wäre eine totale Katastrophe, aber so ist das eben, wenn man keine andere Wahl hat«, sagt Gundlach. Der »Bond-König« selbst präferiert aus diesem Grund Null-Coupon-Anleihen, die keinen laufenden Zins zahlen, sondern den kumulierten Anspruch erst mit der Tilgung der Anleihe auszahlen.

Unter der Überschrift »Mar-a-Lago-Abkommen« werden seit einiger Zeit sogar Übergriffe auf die US-Papiere diskutiert, die von Staaten als Devisenreserven gehalten werden. Die Idee ist benannt nach der Residenz Donald Trumps in Florida, wo ein solcher Deal unterzeichnet werden könnte. Sie geht zurück auf Überlegungen des Star-Analysten Zoltan Pozsar, der skizziert hat, wie die USA ihre Rolle in der Weltpolitik und im Weltfinanzsystem neu gestalten könnten. Das strategische Ziel Washingtons wäre einerseits eine Abwertung des Dollar, die Amerikas Exporte stärken und seine hohen Einfuhren bremsen würde; andererseits eine Entlastung des US-Budgets von den hohen Kosten, die für die Aufgaben als »Weltpolizist« und Sicherheitsgarant anfallen.

Der Chefökonom der Trump-Regierung, Stephen Miran, hat diese Ideen vor seinem Amtsantritt in einem Strategiepapier aufgegriffen[105]: Die Verbündeten, so Miran, könnten aufgefordert werden, ihre Reserven zu reduzieren, um den Dollar zu schwächen. Damit diese Verkäufe nicht zugleich den Treasury-Markt ins Wanken bringen, müsste der Rest der Papiere in sehr langfristige, niedrig verzinste »Century-Bonds« umgewandelt werden. Diese neuen 100-jährigen (Zwangs-)Anleihen wären gleichsam der Clubbeitrag, den Alliierte für den Schutz durch Amerikas Militärmacht leisten müssen. Zolldrohungen der USA würden dem Ansinnen zusätzlichen Nachdruck verleihen.

Rund ein Viertel der US-Staatsanleihen wurde Anfang 2025 von Ausländern gehalten, rund die Hälfte davon (rund 4,2 Billionen Dollar) entfiel auf staatliche Reserven, größtenteils asiatischer Länder. Der mit Abstand größte staatliche Gläubiger der USA ist Japan, dessen Reserven gut 1,1 Billionen Dollar betragen. China, das zeitweise noch höhere offizielle Bestände hält, hat diese über die Jahre schon etwas abgebaut und umgeschichtet. Da es teils indirekt – etwa über

Länder wie Belgien und Luxemburg – investiert, ist der genaue Umfang der Investments unbekannt. Forscher der Chinesischen Akademie für Sozialwissenschaften konstatierten aber im Frühjahr 2025, dass die Sicherheit von US-Treasuries »nicht mehr gegeben« sei. Man müsse sich deshalb »im Hinblick auf die Absicherung unserer Staatsanleihen Sorgen machen«[106].

Die Partner, die Amerika unter seinem Schutzschirm aufnimmt, würden mit den »Century-Bonds« langfristig an der Finanzierung des US-Militärapparats beteiligt. Die Notenbank Fed würde ihnen garantieren, dass sie ihre Reserven weiterhin beleihen können, also bei finanziellen Engpässen flüssig bleiben. Die Gläubiger dieser sehr langfristigen Bonds würden allerdings ein erhebliches Risiko tragen: Durch erhöhte Inflation und Dollar-Abwertung könnten ihre Ansprüche leicht ausgehöhlt werden. Zudem wären ihre Reserven wesentlich höheren Kursschwankungen ausgesetzt: Steigende Zinsen schlagen sich bei sehr lang laufenden Papieren in sehr hohen Wertverlusten nieder, denn der Nachteil der alten gegenüber den neuen, besseren Coupons summiert sich über besonders viele Jahre auf.

Eine derartige Zwangsumschuldung käme also bereits einer partiellen Enteignung der Gläubiger nahe. Die amerikanischen Staatsanleihen wären nicht länger der sichere Hafen für alle, der Dollar nicht länger der »gute Freund« (Markus Brunnermeier), auf den in der Not immer Verlass ist. Ob andere Staatsschuldner von einem solchen Regimewechsel profitieren könnten, ist allerdings ungewiss. Der »globale Moment des Euro« (Christine Lagarde) ist bisher ein reiner Hoffnungswert. Die verbliebene Stärke des Dollar ergibt sich schon heute zu einem großen Teil aus der Schwäche aller denkbaren Alternativen: Die Schuldenbombe tickt überall. Wenn der »gute Freund« ausfällt, werden sich die Investoren mit dem »relativ besten Freund« begnügen müssen.

TEIL 5

POSITIONEN FÜR ANLEGER

»How's the water?«

Russell Napier, Finanzhistoriker und Anlagestratege

Von jetzt an anders

Der Finanzhistoriker Russell Napier erzählt gerne die Geschichte von der Begegnung zwischen einem alten Fisch und zwei jungen Fischen. »Ist ein schöner Tag heute, Jungs«, sagt der alte Fisch im Vorbeischwimmen: »Wie ist das Wasser?« Als der Alte weg ist, fragt der eine junge Fisch den anderen: »Was zum Teufel ist Wasser?«

Umweltbedingungen werden oft als völlig selbstverständlich und stabil wahrgenommen. Die längerfristige Betrachtung zeigt aber, dass sie sich radikal wandeln können. Das gilt auch für die Kapitalmärkte. Napier gehört zu denjenigen, die auf mittlere Sicht solche Strukturbrüche im Weltfinanzsystem erwarten.

Die vergangenen Jahrzehnte waren geprägt von der Öffnung der Grenzen für Handel und Investments. Die internationale Ordnung war eine Pax Americana, entworfen und geschützt von der militärischen, technologischen und finanziellen Supermacht USA. Das Weltwährungssystem war gebaut um den Dollar, der bis heute die wichtigste Währung im internationalen Handel ist, und in dem Staaten weiter den größten Teil ihrer Währungsreserven halten. Als Polster für harte Zeiten werden kurzlaufende US-Staatsanleihen gekauft, die als die risikofreie Anlage schlechthin gelten.

Das Festkurssystem, das für die Nachkriegszeit in Bretton Woods vereinbart worden war, zerbrach zwar Anfang der 1970er-Jahre. Seither sind die Wechselkurse flexibel, der Dollar und alle anderen Währungen sind nicht mehr an Gold gebunden. Die Inflation ist dennoch meist unter Kontrolle geblieben. Garant dieser Stabilität ist heute nicht mehr irgendein Edelmetall, sondern das Vertrauen in die Kompetenz und Standhaftigkeit der Währungshüter. Den »Ph.D.-Standard« nennen das manche Gold-Anhänger abfällig: Alles hängt ab von den versierten Ökonomen mit Ph.D.- oder Doktortitel, die für eine verantwortungsvolle Geldpolitik sorgen.

Seit die Notenbanker die Inflation zu Beginn der 1980er niedergerungen haben, sind die Zinsen im Trend immer weiter gesunken.

Denn der Ausgleich für die Geldentwertung, den die Kapitalgeber fordern, wurde immer geringer. Auch in realer Betrachtung, also bereinigt um den Inflationseffekt, ist das Kapital billiger geworden. Einige Länder stellten der Welt ständig sehr hohe Sparüberschüsse zur Verfügung – allen voran China, aber auch Deutschland und Japan. Die immer weiter fallenden Zinsen haben die Preise vieler Vermögenswerte kräftig angeschoben. Und sie haben die Verschuldung für alle Akteure attraktiv gemacht.

Die Finanzen der meisten großen Industrieländer sind aber heute an einem kritischen Punkt angekommen: Die Schulden sind so hoch, dass ein Verlust des Investorenvertrauens sehr schnell eine eskalierende Krise, eine fiskalische »Todesspirale« (Ray Dalio), auslösen kann. Einzelne, sehr hoch verschuldete Länder wie Italien leben schon seit Jahrzehnten mit diesem ständigen Risiko. Heute ist Italien fast überall – auch und gerade am Anleihemarkt des größten und wichtigsten Staatsschuldners von allen, den USA. Der Status des Dollar als Reservewährung wird infrage gestellt, sogar von der amerikanischen Regierung selbst. Für den Präsidenten Donald Trump ist die Pax Americana nur ein überteuertes Projekt zugunsten anderer, dessen Kosten die USA nicht länger tragen sollten. Der freie Handel wird eingeschränkt.

Der »Truss-Moment«, der die Briten im Herbst 2022 bereits an den Rand einer großen Finanzkrise führte, wird überall gefürchtet. Die übrigen G7-Länder sind zwar – aus jeweils unterschiedlichen Gründen – weniger verwundbar als Großbritannien. Aber die Londoner Episode hat gezeigt, dass die Investoren den Regierungen nur noch mit Vorbehalten vertrauen. Die Notenbanken stehen unter hohem Druck, der Politik notfalls zu helfen, Kredite billig zu halten und auch Inflation in Kauf zu nehmen. Es ist wenig wahrscheinlich, dass die Währungshüter dauerhaft Nein sagen und zum Schutz des Geldwerts selbst eine schwere Wirtschaftskrise (»whatever it breaks«) in Kauf nehmen können.

Auf das zentrale Argument, mit dem die Verschuldung in der vergangenen Dekade so gut begründbar war, werden die Staaten in der

Zukunft wahrscheinlich nicht mehr zählen können. Kapital gab es lange Zeit überreichlich. Der stetig sinkende Realzins, der teils sogar unter null fiel, erleichterte die Schuldenlast und eröffnete die Aussicht, dass die Schuldenlawine einfach »wegschmelzen« könnte: Bleibt der Zins unter der Wachstumsrate (»r < g«), dann werden die Schulden relativ zum Einkommen immer kleiner und leichter tragbar. Vieles spricht aber dafür, dass diese Ausnahmesituation vorüber ist und das Kapital künftig wieder knapper und damit teurer wird. Ein steigender Zins wird die Krise der Staatsfinanzen dann noch verschärfen.

Allein durch Haushaltskonsolidierung und ein stärkeres Wirtschaftswachstum kann die Politik diese Schuldenbombe voraussichtlich nicht entschärfen. Sie dürfte deshalb auch Zuflucht in billigem Geld und verschärfter Kapitalmarktregulierung suchen, dem Instrumentenmix, der als »finanzielle Repression« bekannt ist. Erhöhte Inflation entwertet die finanziellen Verpflichtungen des Staates, sie drückt den Realzins, den er zahlen muss. Durch Regulierungen kann er die Investoren auch langfristig zwingen, eine solche Einbuße hinzunehmen und ihr Kapital dem Staat zu Vorzugskonditionen zur Verfügung zu stellen. Für private Investitionsprojekte bleibt entsprechend weniger Kapital übrig – sie werden vom Großschuldner Staat verdrängt.

Deutschland ist das letzte große Industrieland, dessen Staatsfinanzen als robust gelten und das deshalb noch größere Kreditspielräume hat. Es haftet allerdings implizit längst mit für seine Euro-Partner, es hat die Rolle des Stabilitätsankers der Währungsunion. Dass die EU fiskalisch noch etwas besser dasteht als die USA, liegt im Wesentlichen an der bisherigen deutschen Konsolidierungspolitik. Wenn Deutschland künftig deutlich höhere Schulden aufnimmt, dann tritt es am Kapitalmarkt in Konkurrenz zu seinen angeschlagenen Euro-Partnern, die höhere Zinsen kaum verkraften können. Auch die deutsche Schuldenwende vergrößert so das Risiko einer Staatsschuldenkrise.

Das Umfeld für alle Investoren, das »Wasser«, in dem sie schwimmen, verändert sich also erkennbar. Die herausragende Stellung der amerikanischen Kapitalmärkte, des Dollar und der US-Staatsanleihen ist angeschlagen. Auf die Einschränkungen des freien Handels könnten Einschränkungen des freien Kapitalverkehrs folgen. Die Weltwirtschaft zerfällt in verschiedene Wirtschaftsräume, langfristig könnten sich auch die Währungsarrangements ändern. Vieles spricht dafür, dass die Notenbanken eine höhere Inflation tolerieren werden, um Finanzkrisen abzuwenden. Die Zukunft bleibt an den Märkten immer ungewiss. Doch einige Anlagestrategien, die in den vergangenen Jahren erfolgreich und populär waren, werden in diesem Umfeld mit hoher Wahrscheinlichkeit nicht mehr funktionieren.

Nur kurz oder indexiert: Anleihen

Staatsanleihen der führenden Industrieländer gelten bisher als das sicherste Investment überhaupt. Langfristige Rentenpapiere schreiben ein Anrecht auf festgelegte Zinszahlungen für viele Jahre fest. Ihre Kurse sind seit Mitte der 1980er-Jahre, als die Inflation besiegt wurde, tendenziell immer weiter gestiegen. Denn ältere »Hochprozenter« werden immer wertvoller, wenn die Zinsen fallen.

Die Krise der Staatsfinanzen kehrt das um. Für die angeschlagenen Staaten wird es zunehmend schwierig, langfristige Anleihen bei privaten Investoren unterzubringen. Anders als in den 2010er-Jahren bieten die Bonds zwar wieder optisch attraktive Verzinsungen. In den USA sind die Renditen noch deutlich höher als in Europa. Großbritannien bietet die höchsten Zinsen im G7-Raum. Doch eine Rückkehr der Inflation – beziehungsweise eine Abwertung von Dollar oder Pfund – würde den Wert der Papiere aushöhlen. Auf lange Sicht könnten sogar zwangsweise Kürzungen (»Haircuts«) durch eine Umstrukturierung der Schulden drohen. Dass politische Eingriffe in bestehende Verträge nicht mehr undenkbar sind, zeigt das

Szenario eines »Mar-a-Lago-Akkords«, das im Umfeld der Trump-Regierung diskutiert worden ist.[107]

Über lange Laufzeiten hinweg kann der Faktor Geldentwertung konfiskatorische Züge annehmen. So rechnet der Finanzhistoriker Napier vor, dass ein Investment in eine britische Staatsanleihe aus dem Jahr 1945 bis zum Jahr 1982 einen Kaufkraftverlust in Pfund von fast 90 Prozent eingebracht hätte. Langlaufende Anleihen reagieren auch besonders heftig auf Zinsänderungen. Ein steigender Marktzins drückt sich in fallenden Anleihekursen aus. Dieser Preisrutsch ist umso größer, je länger die Restlaufzeit ist, je mehr Zinscoupons also noch ausstehen.[108] Sicherheit und Werterhalt lassen sich deshalb künftig noch am ehesten in kurzlaufenden Anleihen finden. Ihre Kursausschläge sind geringer und ein Anstieg der Inflation wird schneller durch größere Zinscoupons aufgefangen. Die Emittenten müssen in kurzen Abständen immer wieder neue Investoren finden.

Um Investoren einen Schutz gegen Geldentwertung anzubieten und um zugleich die Glaubwürdigkeit ihrer Stabilitätspolitik zu unterstreichen, begeben viele Staaten auch inflationsindexierte Anleihen. Tilgungsbetrag und Zins sind hier an die Inflationsrate gekoppelt. Großbritannien bietet bereits seit 1981 Inflation-Linked Bonds an, die langlaufenden »Linker« machen knapp ein Viertel seiner Staatsschulden aus. In Frankreich und Italien bewegt sich der Anteil dieser Anleihen um die 10 Prozent, der Anteil der »Treasury Inflation-Protected Securities« (TIPS) in den USA liegt etwas darunter. In der jüngsten Inflationswelle haben viele Staaten die Neuemissionen allerdings reduziert, vermutlich weil sie für den Fiskus zu teuer wurden. Deutschland hat das Instrument erst 2006 eingeführt und es 2023 wieder abgeschafft.[109]

Anleger können sich mit indexierten Anleihen eine feste reale Rendite sichern. Die Teuerung, die sie ganz persönlich erleben, hängt zwar von ihren Lebensgewohnheiten ab und kann deshalb von der offiziellen Inflationsrate abweichen. Abgesehen von diesem Vorbehalt können die »Linker« aber die Kaufkraft zu einem bestimmten Termin sichern.

Die Papiere schalten das Inflationsrisiko aus, es entfällt allerdings auch die Chance, von sinkender Teuerung zu profitieren. In normalen Anleihen ist schließlich ebenfalls eine Entschädigung für eine erwartete Inflationsrate eingepreist. Die »Linker« schützen vor der unangenehmen Überraschung: Fällt die Inflation höher aus als heute vom Markt erwartet, dann schlagen diese Papiere normale Anleihen. Bleibt die Inflation niedriger als erwartet, dann schneiden normale Anleihen besser ab.

Die ausgewiesenen fixen Coupons der Indexanleihen sind meistens sehr niedrig. Die tatsächliche reale Verzinsung hängt immer vom jeweiligen Kurs der Anleihe ab. Bis zum Fälligkeitstermin kann dieser Kurs deutlich schwanken. Seit der Zinswende ist die reale Rendite der »Linker« spürbar gestiegen. Der reale Zins einer indexierten deutschen Anleihe mit einer Restlaufzeit von gut 20 Jahren stieg 2025 auf gut 1 Prozent. Der reale Zins eines ähnlichen US-Papiers stieg auf über 2,5 Prozent.

Follow the money: Aktien

Aktien sind Anteile am realen Kapital. Sie sind insofern langfristig gegen Geldentwertung geschützt. Besonders die Unternehmen mit einer starken Marktposition können Kostensteigerungen an ihre Kunden überwälzen. Der Burggraben (»Moat«), der sie dauerhaft gegen aufkommende Konkurrenz schützt, kann aus speziellem Know-how bestehen, aus Netzwerkeffekten, Skalenvorteilen oder starken Marken.

Die Verwerfungen und Risiken einer weltwirtschaftlichen Zeitenwende treffen aber auch die Aktienmärkte. Hohe Unsicherheit und steigende Zinsen drücken auf die Bewertungen: Die Preise, die an der Börse pro Einheit Gewinn gezahlt werden (die Kurs-Gewinn-Verhältnisse, KGVs), fallen. Steigende Zinsen führen auch dazu, dass Gewinne, die erst in ferner Zukunft anfallen, stärker abdiskontiert werden. Das drückt den Wert von Wachstumsunternehmen und Start-ups. Kredite für private Investitionen werden teurer. Unternehmen mit einem hohen Verschuldungsgrad geraten in Schwierigkeiten. Geschäftsmodelle, die – wie etwa die Private-Equity-Branche – auf die Hebelwirkung des Fremdkapitals setzen (Leverage), verlieren an Attraktivität. Zugleich schafft die Neuordnung der Märkte und die Umschichtung der Staatsausgaben neue Gewinner und Verlierer in großer Zahl.

Die 1970er-Jahre, die Dekade der Inflation nach dem Zusammenbruch des Weltwährungssystems von Bretton Woods, waren für Aktienanleger das schlechteste Jahrzehnt der Nachkriegszeit. Die Unternehmensgewinne stiegen zwar, aber die Kurse zogen nicht mehr in gleichem Maße mit, denn die Investoren wurden risikoscheu. Viele Aktien legten zwar nominal noch zu, verloren aber inflationsbereinigt deutlich an Wert. Der Absturz traf auch und gerade die Riege der zu Beginn der 1970er gefeierten »Nifty Fifty« – große US-Wachstumstitel wie IBM, Xerox oder Coca-Cola, die als die Top-Aktien galten, mit denen Anleger nie etwas falsch machen können.

Besonders hoch erscheinen heute die Risiken in den USA. Die amerikanische Wirtschaft hat den Rest der Welt über Jahre abgehängt, ihr Produktivitätswachstum war doppelt so hoch wie das in der Euro-Zone. Während der S&P 500 von 2000 bis Anfang 2025 um fast 570 Prozent zulegte, konnte sich der Euro Stoxx 50 in dieser Zeit nur gut verdoppeln.[110] Der amerikanische Aktienmarkt machte denn auch Mitte 2025 über 60 Prozent des MSCI All Countries World Index (ACWI) aus, der den Weltaktienmarkt abbildet. Im MSCI World Index, der nur die Industrieländer enthält und der in Gestalt von ETF-Produkten heute das Basisinvestment vieler Anleger ist, erreichte der US-Anteil sogar rund 70 Prozent. Angetrieben wurde die Outperformance der vergangenen Jahre vor allem von den gigantischen, wachstumsstarken US-Tech-Titeln, Unternehmen wie Apple, Microsoft, Google oder Nvidia. Das Kapital aus aller Welt strömte in die führenden US-Aktien, um vom »amerikanischen Exzeptionalismus« zu profitieren. Das Bewertungsniveau des S&P-500-Index näherte sich Anfang 2025 den Rekordhöhen der Dotcom-Blase an der Jahrtausendwende.

Das politische Drama um die wilden Zolldrohungen Trumps ab April 2025 hat diese makellose Erfolgsstory beschädigt. Es ist fraglich, ob die sehr teuren US-Titel dauerhaft die beste Spardose für die Aktienanleger der ganzen Welt sein können. Das Ende 2024 erreichte Ausmaß der Bewertungsprämie gegenüber anderen Regionen ist nur schwer zu begründen und kaum noch zu steigern. In der neuen geopolitischen Konkurrenz werden die Regierungen zudem versuchen, das Kapital bei sich vor Ort zu binden und zu investieren.

Länder, die bisher Sparüberschüsse haben, werden diese vermehrt für eigene Zwecke benötigen. Die wichtigsten Überschussländer innerhalb des politischen Westens sind bisher Japan und Deutschland. Die europäische Politik hat bereits signalisiert, dass sie den Abfluss von Ersparnissen, vor allem in die USA, bremsen will. Dadurch entstehen auf der anderen Seite neue Wachstumsmärkte für Unternehmen. Der Report zur Stärkung der europäischen Wettbewerbsfähigkeit, den Ex-EZB-Chef Mario Draghi 2024 für die EU-Kommission erarbeitet hat, nennt drei zentrale Investitionsfelder: neue Schlüsseltechnologien, den grünen Umbau und die Stärkung von Sicherheit und Unabhängigkeit. Für die sicherheitspolitische Eigenständigkeit brauchen die Europäer eine verlässliche Rohstoffversorgung und eine starke industrielle Basis. Dazu kommen dann die Rüstungsausgaben, die künftig drastisch steigen sollen.

China, die wachstumsstärkste Wirtschaft der vergangenen Jahrzehnte, ist für Investoren heute hoch riskant. Die Volksrepublik leidet nicht nur unter den deflationären Nachwehen eines schweren Immobiliencrashs. Die autoritäre Führung der Kommunistischen Partei hat auch gezeigt, dass sie jederzeit bereit ist, drastisch in Unternehmen oder ganze Branchen einzugreifen. Die unvermeidlichen und ungeklärten Machtkonflikte zwischen China und den USA könnten zu einem historischen Bruch in den Wirtschafts- und Finanzbeziehungen mit dem Westen führen. Im Fall eines radikalen »De-Coupling« oder gar eines militärischen Konflikts würden Investitionen in der Volksrepublik nahezu wertlos.

Andere Schwellenländer bieten bessere langfristige Aussichten für Aktienanleger. Indien hat China schon seit einigen Jahren als wichtigster Wachstumschampion der Weltwirtschaft abgelöst, es erreicht regelmäßig Wachstumsraten zwischen 6 und 7 Prozent. Das bevölkerungsreichste Land der Welt hat das Potenzial, einen riesigen Binnenmarkt zu entwickeln. Der indische Aktienmarkt ist – hinter den USA, China/Hongkong und Japan – heute bereits der fünftgrößte der Welt.

Einbetoniert: Immobilien

Der klassische Sachwert, der viel Geld bindet und es vor der Entwertung schützt, sind Immobilien. Die europäischen Länder mit einer Historie hoher Inflation haben vielleicht auch deshalb eine höhere Wohneigentumsquote. In der Inflation der 1970er-Jahre wurde in Deutschland der Begriff des »Betongolds« populär.[111] Tatsächlich stiegen die realen deutschen Immobilienpreise in dieser Zeit auch deutlich. Danach fielen sie aber im Trend bis in die 2010er-Jahre eher zurück. Erst als die Kredite durch die Krisenpolitik der EZB sehr billig wurden, schossen auch in Deutschland die realen Immobilienpreise steiler denn je nach oben.

Immobilien sind kapitalintensiv, ihre Finanzierbarkeit ist deshalb stark von der Zinsentwicklung abhängig. Steigende Zinsen drücken die Preise, wie nach der Zinswende 2022 zu sehen war. Für kleinere Anleger, die in eine Immobilie als Geldanlage investieren wollen, kommen einige Nachteile hinzu: Die Transaktionskosten sind in Deutschland sehr hoch, die Summe aus Grunderwerbsteuern, Maklerprovisionen und Notar- und Grundbuchkosten kann leicht 10 bis 15 Prozent des Kaufpreises erreichen. Die Liquidität ist gering, der schnelle Verkauf eines Objekts zum erwarteten Preis gelingt nur unter günstigen Umständen.

Unterhalt und Instandhaltung müssen bezahlt werden. Auf lange Sicht wird der Wert maßgeblich von der Entwicklung des Standorts beeinflusst: Je nach Lage sind hohe Zusatzgewinne, aber auch hohe Verluste möglich. Für den Fiskus haben Immobilien eine attraktive Eigenschaft: Sie sind immobil. Sie lassen sich daher gut besteuern und eignen sich als klassischer Anknüpfungspunkt einer Vermögensabgabe.

Bei größeren Immobilienportfolios, in die über Fonds oder Aktien von Immobilienfirmen investiert werden kann, sind die Standortrisiken gestreut, die Transaktionskosten geringer und das Objektmanagement ist in der Regel effizienter. Auch ihr Wert ist allerdings stark zinsabhängig und wird in hohem Maß von der Politik beeinflusst.

Rostfrei: Gold

Das pure Gold gilt als der Inflationsschutz schlechthin. Seine Stabilität als langfristiger Wertspeicher lässt sich über Jahrhunderte zurückverfolgen, seine Aura als das wahre und ewige Geld ist kulturell tief verankert. Ökonomisch zeichnet es sich durch seine inhärente Knappheit aus: Der Goldbestand ist nur unter hohen Kosten und in begrenztem Maß vermehrbar, eine inflationäre Ausweitung ist also unmöglich. Nach einer bekannten Rechnung ergibt die Gesamtmenge sämtlichen Goldes, das seit Beginn der Menschheit gefördert wurde, nur einen Würfel mit einer Kantenlänge von etwas mehr als 22 Metern.

Der Wert physisch gehaltenen Goldes hängt von keiner Gegenpartei ab. Es gibt keinen Schuldner, der Zahlungspflichten erfüllen müsste – und verweigern kann. Allerdings fallen beim An- und Verkauf und bei der sicheren Lagerung von Münzen und Barren merkliche Kosten an. Die Spanne zwischen An- und Verkaufspreis kann bei kleineren Stückelungen im zweistelligen Prozentbereich liegen. Kostengünstigere und liquidere Alternativen sind deshalb die börsengehandelten Wertpapiere, die mit physischem Gold hinterlegt sind: Exchange-traded Commodities (ETCs) sind Inhaberschuldverschreibungen, über die Anleger an der Entwicklung des Goldpreises partizipieren können.[112]

Wer Gold hält, verzichtet auf Zinsen. Ein Ertrag ergibt sich nur aus der Entwicklung des Preises, der über längere Zyklen dramatisch schwanken kann. So kletterte der Goldpreis in den 1970er-Jahren rasant – oder anders gesagt: die Währungen stürzten gegenüber dem Gold ab –, nachdem die USA die Goldanbindung des Dollar unter dem System von Bretton Woods aufgekündigt hatten. In dem neuen, an nichts mehr gebundenen »Fiat«-Geldsystem eskalierte die Inflation und erreichte am Ende teilweise zweistellige Raten. Der Preis je Feinunze Gold explodierte von 35 auf in der Spitze 850 Dollar im Jahr 1980.

Nachdem die Inflation hart gestoppt worden war, gab der Goldpreis wieder deutlich nach. Er fiel um mehr als die Hälfte und sank um die Jahrtausendwende auf unter 300 Dollar. Ab Mitte der 2000er zog er dann erneut an, erreichte nach der Weltfinanzkrise einen neuen Gipfel von über 1900 Dollar und rutschte in den deflationären 2010er-Jahren erneut ab. Erst in der Pandemie legte er wieder stark zu.

Ab 2024 ist der Goldpreis geradezu explodiert, in den Turbulenzen des Trumpschen Zollkriegs 2025 erreichte er neue Rekorde von über 3300 Dollar. Einiges spricht dafür, dass ein neuer längerer Zyklus begonnen hat. Ein wichtiger Treiber der jüngsten Rally waren die Käufe von Zentralbanken: China und Indien, in noch stärkerem Maße aber Polen und die Türkei, diversifizierten ihre Reserven und schichteten in Gold um. Der Anteil des Golds an den internationalen Währungsreserven beträgt bereits rund 20 Prozent und hat damit schon fast wieder das Niveau erreicht, das unter dem goldgebundenen Weltwährungssystem von Bretton Woods zu beobachten war. Er ist inzwischen auch höher als der Anteil des Euro, auf dessen langfristigen Aufstieg zum »sicheren Hafen« die Europäer hoffen.[113]

Anders als Reserven, die in Wertpapieren gehalten werden – sei es in US-Treasuries oder europäischen Bonds –, sind die Goldreserven eines Staates vor Sanktionen anderer Mächte geschützt. Für Privatleute gibt es solchen absoluten Schutz allerdings nicht. Wie die Geschichte zeigt, kann selbst der Besitz von physischem Gold verboten werden. Während der Hyperinflation 1923, in der Weltwirtschaftskrise 1931 und in der NS-Zeit ab 1936 wurden die Bürger in Deutschland verpflichtet, ihr Gold an den Staat zu verkaufen. Diese Ablieferungspflicht wurde auch mit Polizeimitteln durchgesetzt. Der US-Präsident Franklin D. Roosevelt zwang in der Großen Depression 1933 alle US-Bürger, ihr Gold unter Marktwert an die Zentralbank zu verkaufen. Die US-Notenbank wurde dadurch in die Lage versetzt, im goldbasierten Währungssystem die Geldmenge auszuweiten.

Im heutigen »Fiat«-Geldsystem sind die Notenbanken auf das private Gold nicht mehr angewiesen. Das US-Goldverbot wurde denn auch 1974 aufgehoben. Käme es zu einer Reform des Währungssystems, könnte sich die Interessenlage des Staates aber wieder ändern.

Jenseits der Staaten: Bitcoin

Bitcoin ist die Mutter aller Kryptowährungen und für einige Investoren schon das »neue Gold« – oder sogar »besser als Gold«, wie der Chef der US-Kryptobörse Coinbase, Brian Armstrong, behauptet. Das alternative Geld beruht auf einer neuen Digitaltechnologie, den sogenannten Blockchains. Krypto-Nerds starteten 2009 die Bitcoin-Blockchain, weil sie nach dem weltweiten Bankencrash ein neues, besseres Finanz- und Zahlungssystem schaffen wollten. Transaktionen sind bis heute zäh, als Zahlungsmittel hat sich der Bitcoin nicht durchsetzen können. Seine technischen Eigenschaften machen ihn aber als Mittel der Wertaufbewahrung interessant.

Bitcoins werden auf der Blockchain vollständig dezentral geschöpft und transferiert. Es gibt keine Notenbank oder andere zentrale Autorität, die das System steuern (oder manipulieren) kann. Heute gibt es fast 20 Millionen Bitcoins, die Gesamtzahl, die durch dezentrales »Mining« geschöpft werden kann, ist aber technisch hart limitiert: Final sind es 21 Millionen, mehr kann es nie geben. Bitcoins sind dadurch sogar noch knapper als Gold. Zugleich lassen sie sich beliebig stückeln, mit geringem Aufwand weltweit transferieren und verdeckt und kostengünstig aufbewahren. Die Transaktionen erfolgen weitgehend anonym, die Identität der Beteiligten lässt sich nur mit großem Aufwand ermitteln. In Schwellenländern mit hoher Inflation und/oder politischer Unsicherheit ist das Interesse an der Kryptowährung deshalb besonders hoch.

Bitcoins können in Deutschland über regulierte Kryptobroker und -börsen erworben und aufbewahrt werden. Wer den eigenen Zugriff zu jeder Zeit sicherstellen will, kann sie auch in einer persönlichen digitalen Geldbörse (Wallet) speichern. Ähnlich wie bei Gold können Anleger auch über börsengehandelte Wertpapiere (Exchange-traded Notes oder Exchange-traded Commodities, ETNs oder ETCs) auf die Kursentwicklung setzen. Diese Inhaberschuldverschreibungen sind meist durch hinterlegte Bitcoins besichert. In den USA wurden 2024 erstmals Bitcoin-ETFs zugelassen, das Geschäft boomte sofort.[114]

Bitcoins liefern, so wie Gold, keinen Zinsertrag. Und sie werden, anders als das Gold, durch keinerlei historische oder institutionelle Traditionen gestützt. Der Markt ist deshalb hochspekulativ und schwankt extrem: Der Preis ist von 2009 bis Juli 2025 von weniger als einem Dollar auf knapp 120 000 Dollar gestiegen, dazwischen aber mehrfach und für längere Phasen tief eingebrochen. Es ist möglich, dass sich der Aufstieg als eine reine Blase erweist und die Bitcoins völlig wertlos werden, weil das Interesse erlahmt oder das Konzept, etwa durch Hacks, technisch scheitert. Viele Ökonomen und führende Finanzmanager prognostizieren einen langfristigen Preis von null.

Allerdings schreitet die Institutionalisierung voran. Die Finanzwirtschaft bietet zunehmend Bitcoin-Produkte an. Die Trump-Regierung verfolgt ausdrücklich das Ziel, Kryptoassets und insbesondere

Bitcoin in die amerikanische Mainstream-Wirtschaft zu holen. Die USA haben ihren hohen Bestand an Bitcoins, die in Strafverfahren konfisziert wurden, in eine nationale Reserve überführt. Sie halten darin heute rund 200 000 Coins. Das Unternehmen Strategy (früher: MicroStrategy), das an der Börse Nasdaq gelistet ist, spekuliert auf weitere Kursanstiege und kauft die Kryptowährung aggressiv zu. Allein im ersten halben Jahr nach der Wahl Donald Trumps verdoppelte es seine Bestände auf rund 580 000 Bitoins.

Auch traditionelle Großanleger haben begonnen, ihren Portfolios die Kryptowährung beizumischen. Der Preis könnte dadurch langfristig noch erheblich steigen. Larry Fink, der Chef des weltgrößten Vermögensverwalters BlackRock, der vom Boom der Bitcoin-ETF-Produkte stark profitiert, hat erklärt, dass er Bitcoin-Kurse von 500 000 bis 700 000 Dollar für möglich halte – wenngleich er sie nicht prognostiziere.

Kryptopia?

Bietet das Kryptogeld womöglich sogar eine neue Alchemie, die Amerikas Staatsschuldenbombe verschwinden lässt? Einige Trump-nahe Politiker und Investoren wollen den Bitcoin mit staatlichen Mitteln direkt und massiv aufpumpen. Die republikanische Senatorin Cynthia Lummis aus Wyoming, die den Unterausschuss für Digital Assets im US-Senat leitet, kämpft für staatliche Käufe und den schrittweisen Aufbau einer strategischen Reserve in Höhe von einer Million Coins. Das wären dann knapp 5 Prozent der finalen Gesamtmenge und entspräche zu den Kursen von Anfang 2025 einem Marktwert von rund 100 Milliarden Dollar.

Heutige Bitcoin-Halter könnten bei diesen staatlichen Großkäufen spektakuläre Gewinne verbuchen. Mit den langfristigen Kurszuwächsen würden die USA aber auch ihre Schuldenlast verringern, versprechen die Verfechter des Plans: Die Staatsverschuldung könne halbiert werden, wenn die US-Regierung ihre Bitcoin-Reserve 20 Jahre lang halte, hat die Senatorin Lummis verkündet.

Die Entschuldung durch riesige Kursgewinne des Bitcoins wäre der ultimative Münchhausen-Trick. Die Regierung würde erst hohe Summen für die Käufe ausgeben, die über weitere Schulden oder sogar Goldverkäufe finanziert werden sollen. Durch die Kursrally und den offiziellen Ritterschlag zum Reservemedium einer Weltmacht könnte der Bitcoin dann den Sprung zur globalen Anerkennung schaffen. Gelänge seine Etablierung als das neue »digitale Gold«, dann hätten die USA sich einen einzigartigen Schatz geschaffen, der womöglich ein paar Billionen Dollar schwer wäre.

Die abenteuerliche Idee zeigt, wie verfahren die Situation der USA ist. Mitte 2025 betrug der US-Schuldenberg 36 Billionen Dollar. Um ihn mit einer staatlichen Reserve von einer Million Coins zu halbieren, müsste der Bitcoin-Kurs nicht nur auf die von Larry Fink als Vision ausgemalten 700 000, sondern auf 18 Millionen Dollar pro Stück steigen. Die Spekulation auf so beispiellose Kursgewinne eines digitalen Zeichens ist ein offenkundiges Vabanque-Spiel.

Käme es tatsächlich zu einem derart explodierenden Bitcoin-Preis, dann wäre das in Wahrheit nichts anderes als ein extremes Misstrauensvotum gegenüber dem Dollar: Es wäre das Ergebnis einer Massenflucht aus dem staatlich kontrollierten Geld, einer Flucht, die Züge einer Hyperinflation mit anschließender Währungsreform trüge. Relativ zum Bitcoin – und dann wahrscheinlich auch zum Gold und anderen Sachanlagen – würde der Greenback fast wertlos.

Staatsschulden haben ihre Ursache oft darin, dass eine Gesellschaft tief zerstritten ist und ihre Lähmung nur mit Krediten überwinden kann. Die Schulden geraten außer Kontrolle, wenn diese Lähmung zum Dauerzustand wird. Das lässt sich in den USA seit einigen Jahren beobachten. Es gilt aber nicht nur für sie: Ein Land kann seine Schuldenbombe nur dann ohne schweren Knall entschärfen, wenn ein neuer gesellschaftlicher Konsens wächst, dass der Kurs geändert werden muss. Mit Finanzalchemie ist das nicht zu machen.

ZEHN THESEN ZUM SCHLUSS

1. Staatsschulden sind, wie alle Schulden, nicht per se schlecht.

Sie können unter bestimmten Bedingungen helfen, produktive Investitionen zu finanzieren, Krisen abzufangen und existenzielle Bedrohungen abzuwehren. Für die Entwicklung der Kapitalmärkte spielen sichere Staatspapiere eine wichtige Rolle. Es gibt viele historische Beispiele für diese positiven Wirkungen der Staatsverschuldung.

2. Bedingungslos gut sind Staatsschulden nur in seltenen Ausnahmefällen.

Eine Extremlage entstand etwa nach dem Weltfinanzcrash 2008, als der teilweise bankrotte Privatsektor sparen musste und nicht mehr investieren konnte. Eine solche »Depressionsökonomie« wird zur »verkehrten Welt« (Paul Krugman), in der es freie Ressourcen im Überfluss gibt, der reale Zins negativ ist und jede noch so beliebige schuldenfinanzierte Staatsausgabe hilft. Heute ist das nicht der Fall.

3. Die Staatsschulden sind weltweit zur Gefahr geworden, denn viele Länder haben ihre Kreditspielräume erschöpft.

Bei einem neuen Schock mit einem Schuldenschub wie in der Pandemie müsste die Mehrheit der G7-Staaten heute einen Käuferstreik am Anleihemarkt fürchten. In einer solchen Krise würden die Notenbanken wahrscheinlich zur Staatsfinanzierung gezwungen und ihr bisheriger Status der Unabhängigkeit würde abgeräumt. Das würde auch Deutschland treffen, dessen Staatsfinanzen noch vergleichsweise solide sind.

4. Die Gefahren wachsen, weil die realen Zinsen künftig höher sein werden.

Außergewöhnlich niedrige, teils negative Zinsen machten die Verschuldung anderthalb Jahrzehnte lang leicht. Sie waren die Folge des überreichlichen Kapitalangebots. Das Kapital wird künftig aber voraussichtlich knapper und damit teurer sein. In der Politik und in der Öffentlichkeit wird dieses Risiko der zurückkehrenden Zinslasten heute vielfach unterschätzt. Gratisschulden haben Gratismut gefördert.

5. Die verschuldeten Industrieländer brauchen eine tatkräftige und konsequente Politik für mehr Wirtschaftswachstum.

Diese Wachstumsorientierung ist nicht nur wünschenswert, sondern dringend notwendig. Ein nachhaltig wachsendes volkswirtschaftliches Einkommen, das vor allem durch eine steigende Produktivität entsteht, ist das wirksamste Mittel gegen die drohende Schuldenlawine. Es ist auch das einzige Mittel, mit dem sich heftige Verteilungskonflikte und ein hoher Inflationsdruck in der Zukunft vermeiden lassen.

6. Neue Schulden können das Wachstum weiter ausbremsen.

Die Qualität der Ausgaben ist zentral. Staatliche Schulden können wichtige Investitionen möglich machen, die privat nicht finanzierbar sind: Infrastruktur, Bildung und Forschung, auch institutionelle Reformen, die langfristig Vorteile bringen. Schulden für staatliche Konsum- und Transferausgaben lähmen die Wachstumskräfte aber noch weiter: Private Investitionen werden am Kapitalmarkt verdrängt, die wirtschaftliche Unsicherheit nimmt zu, der Produktivitätsfortschritt bleibt schwindsüchtig.

7. Deutschland kauft jetzt groß ein – und muss später sparen.

Die deutsche Schuldenwende (»Whatever it takes«) dient nur zum kleineren Teil der gezielten Wachstumsbelebung. Sie soll vor allem die Verteidigungskraft erhöhen. Dafür gibt es gute sicherheitspolitische Gründe. Rüstungskäufe sind aber keine produktiven Investitionen. Diese Schulden können also später nicht aus Einkommenszuwächsen bedient werden, sondern nur durch Verzicht. Die deutsche Wirtschaft stagniert per saldo seit 2019. Umso wichtiger ist es, alle anderen Hebel zur Stärkung der Wirtschaftskraft zu nutzen.

8. Die Einführung gemeinsamer EU-Bonds löst das Schuldenproblem Europas nicht.

Europa insgesamt hat bisher tragbare Schulden. Aber es zerfällt in zwei Lager: die Risikoschuldner um Italien und Frankreich und die »Frugalen« um Deutschland, den fiskalischen Garanten und Stabilitätsanker der EU. Deutschlands Weg in die höhere Kreditaufnahme setzt durch steigende Zinsen am Kapitalmarkt auch alle anderen unter Druck. Gemeinsame EU-Bonds entschärfen diese gefährlichen Spannungen. Sie ändern aber nichts am Grundproblem der schwachen Wirtschaftsdynamik und sie können finanzpolitische Fehlanreize noch verstärken.

9. »America First« zerstört die Macht des Dollar.

Die US-Staatsverschuldung ist außer Kontrolle. Donald Trump kündigt zugleich Amerikas Rolle als Garant der Weltwirtschaftsordnung auf. Er riskiert damit eine schwere Finanzkrise. Bisher sucht das Kapital der ganzen Welt im Dollar die Stärke und Sicherheit, die keine andere Währung bieten kann: »Europa ist ein Museum, Japan ein Altenheim, China ein Gefängnis« (Larry Summers). Entsteht das Bild, dass die US-Politik ein Irrenhaus ist, dann sind die Treasuries kein »Safe Asset« mehr.

10. Der Wettbewerb um die Rolle als »sicherer Hafen« für das weltweite Kapital ist neu eröffnet.

Die europäische Politik hofft auf einen »globalen Moment des Euro« (Christine Lagarde). Entscheidende ökonomische und politische Voraussetzungen, um dem Dollar Konkurrenz zu machen, fehlen der EU aber bisher. China arbeitet mit anderen Schwellenländern an eigenen internationalen Zahlungssystemen. Doch die Freiheit und Rechtssicherheit eines »sicheren Hafens« kann und will ein solcher Block nicht bieten. Eine Fragmentierung der Weltwirtschaft ist denkbar. Der starke Kursanstieg von Gold und Bitcoin ab 2024 zeigt den allgemeinen Vertrauensverlust: Vermögensspeicher, die Schutz vor politischen Wirren verheißen, sind besonders begehrt.

ÜBER DEN AUTOR

Christian Schütte analysiert seit über 25 Jahren weltwirtschaftliche Entwicklungen und Finanzmärkte. Nach dem Volkswirtschafts- und Politikstudium in Köln und an der Kennedy School of Government in Harvard arbeitete er als Wirtschaftsjournalist bei der *WirtschaftsWoche,* der *Financial Times Deutschland* und *Capital.* Seit 2016 schreibt er für das *manager magazin* über volkswirtschaftliche Fragen und Geldanlage.

ANMERKUNGEN

1 Rogoff, Kenneth (2024): »The End of Magical Debt Thinking«, *Project Syndicate*, 29.04.2024.

2 China sei ein potenzieller Gegner, aber was ihm wirklich Sorgen mache, sei die »Gefahr von innen«, erklärte etwa Jamie Dimon, der Chef der weltgrößten Bank JPMorgan Chase beim Reagan-Wirtschaftsforum 2025: »Können wir endlich vernünftig handeln?«. Der Offenmarktausschuss, das Entscheidungsgremium der US-Notenbank Fed, diskutierte im Mai 2025 über das mögliche Schwinden des »Safe Haven«-Status amerikanischer Vermögenswerte.

3 Schuknecht, Ludger (2022): »Public Debt – The EU Perspective«, *CESifo Forum* 1/2022, S. 9.

4 Blanchard, Olivier (2022): *Fiscal Policy under Low Interest Rates*, S. xi.

5 Gopinath, Gita (2024): »A Strategic Pivot in Global Fiscal Policy«, Whitaker Lecture der Central Bank of Ireland, 18.09.2024.

6 Draghi, Mario (2024): »The Future of European Competitiveness (2024). A Report by Mario Draghi«, September 2024.

7 Sachverständigenrat (2025): »Frühjahrsprognose«, S. 55 ff.

8 Reinhart, Carmen & Rogoff, Kenneth (2009): *This Time is Different. Eight Centuries of Financial Folly*, S. xliii.

9 Zit. nach: Wigglesworth, Robin (2024): »People are worried about more ›Liz Truss moments‹«, *FT Alphaville*, 11.09.2024.

10 Ferguson, Niall (2001): *The Cash Nexus*, S. 185.

11 Ferguson; Niall (2001): *The Cash Nexus*, S. 133.

12 Davidson, Ian (2017): *The French Revolution*, S. 2.

13 Davidson, Ian (2017): *The French Revolution*, S. 26.

14 Neckers deutscher Biograf beschreibt die epochale Gewalt dieser Schuldenkrise so: »Necker wurde vom Volk mit einem Sturm der Begeisterung begrüßt, aber der Sturm, der ihn zu seinem hohen Amt zurückführte, sollte bald einem Orkan weichen, der nicht nur alle trockenen Blätter und morschen Äste abriss, sondern die ältesten Eichen entwurzelte und ein Feuer entzündete, das die menschlichen Behausungen und die Menschen selbst verwüstete.« Oppenheimer, Wolfgang (1988): *Der Bankier des Königs*, S. 14.

15 Zu Leben und Denken siehe: Lorenz-von-Stein-Institut für Verwaltungswissenschaften an der Christian-Albrechts-Universität zu Kiel: »Lorenz von Stein. Eine Biografie«, https://www.uni-kiel.de/de/lvstein/institut/ueber-lorenz-von-stein; abgerufen am 20.05.2025.

16 Schlesinger, Helmut et al. (1993): *Staatsverschuldung – ohne Ende? Zur Rationalität und Problematik des öffentlichen Kredits*, S. 4.

17 Destatis et. al. (2024): »Sozialbericht 2024«, Kap. 5.2.1.

18 De Grauwe, Paul (2021): »Debt Cancellation by the ECB – does it make a difference?«, EUROPP-Blog der London School of Economics, 15.02.2021.

19 Die Agentur Fitch hat das »AA+«-Rating im August 2024 mit einem »outlook negative«, also einer ungünstigen Prognose, versehen.

20 Einen Teil der von ihm geleisteten Zinszahlungen holt sich der Staat über die Kapitalbesteuerung wieder zurück. Entscheidend ist deshalb die Zinslast abzüglich dieser Rückflüsse.

21 Ganz exakt lautet die Formel: $\Delta d = p + (i - g) *d /(1+g)$. Da g aber sehr klein ist, entspricht der Term »(1 + g)« ungefähr 1.

22 Keynes, John Maynard (1919): *The Economic Consequences of the Peace*; zitiert nach: Eichengreen, Barry/Esteves, Rui (2022): »Up and away: Inflation and debt consolidation in historical perspective«, *VoxEU.org*, 15.11.2022.

23 Pressemitteilungen der Deutschen Bundesbank zur jährlichen Entwicklung der deutschen Staatsschulden vom 31.03.2022, 31.03.2023 und 28.03.2024.

24 OECD (2024): »Global Debt Report 2024. Bond Markets in a High-Debt Environment«, 07.03.2024, S. 32 ff.

25 Konrad, Kai & Zschäpitz, Holger (2010): *Schulden ohne Sühne? Warum der Absturz der Staatsfinanzen uns alle trifft*, S. 19.

26 Stelter, Daniel (2013): *Die Billionen-Schuldenbombe. Wie die Krise begann und warum sie noch lange nicht zu Ende ist*, S. 14.

27 Siehe etwa Lizza, Ryan (2009): »Inside the crisis«, *The New Yorker*, 04.10.2009.

28 Tooze, Adam (2018): *Crashed. Wie zehn Jahre Finanzkrise die Welt verändert haben*, S. 329.

29 *The Economist* (2011): »Rise of the Anti-Keynesians«, 14.04.2011.

30 Mody, Ashoka (2018): *Euro Tragedy. A Drama in Nine Acts.*

31 Siehe etwa das ausführliche Rogoff-Interview: von Buttlar, Horst (2013): »Das war eine Hexenjagd«, *Capital*, Heft 11, S. 64 ff.

32 Krugman, Paul (2013): »How the case for austerity has crumbled«, *The New York Review of Books*, 06.06.2013.

33 Das krugmansche Etikett ist auch ein Seitenhieb auf die kleine Gruppe marktliberaler Ökonomen, die als »Österreichische Schule« beziehungsweise »Austrians« bekannt ist. Die »Austrians« kritisieren die Grundannahmen des Keynesianismus und betonen die Notwendigkeit der »reinigenden Krise« nach den Strukturverwerfungen in einem Boom.

34 Zit. nach Mody, Ashoka (2018): *Euro Tragedy. A Drama in Nine Acts*, S. 287ff.

35 Krugman, Paul (2013): »Secular Stagnation, Coalmines, Bubbles, and Larry Summers«, *New York Times*, 16.11.2013.

36 Ähnlich argumentiert in Deutschland auch seit Langem Daniel Stelter. Siehe etwa seine Bücher *Die Billionen-Schuldenbombe* (2013), *Die Schulden im 21. Jahrhundert* (2014) und *Eiszeit in der Weltwirtschaft* (2016).

37 Koo, Richard C. (2013): »Balance sheet recession as the ›other half‹ of macroeconomics«, *European Journal of Economics and Economic Policies*: Intervention (EJEEP), Vol. 10, Iss. 2, S. 136–157.

38 Münchau, Wolfgang (2014): »Stunde der Schuldenmacher«, *Spiegel* online, 26.05.2014.

39 Bartsch, Elga et al. (2019): »Dealing with the next downturn: From unconventional monetary policy to unprecedented policy coordination«, BlackRock Investment Institute, SUERF – The European Money and Finance Forum, SUERF Policy Note 105, Oktober 2019.

40 Carstens, Peter & Schäfer, Manfred (2019): »Es muss jetzt überall Disziplin herrschen«, Interview mit Olaf Scholz, *Frankfurter Allgemeine Zeitung*, 27.03.2019.

41 Schieritz, Mark (2019): »Was traut er sich?«, *Die Zeit*, 14.11.2019.

42 Blanchard, Olivier (2019): »Public Debt and Low Interest Rates«, in: *American Economic Review*, Vol. 109, No. 4.

43 Von Weizsäcker, Carl Christian (2010): »Das Janusgesicht der Staatsschulden«, *Frankfurter Allgemeine Zeitung*, 03.06.2010. Umfassend begründet wird diese Sichtweise in: Weizsäcker, Carl Christian & Krämer, Hagen (2019): *Sparen und Investieren im 21. Jahrhundert.* Der Ökonom und Finanzpolitiker Jakob von Weizsäcker ist ein Neffe Carl Christian von Weizsäckers.

44 Sachverständigenrat (2007): »Staatsverschuldung wirksam begrenzen«, Sondergutachten.

45 Wyplosz, Charles (2019): »Olivier in Wonderland«, *VoxEU Blog*, 17.06.2019.

46 Niall Ferguson formulierte sein Gesetz zunächst in einer *Bloomberg*-Kolumne. Ausführlich erläuterte er es später in: Ferguson, Niall (2025): »Ferguson's Law: Debt Service, Military Spending and the Fiscal Limits of Power«, History Working Paper 202501, Hoover Institution, 21.02.2025. Dort zitiert er den schottischen Historiker und frühen Soziologen Adam Ferguson (1723–1816): Die Staatsverschuldung sei, bei all ihren Vorteilen, »äußerst gefährlich in den Händen einer voreiligen und ehrgeizigen Verwaltung, die nur den gegenwärtigen Moment betrachtet und sich einbildet, ein Staat sei unerschöpflich, solange ein Kapital geliehen und die Zinsen bezahlt werden können«; eine Ausgabe, die keinen angemessenen Ertrag bringe, müsse »zu den Ursachen des nationalen Ruins gerechnet werden«.

47 Paul Krugman brachte diese »Depressionsökonomie« so auf den Punkt: Es gebe willige Arbeitskräfte, aber nicht genügend Jobs, perfekt funktionierende Fabriken, aber nicht genügend Aufträge, offene Geschäfte, aber nicht genügend Kunden. Die üblichen Regeln der Wirtschaft seien auf den Kopf gestellt – »in einer Depression herrscht keine Knappheit mehr«. Krugman, Paul (2009): *The Return of Depression Economics and the Crisis of 2008.*

48 Zit. nach Singh, Milan (2024): »Larry Summers isn't worried about secular stagnation anymore«, Slow Boring, 18.04.2024.

49 Gisiger, Christoph (2024): »Wir werden noch mehr inflationäre Ausbrüche erleben«, Interview mit Kenneth Rogoff, *the market NZZ*, 06.09.2024.

50 Yardeni, Ed (2018): »The Bond Vigilantes, Excerpt from *Predicting the Markets. A Professional Autobiography*«, Yardeni Research, März 2018, https://archive.yardeni.com/pub/excerptbv.pdf.

51 »der rasende Cajun«. Die Cajuns sind eine ursprünglich französischsprachige Bevölkerungsgruppe im US-Bundesstaat Lousiana, der James Carville angehört.

52 Goodhart, Charles & Erfurth, Philipp (2014): »Demography and economics: Look past the past«, *VoxEU*, 04.11.2014.

53 Pisany-Ferry, Jean & Mahfouz, Selma (2023): »The Economic Implications of Climate Action. A Report to the French Prime Minister«, Haut-Commissariat à la Stratégie et au plan, 22.05.2023.

54 S&P Global (2022): »The Future of Copper«, Juli 2022.

55 Broom, Douglas (2022): »What's the price of a green economy? An extra $3.5 trillion a year«, World Economic Forum, 28.01.2022.

56 International Energy Agency (2025): »Energy and AI«, World Energy Outlook Special Report.

57 Edwards, Albert (2023): »Much to my surprise the IMF is calling for a return to Ice Age low bond yields«, *The Alternative View*, Société Générale, 20.04.2023.

58 OECD (2025): »Financing Growth in a Challenging Debt Market Environment«, OECD Global Debt Report, S. 36, Abb. 1.13 D.

59 Ferguson, Niall (2025): »Ferguson's Law: Debt Service, Military Spending and the Fiscal Limits of Power«, History Working Paper 202501, Hoover Institution, 21.02.2025, S. 5.

60 Dalio, Ray (2025): »How Countries Go Broke«, mimeo (https://economicprinciples.org/downloads/how-countries-go-broke-part-1.pdf); abgerufen am 27.04.2025.

61 Das sogenannte »Hummelparadoxon« ist eine verbreitete Legende, der zufolge Hummeln nach den Gesetzen der Aerodynamik eigentlich flugunfähig sein müssten.
62 Im Detail dazu: Hauser, Andrew (2022): »Thirteen Days in October: How Central Bank Balance Sheets Can Support Monetary and Financial Stability«, Rede des ehemaligen Executive Director for Markets der Bank of England vom 04.11.2022.
63 Dempsey, Harry (2025): »Tokyo Metro chief signals more fare increases after 28-year freeze«, *Financial Times*, 10.02.2025.
64 Bernanke, Ben (2000): »Japanese Monetary Policy: A Case of Self-Induced Paralysis?«, Vortrag in Boston, 09.01.2000.
65 Bernanke, Ben (2003): »Some Thoughts on Monetary Policy in Japan«, Vortrag in Tokio, 31.03.2003.
66 Chien, YiLi & Stewart, Ashley (2023): »What Lessons Can Be Drawn from Japan's High Debt-to-GDP-Ratio?«, Federal Reserve Bank of St. Louis, On The Economy Blog, 14.11.2023.
67 Carmen Reinhart und Kenneth Rogoff haben in ihrer Forschung eine kritische Schwelle von ungefähr 90 Prozent ausgemacht: Schuldenquoten, die deutlich darüber liegen, bremsten wegen der Zinslasten das Wachstum merklich. Ihr Resultat ist allerdings umstritten, 2013 führte es zu heftigen, auch persönlichen Kontroversen. Siehe oben: Teil 2, Flaute ohne Ende.
68 Sievert, Olaf (1992): »Geld, das man nicht selbst herstellen kann. Ein ordnungspolitisches Plädoyer für die Europäische Währungsunion«, erweiterte Fassung eines Beitrags für die *FAZ* vom 26.09.1992, nachgedruckt in: Sievert, Olaf (2021): *Einfache Wahrheiten zählen. Beratung mit ordnungspolitischem Anspruch.* Gesammelte Schriften, hrsg. von Lars Feld und Christian Molitor.
69 Guarascio, Francesco (2016): »EU gives budget leeway to France ›because it is France‹«, *Reuters*, 31.05.2016.
70 Pisany-Ferry, Jean & Mahfouz, Selma (2023): »The Economic Implications of Climate Action. A Report to the French Prime Minister«, Haut-Commissariat à la Stratégie et au plan, 22.05.2023.
71 Macron, Emmanuel (2024): »Europe – It Can Die. A New Paradigm«, Rede an der Pariser Sorbonne, 24.06.2024.
72 Daniels, Mitch (2024): »›The day the dollar died‹ is coming, so what's the plan?«, *The Washington Post*, 20.09.2024.
73 Aktuelle Daten in kompakter Form publiziert unter anderem regelmäßig der Chefökonom von Apollo Global Management, Torsten Slok, auf der Website apolloacademy.com. Siehe etwa: Slok, Torsten & Shah, Rajvi (2024): »Rising US government debt: What to watch?«, Apollo Global Management, April 2024.
74 Federal Reserve Bank of St. Louis (2025): »Who holds US national debt?«, *FRED Blog*, 06.03.2025. Für eine detailliertere Analyse siehe auch: Braun, Benjamin (2025): »Who holds U.S. Treasuries?«, benjaminbraun.org, 10.04.2025.
75 Auf Deutsch zuletzt erschienen als: Rand, Ayn (2021): *Der freie Mensch.*
76 O'Neill, Jim (2025): »Will the Dollar continue to fall?«, *Project Syndicate*, 19.03.2025.
77 Breustedt, Hannes & Schütte, Christian (2025): »Alles, was Trump tut, wird den Verfall des Dollar beschleunigen«, Interview mit Barry Eichengreen, *manager magazin*, 07.04.2025.
78 Kraemer, Moritz (2025): »Will the credit rating agencies stand up to Donald Trump?«, *Financial Times*, 31.01.2025.
79 Petersdorff, Winand von (2025): »Elon Musk wird uns nicht retten können«, Interview mit Hanno Lustig, *Frankfurter Allgemeine Zeitung*, 17.01.2025.
80 Buchter, Heike; Heuser, Uwe Jean & Schieritz, Mark (2020): »Geld ist für sie kein Problem«, *Die Zeit*, 07.05.2020.

81 Drechsel, Thomas (2024): »Estimating the Effects of Political Pressure on the Fed: A Narrative Approach with New Data«, NBER Working Paper 32461.
82 Mallaby, Sebastian (2016): *The Man Who Knew. The Life and Times of Alan Greenspan*, S. 104.
83 Lagarde, Christine (2025): »Earning influence«, Rede an der Hertie School in Berlin, 26.05.2025.
84 Macron, Emmanuel (2024): »Europe – It Can Die. A New Paradigm«, Rede an der Pariser Sorbonne, 24.06.2024.
85 Letta, Enrico (2024): »Much More Than A Market«, verfügbar unter anderem auf der Website des Europäischen Rats.
86 Den Entscheidungsweg rekonstruieren im Detail: Greive, Martin; Hildebrand, Jan & Olk, Julian (2025): »Wie das Saarland den Bund in sein großes Schuldenpaket trieb«, *Handelsblatt*, 10.03.2025; und Greive, Martin & Hildebrand, Jan (2025): »Wie die SPD das Finanzpaket in einen Sieg verwandelte«, *Handelsblatt*, 10.04.2025.
87 Deutscher Bundestag (2009): Stenografischer Bericht der Sitzung vom 29.05.2009, Plenarprotokoll 16/225. Siehe auch Bundesrat (2009): Stenografischer Bericht der Sitzung von 12.06.2009, Plenarprotokoll 859.
88 Bundesrechnungshof (2025): Bericht nach § 88 Absatz 2 BHO an den Haushaltsausschuss des Deutschen Bundestages vom 13.03.2025.
89 Folkerts-Landau, David & Winkler, Robin (2025): »Was Deutschlands Wirtschaft jetzt braucht«, Deutsche Bank Research Institute, 13.03.2025.
90 Draghi, Mario (2020): Rede beim Treffen für Völkerfreundschaft, Rimini, 18.08.2020.
91 Das Zitat und das Folgende nach: Garicano, Luis (2025): »How to torch 220 billion euros«, *Silicon Continent*, 14.02.2025. Eine freundlichere, aber ebenfalls kritische Darstellung des Programms bei: Codogno, Lorenzo (2024): »Italy's Superbonus 110 %: Messing up with demand stimulus and the need to reinvent fiscal policy«, LUISS Institute for European Analysis and Policy, Working Paper 12/2024, 15.07.2024.
92 Deutscher Bundestag (2009): Stenografischer Bericht der Sitzung vom 29.05.2009, Plenarprotokoll 16/225, Bundesrat (2009): Stenografischer Bericht der Sitzung von 12.06.2009, Plenarprotokoll 859.
93 Berschin, Felix (2025): »Sind mehr staatliche Mittel für die Bahn vor allem Preistreiber?«, *ifo-Schnelldienst*, 5/2025, S. 64–71.
94 Kelton, Stephanie (2020): *The Deficit Myth*, S. 11 ff. (deutsch: Kelton, Stephanie (2021): *Der Defizit-Mythos*.
95 a.a.O., S. 73.
96 Siehe etwa den sechsten Sachstandsbericht des Weltklimarats: IPCC (2023): »Zusammenfassung für die politische Entscheidungsfindung (SPM)«, »Ziffer C.2, Die Vorteile zeitnahen Handelns«.
97 »Werkstatt Zukunft« in Oldenburg, 25.01.2024. Veröffentlicht auf YouTube (Abschnitt »Ulrike Herrmann #7 – Mit begrenzten Ressourcen leben lernen«, ab Minute 2:50; abgerufen am 27.04.2025).
98 Siehe etwa Acalin, Julien & Ball, Laurence (2023): »Reassessing the Fall of US Debt after World War II«, *VoxEU.org*, 30.11.2023.
99 Ganesh, Janan (2025): »Britain should stop pretending it wants more economic growth«, *Financial Times*, 15.01.2025.
100 Eichengreen, Barry & Esteves, Rui (2022): »Up and away: Inflation and debt consolidation in historical perspective«, *VoxEU.org*, 15.11.2022.
101 Reinhart, Carmen; Kirkegaard, Jacob & Sbrancia, Belen (2011): »Financial Repression Redux«, *Finance and Development*, Vol. 48, No. 1.
102 Kliem, Martin et al.(2024): »Financial repression as an ›easy way‹ out of debt?«, Deutsche Bundesbank Research Brief, 70th edition, 10.10.2024.

103 Früh etwa Stelter, Daniel & Rhodes, Daniel (2011): »Back to Mesopotamia. The looming threat of debt restructuring«, Papier der Boston Consulting Group. Später diskutierte auch der IWF diese Option: International Monetary Fund (2013): »Fiscal Monitor: Taxing Times«, Oktober 2013.

104 Deutsche Bundesbank (2014): »Einmalige Vermögensabgabe als Instrument zur Lösung nationaler Solvenzkrisen im bestehenden EWU-Rahmen?«, in: »Staatsfinanzen: Konsolidierung nach Vertrauenskrise«, Monatsbericht Januar 2014, S. 52 ff.

105 Miran, Stephen (2024): »A User's Guide to Restructuring the Global Trading System«, *Hudson Bay Capital*, November 2024.

106 Zitiert nach Leng, Cheng et al. (2025): »How China is quietly diversifying from Treasuries«, *Financial Times*, 02.05.2025.

107 Siehe Teil 4, Leben mit der Schuldenbombe, Abschnitt »Wenn nichts mehr geht«.

108 Eine 100-jährige Anleihe, die Österreich 2020 platzieren konnte, macht diesen Effekt sehr anschaulich. Ihr Coupon beträgt nur 0,85 Prozent, doch solange die Zinsen in der Pandemie noch sanken, stieg der Kurs des Papiers kräftig: Ende 2020 lag er um gut ein Drittel über dem Nennwert von 100. Als die Zinsen dann stiegen, ging der Kurs in den freien Fall: Anfang Mai 2025 notierte die Anleihe rund zwei Drittel unter Nennwert.

109 Vier ältere deutsche Papiere werden noch gehandelt. Über Details zu diesen indexierten Anleihen informiert die Finanzagentur des Bundes auf ihrer Website www.deutsche-finanzagentur.de.

110 Lagarde, Christine (2025): »Earning influence«, Rede an der Hertie School in Berlin, 26.05.2025.

111 *Der Spiegel* schrieb die Erfindung dieses Begriffs 1971 dem Kieler Ökonomen Herbert Giersch zu. Siehe: *Der Spiegel* (1971): »Fluchtburgen in der Sonne«, 06.09.1971.

112 Außerhalb der EU gibt es ähnliche Produkte in der Gestalt von Gold-ETFs. Ein europäischer ETF darf aber nicht nur in ein einziges Asset investieren.

113 Lagarde, Christine (2025): »Earning influence«, Rede an der Hertie School in Berlin, 26.05.2025.

114 Der Bitcoin-ETF von BlackRock war das am schnellsten wachsende Produkt in der Geschichte des Unternehmens. Da ein europäischer ETF nicht nur in ein einziges Asset investieren darf, sind Bitcoin-ETFs – sowie Gold-ETFs – hierzulande nicht zugelassen.